범죄 이야기

- 전 세계를 경악하게 만든 열한 개의 세기의 범죄들 -

전돈수 저

21세기사

Prologue | 서문 |

성경에 따르면 아담과 이브가 에덴동산에서 선악과를 따먹은 이후에 인간에게 죄가 들어왔다. 그들의 후손 가인과 아벨은 형제였다. 그런데 형 가인이 동생 아벨을 돌로 쳐서 죽이면서 인류 최초의 살인사건이 발생을 하였다. 이 살인 사건이후에 인류는 살인을 비롯한 수많은 범죄를 저지르게 된다. 이런 범죄는 지금도 계속이 되고 있다. 불행하게도 인류가 존재하는 한 이런 범죄는 계속해서 일어날 것이다. 이런 잔인한 범죄들을 보면서 어떻게 인간이 저런 끔찍한 범죄를 저지를 수 있는가?하고 반문하는 독자들도 있을 것이다. 그러나 답은 인간이기에 그런 짓을 할 수가 있는 것이다. 동물은 자기의 생존을 위해서만 다른 동물을 해친다. 그러나 인간은 생존을 위해서가 아니라, 여러 동기들 때문에 다른 인간을 살해한다. 인간은 누구나 죄의 속성을 가지고 있다. 단지 그것을 밖으로 드러내느냐 아니면 안으로 숨기느냐의 차이밖에는 없는 것이다.

이 책은 20세기에 미국과 영국에서 발생해서 전 세계를 경악하게 만들었던 살인사건 들 중에서 열한 가지의 사건을 추려서 소개를 하였다. 대부분의 사건들은 발생한 지가 몇 십 년이 지났다. 그래서 이들 사건들은 20세기의 고전적인 범죄를 대표한다고 볼 수 있다. 이 열한 개의 사건들은 그 내용이 극히 잔인하고 나름대로 특이한 점들이 있다. 여기에서 소개하는 범죄들은 주로 연쇄살인사건과 여러 명을 한 번에 죽이는 다중살인사건들이 거의 대부분이다. 이 책은 이런 범죄자들이 저지른 범죄행위의 구체적인 과정, 경찰의 수사과정, 재판과정, 그리고 범인의 성장과정 등을 차례대로 다루었다. 그리고 마지막으로 각 범인들의 성장배경을 살펴보면서 그들이 흉악한 범죄를 저지르게 된 원인을 저자 나름대로 분석을 하였다. 한 가지

유념할 것은 이런 분석들은 순전히 저자의 주관적인 관점이라는 것이다. 그러므로 독자들도 자기 나름대로 그들의 범죄동기와 배경을 분석해보기를 권한다.

저자는 독자들 대부분이 범죄학을 공부를 하지 않은 일반인이라는 점을 고려하여 너무 어려운 이론들을 이용하여 깊게 분석하는 것은 자제를 하였다. 이와 같이 이 책은 일반인들을 대상으로 썼지만, 법학이나 경찰행정학을 공부하는 대학생들이 보조교재로 사용해도 많은 도움이 될 것으로 생각한다. 특별히 범죄학개론을 공부하는 대학생이 범죄이론을 이 책에서 소개된 사건들에 나름대로 적용을 해서 설명한다면 범죄학이론을 이해하는데 도움이 될 것이다. 하여튼 독자들은 이 책을 통하여 인간의 본성을 보다 잘 성찰하게 될 것으로 기대한다. 다만 독자들에게 한 가지 당부를 드리고 싶은 것은 이 책에 수록된 범죄의 내용들이 잔인하기 때문에 청소년이나 임산부 등에게는 적합하지 않을 수가 있다는 것이다.

끝으로 이 책의 출판을 허락하여 주신 도서출판 21세기사의 이범만 사장님께 깊은 감사를 드린다.

미국 플로리다에서
저자 전돈수

Contents | 차례 |

인육을 먹은 동성연애자 연쇄살인마 : Jeffrey Dahmer
(1960. 5. 21 - 1994. 11. 28)

아마도 가장 잔인한 연쇄살인범 중에 하나로 Jeffrey Dahmer를 꼽을 수 있을 것이다. 그는 수많은 남성을 수갑을 채운 다음 성폭행을 하고, 또 살해를 하였다. 그는 그것에만 그친 것이 아니라, 성기를 비롯한 시신의 일부를 잘라서 보관을 하였다. 심지어 인육을 먹는 엽기적인 행동을 하였다. 그의 이런 흉악한 범행은 당시에 세상을 떠들썩하게 만들었다.

1. 살인범죄의 과정

처음 Dahmer가 살인을 저지른 것은 그가 고등학교를 졸업한 해인 1978년부터였다. Dahmer는 길가에서 히치하이크Ⓐ를 하고 있는 Steven Hicks라는 남자를 자신의 차에 태어주었다. 그 둘은 서로 합의 하에 성관계를 가지고 맥주도 함께 마셨다. 그러나 Hicks는 Dahmer와 더 이상의 관계를 가지기를 원하지 않았다. 그러나 Dahmer는 Hicks를 그

연쇄살인범 Dahmer의 법정에서의 모습

대로 떠나보내기가 싫었다. Dahmer는 아령으로 Hicks의 머리를 내리쳐서 죽였다. 그것이 Dahmer의 첫 번째 살인사건이 되었던 것이다. 그는 사체를 유기하기 위해서 시신을 잘라서 비닐 쓰레기봉투에 담았다. 그런 후에 집 뒤의 숲속에 버렸다.[1)]

바로 그 해에 Dahmer는 오하이오 주립대학교 (Ohio State University)

Ⓐ 지나가는 차를 세워서 얻어서 타는 행위를 말한다.

에 입학하고 한 학기를 다녔다. 그러나 그는 술에 절어 살다보니 낙제를 하고 학교에서 쫓겨나다시피 하였다. 그런 그는 육군에 지원하여 독일에 배치를 받게 되었다. 하지만 Dahmer는 그의 술 중독으로 인하여 육군에서도 쫓겨났다. 그런 그는 다시 자신의 고향인 오하이오 주에 돌아올 수밖에 없었다. 그는 고향에 돌아온 후 자신이 Hicks를 죽이고 땅에 묻은 장소를 다시 찾았다. 그리고는 그의 유골을 땅을 파서 밖으로 끄집어내었다. 그런 다음에는 그는 망치를 이용하여 유골을 두들겨서 부셔서 버렸다.

고향으로 돌아온 Dahmer는 1981년 10월 어느 날 술에 취해 소란을 피우다가 경찰에 체포가 되었다. Dahmer의 아버지는 그를 할머니가 있는 Wisconsin주로 보냈다. 그의 할머니는 Dahmer에게 열대어 등에 관심을 가지라고 했다. 그러나 Dahmer는 게이바에서 동성연애자들과 어울리는 일에 더 관심을 보였다. 할머니는 자신의 손자의 이런 비밀스런 사생활을 전혀 모르고 있었다.[2] 그런 와중에 Dahmer는 술을 먹은 상태에서 바지를 내리는 추태를 부렸다. 1986년에도 그는 2명의 소년이 보는 앞에서 바지를 내리고 자위행위를 하다가 경찰에 체포가 되었다. 그 결과 그는 법원으로부터 1년의 보호관찰처분[B]을 받았다.[3]

Dahmer의 두 번째 희생자는 Steven Toumi이었다. Dahmer와 Toumi는 1987년 9월 게이 바(gay bar)[C]에서 서로 알게 되어 같이 호텔방에 들어갔다. 그리고는 성관계를 가졌다. Dahmer는 지난밤에 일어난 일을 제대로 기억하지 못했다. 아침에 깨어보니 자신의 옆에 Toumi가 죽은 채 누어있었다. 한편 자신의 입에는 피가 묻어 있었다. 이런 상황에 스스로 당

[B] 감옥에 보내는 대신에 집으로 돌려보내는 선고의 하나이다. 이런 판결을 받으면 범인은 일정한 보호관찰규칙을 따라야 한다. 동시에 그는 보호관찰관의 지도와 감시를 받게 된다.
[C] 동성들이 만나는 술집으로 서로 상대방을 구하는 장소로 사용되기도 한다.

황한 Dahmer는 큰 가방을 사서 그 안에 Toumi의 시체를 집어넣었다. 그는 사체를 자신의 할아버지 집에 있는 지하실로 가져갔다. 그런 후에 시체의 항문에다가 성관계를 하고 또 자위행위를 한 후에 시체를 토막을 내었다. 그는 거기에 그치지 않고 시체에서 살점을 떼어내어 식용유에 튀겨서 먹었다.[4] 그리고는 시체를 다른 쓰레기와 함께 버렸다.

Dahmer의 세 번째 피해자는 14살짜리 미국 인디언혈통의 소년이었다. 그 소년은 게이 바에서 서성거리고 있었다. Dahmer는 그 소년에게 자신의 집에 가서 누드 사진을 찍자고 유혹을 했다. 그러면 그 대가로 돈을 주겠다고 했다. Dahmer는 어떤 때는 그냥 집에 가서 술이나 한잔 하자고 게이①들을 유인했다. 상당수의 게이들이 Dahmer의 유혹에 넘어갔다. 이런 방법이 잘 먹혀들자, Dahmer는 이 수법을 상대방을 유인하는데 계속해서 이용을 하였다.[5] 그리고 나서는 그는 그들을 약을 먹여서 저항을 하지 못하도록 만든 다음에 살해를 하였다. 그리고는 사체하고 성관계를 하거나 자위행위를 한 후에 사체는 토막을 내어서 처리했다. 때로는 해골이나 성기 같은 신체부위를 잘라서 전리품처럼 관리했다. 어떤 경우에는 시체를 끓는 물에 삶아서 살이 있는 부분을 떼어내고 해골과 뼈만 남겨놓았다. 그는 해골 앞에서 자위행위를 하기도 했다고 나중에 경찰에 검거가 된 후에 자백을 하였다.

이와 같은 Dahmer의 살인행진은 다른 네 명에 대해서도 계속되었다. 그러나 지면을 아끼기 위해서 이에 대한 자세한 설명은 생략하도록 하겠다. 그런 다음 벌어진 사건은 Dahmer가 13살짜리 동양계 소년에게 자신이 찍는 사진의 모델이 되어주면

Dahmer가 살해한 사람 중 하나인 Tony Huges

---

① 주로 남성의 동성연애자들을 말한다.

$50을 주겠다고 유인한 것이었다. Dahmer는 자신의 예전의 수법대로 그에게 수면제를 먹였다. 그러나 다행히 그 소년은 현장을 피할 수 있었다. 그 소년의 부모는 경찰에 자신의 아들이 "Dahmer에 의해서 약물이 먹여졌고 성추행을 당할 뻔하였다." 라고 신고를 하였다. 경찰은 1989년 1월 30일에 미성연자를 약취한 혐의로 Dahmer를 체포하였다.6)

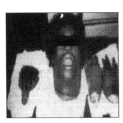

Dahmer에 의해서 성기를 비롯한 신체부위가 처참하게 잘려진 한 피살자. Dahmer의 잔인성을 보여 주는 사진이다.

소년을 유인하여 성추행을 시도한 Dahmer는 자신의 행동은 알코올 중독 때문이라고 변명을 하였다. 그리고 소년을 유인한 행위는 자신의 커다란 실수라고 진술을 하였다. 그는 판사에게 다시 사회에 나가서 일을 할 수 있는 기회를 달라고 애원을 하였다. 그러나 Dahmer의 아버지는 그의 이상한 행동이 치료가 되기 전에는 그를 석방하여서는 아니 된다고 판사에게 탄원을 하였다. 불행하게도 Dahmer의 아버지의 그런 탄원은 받아들여지지 않았다. 그리고 법원은 Dahmer의 요청을 받아들여서 그에게 징역형 대신에 5년의 보호관찰처분을 내렸다. 그러나 그것은 판사의 중대한 판단의 실수였다.

1990년 5월 14일 혼자 사는 아파트로 이사한 이후에 Dahmer의 살인의 행진은 가속이 붙기 시작하였다. 법원으로부터 보호관찰처분을 받은 후에 그는 12명의 무고한 생명을 더 죽였다. 그것은 거의 1주일에 한명 씩 죽인 셈이었다. 많은 수의 피살자들이 흑인이었다. 또한 그들 대부분은 문제가 많은 남자들이었다. 즉 그들 대다수의 피살자들은 동성연애자로서 성폭행, 방화, 그리고 일반폭행 등의 전과를 가진 자들이었다.

Konerak은 14살짜리 동양계 소년이었다. 그는 Jeffrey Dahmer가 준 음료수를 마셨다. 그 음료수에 무엇이 들어있는지 모르지만 Konerak은 그 음료수를 마신 다음에 제 정신을 차릴 수가 없었다. 아마도 수면제를 그 음료에다 섞은 것 같았다. Konerak은 돌아가는 상황이 무엇인가 이상하다는 생각이 들었다. 그래서 그는 Jeffrey의 아파트에서 도망가기로 결심을 하였다. 그러나 그는 수면제의 영향으로 인해서 자신의 몸을 제대로 가눌 수가 없었다. 그는 필사의 힘을 다해 겨우 아파트에서 빠져 나올 수 있었다.

희생자 중 하나인
동양계의 Konerak

몸은 완전히 벌거벗은 상태이었다. 그는 공포에 쌓여 있었다.[7) 그때가 바로 새벽 2시경이었다. 그 시간에 우연히 그 주변을 운전하던 18세 소녀 Sandra Smith는 이런 광경을 목격하고 바로 경찰에 신고전화를 하였다.

경찰은 신고를 받고 현장에 도착했다. Konerak 옆에는 금발의 백인남자가 서 있었는데 그가 바로 Jeffrey Dahmer였다. Dahmer는 경찰에게 Konerak은 자신의 19세짜리 동성연애 파트너라고 말했다.[8) 또한 Jeffrey는 그가 너무 술에 취해 밖으로 나가서 소란을 피우게 된 것이라고 경찰에게 설명을 하였다. Dahmer는 아주 차분하고 이성적으로 경찰에게 말을 하였다. 반면에 Konerak은 술에 많이 취한 사람처럼 자신이 왜 옷을 홀딱 벗은 채로 밖에서 헤매고 있는지를 경찰에게 제대로 설명을 하지 못했다. 경찰에 신고한 당사자인 Sandra Smith도 자신이 목격한 것을 경찰에 그대로 진술을 하였다. 그녀는 자신이 보기에는 그 소년이 무엇인가 잘못된 것 같다고 말을 하였다.

경찰은 Dahmer의 말을 확인하기 위해 그의 안내를 받아 아파트 안을 잠시 살펴보았다. 냄새가 좀 고약하긴 해도 안은 비교적 잘 정돈 된 상태이었다. Dahmer는 자신의 방안에 있던 Konerak의 옷가지들과 그의 폴라로이드 카메라로 찍은 Konerak의 누드사진을 경찰관들에게 보여주었다.[9) 그것은 Dahmer가 경찰관들에게 이번 일은 동성연애자들 사이에 벌어진 단순한 사랑싸움이라는 것을 보여주기 위한 것이었다. Dahmer의 의도대로 경찰은 이 사건을 동성연애 남성들끼리 벌어진 사소한 말다툼으로 처리해 버리고 현장을 떠났다. Konerak의 운명은 불행하게도 그것으로 끝이었다. Dahmer는 경찰이 자리를 떠난 다음에 그 소년을 목을 졸라 죽인 후에 사체와 성행위를 하였기 때문이다. 그런 다음에는 그 소년의 몸을 토막을 냈다. 그리고 그의 해골은 나중에 트로피처럼 귀하게 간직을 하였다.

경찰은 희대의 연쇄살인범을 잡고 더 이상의 희생자를 막을 수 있는 절호의 기회를 놓친 것이다. 당시 Jeffrey의 아파트의 침실에는 점점 부패해 가고 있는 Tony Hughes의 시체가 놓여 있었다. 만약에 경찰이 Jeffrey Dahmer의 신분증을 통해 신원조회를 하였더라면, 그가 어린이를 성추행한 전과가 있는 사람이라는 것을 금방 알 수가 있었을 것이다. 뿐만 아니라, 경찰이 동양계의 소년의 신분을 좀 더 신중하게 조사를 하였더라면 그가 19세가 아니라 14세의 어린 소년이라는 것을 알게 되었을 것이다. 더욱이 그 소년의 머리를 좀 더 자세히 살펴보았더라면 Dahmer가 만들어 놓은 드릴 구멍이 있다는 것도 보게 되었을 것이다.[10] 뿐만 아니라, Konerak의 항문 주위에서는 출혈이 있었다. 이것은 그가 Dahmer에 의해서 강제로 항문섹스를 당했다는 것을 알려주는 것이었다.

이런 것을 바탕으로 현장을 목격하고 경찰에 신고한 Sandra Smith는 경찰에게 계속해서 항의를 하였다. 즉 그 소년이 위험에 빠졌으니 어떤 조치를 빨리 취해야 한다는 것이었다. 그러나 현장에 있던 경찰관들은 그 두 소녀들에게 더 이상 자신들에게 항의를 하면 체포를 하겠다고 엄포를 놓았다. 그래서 그 두 소녀들은 어쩔 수 없이 그 자리를 떠날 수밖에 없었다.[11] 이런 사실이 나중에 일반시민들에게 알려진 후에 위의 현장에 있었던 세 명의 경찰관들 중에서 2명인 John Balcerzak and Joseph Gabrish은 진범을 실수로 놓친 책임 때문에 경찰서로부터 파면을 당하였다.[12]

Sandra Smith는 집에 가서 엄마에게 자기가 목격한 사실을 이야기를 하였다. 그녀의 어머니 Glenda Cleveland는 딸에게 이야기를 듣고 경찰에 전화를 걸었다. 그리고는 그 동양계 소년이 어떻게 되었는지를 물었다. 경찰은 그가 소년이 아니고 어른이라고 했다. 그리고는 자신들이 문제를 알아서 잘 처리하였으니 걱정하지 말라고 하였다. 며칠 후에 신문에 동양계 소년의 실종소식이 신문에 나온 것을 보고, Cleveland는 경찰에 다시 전화를 걸었다. 그리고는 자신의 딸이 본 것이 실종신고가 된 동양계 소년과 닮았다고 이야기를 했다. 그러나 경찰은 더 이상의 관심을 보이지 않았다.

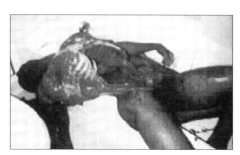

Dahmer에 의해서 배가 갈라진 피살자의 시신

2. 범인 검거와 수사과정

1991년 7월 22일 미국 Wisconsin주의 Milwaukee시 경찰은 범죄다발지역을 순찰을 하는 중이었다. 그곳은 빈민들이 사는 지역으로서 거지들이 길가에 싸놓은 배설물 냄새가 진동을 하는 곳이었다. 순찰 중이던 경찰은 한 흑인 남자에게 주목을 하게 되었다. 그는 손에 수갑을 찬 상태로 길거리에서 뛰고 있었다. 경찰관은 그가 다른 경찰관에 의해서 수갑이 채워진 상태에서 도주하는 것으로 판단을 하였다. 경찰은 그를 추적하여 정지를 시켰다. 그는 경찰에게 정지를 당하자, 다음과 같이 믿기 힘든 이야기를 털어 놓았다. 그 남자는 자신을 Tracy Edwards라고 밝혔다. 그는 Dahmer라는 남자가 자신에게 수갑을 채운 다음에 자신을 성폭행하려고 했다는 이야기를 하였다. Edwards는 Dahmer가 자신에게 수갑을 채우려고 하는 순간에 그의 집에 붙어있는 끔찍한 사진을 보았다. 또한 시체가 썩는 냄새를 알아차리고는 기겁을 하고 밖으로 줄행랑을 쳤던 것이다.[13] 경찰은 이 사건을 동성연애와 관련된 단순사건이라고 생각했다. 하지만 한편으로는 이 남자에게 수갑을 채운 남자가 누구인지를 좀 확인해야 한다는 생각을 하였다.

Dahmer의 아파트의 시신과 유골들을 수습하는 현장 감식반원들. 시체가 썩는 고약한 냄새 때문에 산소마스크를 착용하고 있다.

경찰관 두 명이 Dahmer의 아파트를 방문했을 때 잘 생긴 30대 초반의 남자가 방문을 열어주었다. 경찰은 방안을 둘러보다가 놀라지 않을 수 없었다. 그 이유는 Dahmer의 침실에서 토막이 난 시체가 발견되었고, 냉장고에는 사람의 해골이 있었기 때문이다. 경찰관은 즉각 동료 경찰관에게 소리쳤다. 그리고는 그 자리에서 Dahmer를 체포하려고 하였다. 그 순간 그 동안 차분하고 이성적으로 행동하던 Dahmer는 갑자기 돌변하여, 경찰에 강력하게 저항을 하였다. 그러나 두 명의 경찰관은 다행히 Dahmer를 제압할 수가 있었다.[14]

경찰관은 Dahmer에게 수갑을 채운 후에 좀 더 자세히 방안을 살펴보았다. 경찰관이 방안의 냉장고를 열어 보았다. 그 안에는 사람의 잘려진 머리가 놓여 있었다. 경찰은 다시 한 번 소스라치게 놀라지 않을 수 없었다. Dahmer는 냉장고 안에 베이킹 소다를 넣어서 시체가 부패하는 냄새를 줄이려고 하였다. 그러나 그것만으로는 시체가 썩는 고약한 냄새를 막기에는 역부족이었다. 방안에는 온통 역겨운 냄새가 진동을 하였다. 냉동실에는 세 개의 잘려진 사람의 머리가 더 있었다. 그 토막이 난 머리는 비닐봉지 안에 잘 포장된 상태로 놓여 있었다.

Dahmer의 침실의 옷장 안에는 상자가 있었다. 그 안에는 심하게 부패한 사람의 손과 남성의 성기들이 담겨 있었다. 그리고 옷장 안 선반에는 누구의 것인지 알 수 없는 두 개의 해골이 놓여 있었다. 한편 그 옆에는 남성의 성기들이 유리병 안에 담겨 있었다. Dahmer는 그 성기들을 잘 보존하기 위해서 에틸알코올을 병 안에 함께 담아 놓았다.[15]

Dahmer의 침실에는 여러 개의 희생자들의 사진들이 놓여 있었다. Dahmer는 그들을 살해한 다음에 차츰 부패해 가는 피해자들의 모습을 순서대로 하나씩 카메라에 담아 놓았다. 그 중에 한 사진은 한 남자의 목부터 복부하단까지 칼로 갈라서 벌려 놓고 찍은 흉측한 사진들도 있었다. Dahmer가 가지고 있던 사진들 중에는 피살자들이 살해되기 직전에 여러 가지 에로틱한 포즈를 취한 것들도 많았다. Dahmer는 심한 변태성욕자였다. 그는 자신이 살해한 시체를 곧 바로 몸통을 갈라서 그 안의 따뜻한 온기를 느끼면서 성욕을 느끼기도 하였다. 그 뿐만 아니라, Dahmer는 몇 가지 다른 화학약품을 차례대로 써 보면서 어느 것이 더 사체의 살을 잘 녹이는 지를 실험을 하였다. 그런 다음에 그는 사체의 녹여진 살점을 싱크대와 화장실 변기를 통해서 버렸다.[16] 어느 날 화학전공 박사인 Dahmer의 아버지는 자신의 아들이 싱크대에 무엇을 버리는 것을 보았다. 아버지는 Dahmer에게 그것이 무엇이냐고 물었다. Dahmer는 동물의 시체에서 살점을 도려내어 화학약품으로 살을 녹이는 실험을 하고 있는 것이라고 아버지를 속였다.[17]

심지어 Dahmer는 자신이 살해한 피해자의 사체에서 살을 뜯어내어 먹기도 하였다고 경찰에 자백을 하였다. 그는 나중에 사람의 살 고기를 먹는 것이 마치 쇠고기를 먹는 맛과 같다고 증언을 하였다.[18] 그 이유는 자기가 그 살을 뜯어 먹으면 그 상대방이 자신 안에 영원히 남게 된다고 믿었기 때문이다. 그는 인육을 맛있게 먹기 위해서 여러 가지 다른 조미료를 뿌려보았다. 그는 인육을 먹으면 성기가 발기가 되곤 하였다. 한편 그는 먹다가 남은 인육을 냉동실에 보관을 하였다.

Dahmer의 끔찍한 연쇄살인 사건이 세상에 알려지면서, 경찰은 물론이고 법의학자, 언론, Dahmer의 가족, 그리고 피살자들의 가족들은 실제로 Dahmer의 아파트에서 그 동안 무슨 일이 있었는지를 알고 싶었다.

3. 재판과정

Dahmer의 재판은 세상의 큰 주목을 받았다. 그런 만큼 법원은 Dahmer를 공격하려는 사람이 있을 것을 우려해 그에 대한 신변보호에 많은 신경을 썼다. 특별히 피살자들의 가족들이 Dahmer를 공격할 위험성이 높았다. Dahmer는 재판 중에는 방탄유리 속에서 보호를 받았다. 그리고 법원을 출입하는 사람들은 일일이 몸수색을 받아야 했다. 뿐만 아니라, 법원은 혹시 모를 폭탄테러에 대비해 폭탄 수색 견까지 이용하였다.[19]

Dahmer 사건의 또 다른 관심거리는 그가 살해한 것으로 확인된 총 17명의 남성들 가운데 다수인 11명이 흑인들이었다. 흑인들은 Dahmer가 어느 특정한 인종을 겨냥해서 범죄를 저질렀다는 이유로 그에 대한 비난을 그치지를 않았다. 그러나 사실은 Dahmer가 흑인들이 많이 사는 지역의 아파트에 살고 있었기 때문에 자연스럽게 흑인동성연애자들과 접촉할 수 있는 기회가 많았던 것이다. 그래서 그를 인종차별주의자로 보기는 어려울 것이다.[20]

Dahmer의 변호인은 자신의 의뢰인의 정신이상을 이유로 해서 무죄판결을 받기 위해 노력을 하였다. 그의 변호인 Gerald Boyle은 Dahmer가 흉악범이 아니다. 단지 그는 머리가 심히 아픈 정신병자일 뿐이라고 배심원들에게 호소를 하였다. 이에 맞서 검사는 Dahmer는 정신병자가 아니라고 주장을 하였다. 그 근거로 검사 측은 Dahmer가 자신의 범행을 사전에 치밀하게 계획을 하였고, 또 그것을 실행하였다는 것을 배심원들에게 역설을 하였다. 검사는 계속해서 Dahmer는 군대에 있을 때나 대학에 다닐 때 다른 동료들을 공격하지 않았다. 뿐만 아니라, Dahmer는 자신이 살고 있는 아파트에서 발생한 범행의 비밀을 유지하게 위해서 방문과 창문 곳곳에 알람장치를 해 놓았다. 그는 거기에서 그치지 않고 사람을 죽인 다음에는 해골에다가 뿌리는 에나멜페인트 캔을 이용하여 색깔을 입혀 놓았다. 경찰관이 왜 그렇게 했는지를 묻자, 그는 해골을 좀 더 예쁘게 보이게 하고 싶었다. 그리고 혹시 다른 사람들이 보면 진짜 사람의 해골이 아닌 것처럼 위장하기 위해서라고 대답을 하였다.[21] 이것은 그가 상당히 이성적인 사람이라는 것을 보여주는 것이다. 즉 그는 자신이 어떤 행동을 하고 있고, 또 그것이 어떤 결과를 가져 올 것인지도 잘 이해하고 있다는 것이다.

이 사건의 수사를 담당했던 형사 중 한 명인 Dennis Murphy는 Dahmer가 자백한 내용이 담긴 서류를 법정에 가지고 왔다. 그는 Dahmer가 자신이 한 행동이 잘못된 행동이라는 것을 잘 알고 있으며, 그것을 후회하고 있다고 증언을 하였다. 형사는 계속해서 Dahmer는 자신의 살인행위가 발각이 되면 사형을 당할 수 있음을 잘 알고 있었다. 그러나 그의 성적충동이 너무 강해서 그런 행동을 중단할 수 없었다고 주장을 하였다.[22]

Dahmer는 최후 진술에서 자신은 "유죄평결을 피하려고 하지 않는다. 나는 내가 저지른 죄에 대해서 벌을 달게 받기를 원한다. 나는 그 누구도 미워하지 않는다. 그리고 내가 피해자들을 미워해서 죽인 것이 아니다. 지금 생각해 보면 그 동안 내가 정신이 완전히 나가 있었다. 이제 내가 경찰에 잡혀서 더 이상 사람을 죽이지 못하게 된 것은 그나마 천만 다행이다. 예수님만이 나를 죄에서 구하여 주실 것을 믿지만, 그렇게 하지 말고 심판해 주시기를 바란다."라는 말을 남겼다.[23] 배심원들은 심리가 다 끝난 다음에 5시간에 걸친 토의 끝에 Dahmer의 유죄를 인정했다. 판사는 배심원들의 유죄평결을 근거로 하여 Dahmer에게 957년의 징역형ⓔ을 선고를 하였다. 이것은 사형제도가 없는 Wisconsin주에서 최고로 무거운 무기형을 내린 것이다.[24]

ⓔ 사람이 상식적으로 957년을 살수는 없지만 여러 사람을 죽인 Dahmer의 죄가 그 만큼 중하다는 것을 상징적으로 보여주기 위한 판결이다.

4. Dahmer의 최후

Dahmer는 처음에는 흉악범으로 분류가 되어 다른 죄수들과의 접촉이 금지가 되었다. 그러나 그는 교도소 안에서 기독교인으로 거듭나면서 모범적인 수형생활을 하였다. 그래서 그는 차츰 다른 죄수들과의 접촉이 허락이 되었다.[25] Dahmer가 교도소 안에서 세례를 받고 기독교인이 된 것은 Mary Mott이라는 한 여성이 Dahmer에게 성경책과 성경공부 교재를 보내준 이후부터였다. Mary는 Dahmer가 예수님을 영접하지 않고서는 그의 영혼이 구원을 받을 수 없다고 생각을 하였다. Dahmer는 성경책을 읽으면서 이제는 세례를 받아야 하겠다고 생각을 했다. 그래서 그는 교도소에 있는 목사를 불러서 세례를 받고 싶다는 의사를 전달을 하였다. 목사는 그를 면담을 한 다음에 세례의식을 교도소 안에서 행하였다.[26]

그러던 중에 Dahmer는 1994년 11월 28일 교도소 안에서 다른 죄수 두 명과 함께 작업을 하고 있었다. 그 두 명의 죄수 중 한 명은 백인으로서 부인을 살해한 혐의로 형을 살고 있었다. 그의 이름은 Jesse Anderson이었다. 또 다른 한 명의 죄수는 흑인으로서 자신이 신의 아들이라고 믿는 정신분열증 환자였다. 그의 이름은 Christopher Scarver였다. 교도관은 그들 셋을 그렇게 놓아둔 상태에서 잠시 자리를 비웠다. 이런 와중에 사건이 발생을 하였다. 20분 후에 교도관이 다시 제자리에 돌아와 보니 Dahmer의 머리는 심하게 부서져 있었다. 또 다른 죄수 Anderson도 심하게 부상을 입고 쓰러져 있었다. 그리고 Scarver는 빗자루 대를 들고 있었다. Dahmer는 현장에서 즉사하였다. 살인마 Dahmer는 자신의 희생자와 마찬가지로 살인을 당하여 이 세상을 떠나게 된 것이다.

5. 가정환경 및 성장과정

Dahmer는 1960년 5월 21일에 아버지 Lionel Dahmer와 어머니 Joyce 사이에서 태어났다. Dahmer는 어릴 적에 특별히 문제가 될 만한 열악한 가정환경에서 자라진 않았다. 오히려 그의 아버지는 화학을 전공한 박사 출신이었다.[27] 그리고 Dahmer는 평범하고 행복한 어린 아이로 성장을 하였다. 그러나 Dahmer가 초등학교 1학년에 들어가면서부터 그의 성격에 갑작스런 변화가 일어나기 시작을 하였다.

그는 수줍음이 심할 정도로 많아졌으며, 동시에 말수가 너무 적어졌다. 뿐만 아니라, 자신감이 결여되어 갔다. 그 결과 그는 점점 남들로부터 고립이 되어 갔다. 중고등학교 시절에는 고집불통이고 융통성이 없는 쪽으로 성격이 더 악화가 되었다. 이제 그는 수줍음이 심하여 남들이 다가오면 상당히 긴장하면서 경계를 하였다. 누가 말을 걸어오면 그는 어쩔 수 없이 아주 간단한 반응만 보였다. 그래서 그는 항상 혼자 다니기를 좋아했다. 그러면서 그는 점점 더 자신만의 세계에 빠졌다.[28] 한편 Dahmer는 일찍 감치 술을 좋아해서 그것을 교실 안에 가지고 들어오기도 하였다.

Dahmer는 혼자 집에서 고립되어서 보내는 시간이 점점 더 늘어났다. 그래서 그는 TV를 보면서 우두커니 앉아 있는 때가 많았다. Dahmer는 목적의식이 없이 방황을 하면서 시간을 낭비를 하였다. 그의 취미는 쓰레기 봉지에다가 동물의 뼈를 담아서 자신이 만든 조그만 공동묘지에 묻는 일이었다. 어쩐 일인지 그는 죽은 동물에 유난히 많은 관심을 보였다. 그러면서 그는 사체하고 성행위를 하고 인육을 먹는 것과 같은 자신만의 독특한 성적환상을 가지게 되었을 것이다.[29]

Dahmer의 부모는 그가 18세가 되던 해에 이혼을 하였다. 그런 다음에

Dahmer의 아버지는 재혼을 하게 되었다. 아버지와 새엄마는 Dahmer에게 대학을 갈 것을 권유하였다. 그래서 Dahmer는 반 강제적으로 오하이오 주립대학교 (Ohio State University)에 입학을 하였다. 그러나 첫 학기 내내 술에 절어 시간을 낭비한 Dahmer는 성적부진으로 학교를 그만두어야 했다.[30]

6. 범죄원인의 분석

Dahmer의 엽기적인 연쇄살인에 대한 이야기를 들으면서 많은 사람들이 먼저 그가 정신이상, 특별히 '사이코패쓰'(psychopath)[F]라고 생각한다. 체포된 Dahmer를 인터뷰한 세 명의 심리학자들은 Dahmer가 집중적인 정신과적 치료가 필요한 상태라고 진단을 하였다. Dahmer 자신도 자신이 왜 그런 끔찍한 범행을 저지르게 되었는지 모르겠다고 했다. 그리고 그는 경찰에 잡히기 오래 전에 자신이 끔찍한 행동을 하고 있다는 것도 알고 있었다고 자백을 하였다.[31] 이에 대해서 Dahmer의 아버지는 자신의 아들의 영혼이 파괴가 되어 있다. 그는 이미 오래 전에 자신만의 힘으로는 자신의 아들을 그런 심각한 문제에서 구할 수 없다는 것을 깨달았다고 고백을 했다. Dahmer의 아버지는 자신의 아들이 일반 사람들이 가지고 있는 '양심'(conscience)을 가지고 있는 않은 것이 가장 근본적인 문제라고 지적을 하였다.[32]

재판과정에서도 Dahmer의 변호인은 그가 어떤 것이 옳고 그른지를 판단할 수 없는 정신이상자라고 주장을 하였다. 그러나 검사가 반박한 것과 같이 Dahmer는 자신의 범행을 사전에 계획했다. 그리고 그대로 실행을

[F] 자신의 잘못을 인식하지 못하는 심한 정신질환을 통칭하는 말이다.

하였다. 뿐만 아니라, 그는 살인과 성폭행의 욕구를 군대에서 생활하는 동안은 잘 억제를 하였다. 그 이유는 군대에서 그런 행동을 벌이면 즉각 탄로가 난다는 것을 그는 잘 알고 있었기 때문이다.

Dahmer 자신도 자신의 행위가 크게 잘못되었다고 시인을 하였다. 자신의 성적 욕구와 살인욕구를 제대로 절제를 하지를 못한 것이다. Dahmer는 어릴 적부터 남과 다른 점은 있었지만, 그렇다고 완전한 정신이상이라고 보기에는 힘들다. 다만 Dahmer의 어린 시절을 보면 급격한 성격적인 변화를 엿볼 수 있다. 즉 갑자기 내성적이 되고 남들과 고립되는 생활을 어릴 때부터 해왔다. 그것은 10대 들면서 오히려 더 심해졌다. 아마도 혼자 보내는 시간이 많아지면서 변태적인 성행위에 대한 환상을 가지게 되었는지 모른다. 뿐만 아니라, 남다르게 죽은 동물들의 시체에 대한 애착이 강하였다.

Dahmer가 언제부터 동성애에 눈을 뜨게 되었는지는 정확하게는 알 수 없다. 동성연애자가 되는 것이 호르몬의 영향으로 인한 선천적인 것으로 보는 사람들도 있다. 때로는 환경적인 원인에서도 찾기도 한다. 그러나 Dahmer의 경우에는 어떤 영향이 더 큰 지 정확히 알기가 어렵다. 또 어떤 사건을 계기로 해서 동성 사이의 성행위에 관심을 가지게 되었는지도 알기 어렵다. 그러나 그의 동성애가 그의 범죄행위와 직접적으로 관련이 있다는 것은 분명하다. 왜냐하면 그는 남성들만 골라서 성폭행을 하고 살해를 하였기 때문이다.

Dahmer의 심한 음주습관이 그의 범죄행위에 영향을 미쳤을 것이라는 것도 의심할 수 있을 것이다. 군대에서는 습관적인 음주를 함으로써 적응하지 못하고 불명예제대를 하였다. 장기적인 음주는 알코올중독을 가져올 수 있다. 이런 알코올중독은 뇌손상을 초래할 수 있다. 아마도 Dahmer

의 알코올중독은 자신의 행동을 정상적으로 판단하고 통제하는데 지장을 가져왔을 가능성도 짐작해 볼 수 있다.

Dahmer가 다른 강간 연쇄살인범과는 달리 상대방을 살해한 이후에 사체와 성행위를 하고 그것을 가지고 놀았다. 심지어 그는 그것을 먹기까지 하였다. 아마도 Dahmer는 소심하고 내성적인 성격으로서 겉으로 드러나지는 않지만, 남을 지배하고 자신 마음대로 하려고 하는 충동이 강하였을 것이다. 사람을 죽인 다음에는 성행위뿐만 아니라 시체를 훼손하고 전리품처럼 보관하기도 하였다. 정상적인 생활에서는 고립되고 남을 지배할 수 없었다. 그러나 그는 살인이란 극단적인 행동을 통해서 쾌감을 얻으려고 하였던 것이다. 한번 시작된 쾌락은 만족할 줄을 모르고 더 많은 살인행위를 요구하였다. Dahmer는 자신도 모르는 사이에 살인에 중독이 된 것이다. 그가 인정한 것과 같이 자신이 경찰에 잡히지 않았더라면 아마 계속해서 살인을 저질렀을 것이다.

고학력에 미남의 연쇄살인범 : Ted Bundy
(1946. 11. 24-1989. 1. 24)

Ted Bundy는 미국뿐만 아니라 전 세계를 경악하게 만든 연쇄살인범이다. 그는 법대대학원(law school)을 다닌 고학력자이었다. 뿐만 아니라, 미남이라는 점을 이용하여 여자들에게 쉽게 접근을 하였다.

1. 연쇄살인범죄의 과정

법정에 선 Bundy

Lynda Ann Healy는 당시 University of Washington 에서 심리학을 공부하는 장래가 촉망되는 21세의 여대생이었다. 그녀는 상당한 미모를 자랑하였다. 키가 컸으며 게다가 날씬한 몸매에 긴 갈색 머리를 가졌다. 노래솜씨 또한 뛰어났다. 마음씨도 고와서 시간이 나면 장애 어린이들도 돌보곤 하였다. 그녀는 다른 네 명의 여학생들과 함께 집을 빌려서 살고 있었다. 1974년 1월 31일 그녀는 자신이 다니는 대학 주변의 술집에 다른 친구들과 같이 맥주를 마시러 갔다. 그러나 Lynda는 술집에 오래 머물러 있지 않고 자신의 숙소로 돌아왔다. 그녀는 집에 돌아온 후 잠시 텔레비전을 보고 나서 남자 친구와 전화 통화를 하였다. 그런 다음 그녀는 바로 잠자리에 들었다.

Lynda는 지방 라디오 방송국의 아나운서로 아르바이트를 하였기 때문에, 평소 같으면 새벽 5시 30분에 어김없이 일어났다. 그런데 어찌된 일인지 그날은 알람소리는 계속해서 들리는데, Lynda의 인기척은 들리지 않았다. Lynda의 룸메이트는 알람시계 때문에 잠을 더 자지 못했다. 그래서 그녀는 그것을 끄기 위해서 Lynda의 방으로 들어갔다. 룸메이트는 Lynda의 방안에서 평소와 다른 이상한 것은 눈치를 채지 못했다. 그렇기 때문에 룸메이트는 Lynda가 이미 출근을 하였다고 생각을 하였다. Lynda의 부모가 저녁 때 자신의 딸의 룸메이트에게 전화를 걸었다. 그리고는 오늘 Lynda와 저녁식사를 하기로 했는데 그녀가 아직 나타나지 않았다고 걱정을 하였다. 부모는 Lynda의 룸메이트에게 그녀가 어디에 있는지를 물어 보았다. 룸메이트도 Lynda의 행방을 전혀 모르고 있었다. 그때부터 Lynda를 아는 사람들이 그녀에 대해서 걱정을 하기 시작을 하였다. Lynda의 부모는 곧바로 경찰에 자신의 딸이 실종된 사실을 신고를 하였다.

　신고를 받고 출동한 경찰이 Lynda의 침실을 자세히 살펴보니 평소와 다른 것이 발견이 되었다. 베게 보와 침대시트가 사라진 것이었다. 한편 베게와 바닥의 침대에 Lynda의 것으로 보이는 핏자국이 발견이 되었다. 경찰은 침입자가 그녀의 잠옷을 벗기고 다른 옷을 입게 한 것으로 생각했다. 그런 후에 범인은 그녀를 침대시트로 싸서 밖으로 데리고 나간 것으로 추정을 하였다. 그 후에도 여러 명의 여대생들이 갑자기 사라졌다. 그 모든 사건에 많은 유사점들이 발견이 되었다. 그 모든 여대생들이 날씬한 몸매를 가진 미모의 백인들이라는 점이다. 경찰은 주변의 여대생들을 대상으로 탐문수사를 하였다. 그 결과 몇 사람의 증인들이 한쪽 팔 또는 다리에 기브스를 한 젊은 남성에 대해서 이야기를 하였다. 그 정체를 모를 남자는 한 손에 책을 들고 나타나서 도와 달라고 여대생들에게 접근을 하였다는 것이다. 그 신원 미상의 남자는 폭스바겐 자동차회사의 딱정벌레형의 차 (Volkwagon Bug)를 타고 다녔다고 한다.[33]

1974년 6월 11일 이른 아침 Washington 대학교에 다니는 여학생 Georgiann Hawkins는 남자친구가 있는 대학 기숙사에서 밤새 같이 시간을 보냈다. 그리고는 자신의 기숙사로 돌아가는 길이었다. 목격자들에 의하면 그녀에게 다리에 기브스를 한 젊은 남자가 접근하는 것을 보았다고 하였다. 목격자들은 그 젊은 남자는 그녀에게 뭘 들어달라고 도움을 청하는 것 같았다고 말했다.[34]

1974년 8월 Washington주에 있는 Sammamish호수주립공원에서는 여러 명의 여자들의 유골이 발견이 되었다. 여러 가지 색깔의 머리카락과 다섯 명의 여자의 것으로 보이는 넓적다리뼈가 있었다. 그리고 두개골 두 개와 턱뼈 등이었다. 그 중 두 명의 시신은 나중에 신원이 확인이 되었다. 신원이 확인된 두 명은 Janice Ott와 Denise Naslund였다.[35] 그 두 명은 모두 1974년 7월 14일에 실종이 되었었다.

Ott를 목격했던 사람은 젊고 잘 생긴 남자가 그녀에게 접근하는 것을 보았다고 증언을 하였다. 두 사람 사이의 대화 내용을 엿들어 보니 그 남자는 자신의 이름을 Ted라고 소개하였다. 그 남자는 보트를 자신의 차에 연결시키는데 어려움을 겪고 있었다. 그 이유는 손에 기브스를 하고 있었기 때문이다. Ted라는 남자는 Ott에게 자신을 도와 줄 수 있느냐고 물었고, 그녀는 그러겠다고 대답했다. 애석하게도 그것이 한참 때인 23세의 Ott가 이 세상에 모습을 나타낸 마지막이었다.[36]

한편 Naslund는 Ott가 사라진 것과 같은 날 실종이 되었다. 그녀는 남자친구를 비롯한 친구들과 공원에서 시간을 보내다가 화장실에 간다고 간 이후에 사라졌다. 그녀가 사라진 비슷한 지역에서 손에 기브스를 한 남자가 같은 수법으로 두 명의 여자에게 접근하는 것이 목적이 되었다. 역시 자신이 손에 기브스를 해서 그러니 자신의 보트를 차에 연결하는 것을 도와 달라는 것이었다. 그러나 그들은 그 남자를 도와줄 수 없다고 거절을 하였다. 이와는 달리 Naslund는 남을 도와주기를 좋아하는 성격이었다. 그리고는 Ted Bundy를 도와주다가 봉변을 당하고 말았다.[37]

그 후에도 살인행진은 계속되었다. 이번에는 Utah주의 한 경찰서장인 Louis Smith의 17세짜리 딸이었다. 경찰서장 Smith는 자신이 오랜 경찰관 생활을 하면서 겪은 흉악범죄들을 잘 알고 있었다. 그래서 딸에게 남자들을 조심하라고 신신 당부를 하였다. 그러나 경찰서장의 딸 Melissa도 Ted Bundy의 사냥을 피하지 못했다. 그녀는 1974년 10월 18일에 실종되었다. 그 후 9일이 지난 후에야 그녀는 강간을 당한 후에 목이 졸려서 살해된 채 발견이 되었다.

그 다음은 17세의 Laura Aime이었다. 그녀는 실종된 후 추수감사절날 Wasatch 라는 산의 계곡에서 살해된 채 발견이 되었다. Aime는 머리와 얼굴에 빠루ⓖ (crow bar)로 수차례 얻어맞은 것으로 보였다. 그녀 역시 강간과 항문섹스를 당한 후에 살해된 것으로 보였다. 아마도 다른 데에서 살해된 후에 그곳으로 옮겨진 것으로 판단이 되었다. 그 이유는 그 자리에 핏자국이 별로 보이지 않았기 때문이다. 빠루로 그 만큼 맞을 정도이면 핏자국이 상당히 많이 보여야 하기 때문이다. 경찰은 그녀의 사체 외에는 다른 물적 증거를 확보할 수가 없었다.

Utah주의 경찰들은 자신들 지역에서 발생한 살인 사건이 Washington 주에서 전에 발생한 사건과 상당이 유사하다는 점에 인식을 같이 하였다. 즉 두 지역에서 벌어진 살인사건들이 동일범에 의해서 저질러졌을 가능

ⓖ 못을 빼는데 쓰는 쇠로 된 묵직하고 긴 연장을 말한다.

성이 높다고 보았다. 그리고 경찰은 목격자들의 증언을 토대로 'Ted'로 알려진 사람의 몽타주를 작성하였다.

Elizabeth Kendall은 한때 Ted Bundy의 여자 친구이었다. Kendall의 친구는 신문과 방송에 나온 범인의 몽타주를 보았다. 그리고 그것이 자신의 친구인 Kendall의 남자친구일 것이라고 믿었다. 몽타주뿐만 아니라, 범인이 타고 다녔다는 차도 Ted Bundy가 운전하고 다녔던 딱정벌레형의 차(Volkwagon Bug)와 일치하였다. Kendall의 친구가 Bundy를 수상하게 여긴 또 다른 이유가 있었다. 그것은 Ted Bundy는 다리를 다치지도 않았는데에도 방안에 지팡이를 가져다 놓았기 때문이다.[38]

자신의 친구로부터 위와 같은 이야기를 들은 Kendall은 1974년 8월 자신의 신원을 밝히지 않은 채 Seattle시 경찰에 전화를 걸었다. 그리고는 자신의 남자친구가 그 살인사건과 관계가 있을지도 모른다고 말하였다. 그녀는 자신의 남자친구의 사진을 경찰에 보여주었다. 경찰은 그 사진을 받고 목격자들에게 그것을 보여 주었다. 그러나 그들 목격자들은 그 남자가 확실하게 맞는다는 말을 하지는 않았다. 그래서 경찰은 Ted Bundy에 대해서는 더 이상 조사를 하지 않았다.

경찰수사를 교묘히 피하고 있던 Ted Bundy는 점차 더 과감한 방법으로 범행을 저질렀다. 1974년 11월 8일 Ted Bundy는 백화점(shopping mall)의 한 책방에 있던 18세의 Carol DaRonch에게 접근을 하였다. Bundy는 그녀에게 누군가가 당신의 차의 유리창을 부수고 물건을 훔친 것 같으니 같이 가보자고 하였다. Bundy가 백화점 경비원처럼 행동을 하였기 때문에 DaRonch는 그를 경비원이라고 믿었다. 그녀는 자신의 차 안을 확인한 후 모든 것이 다 그대로 있다고 말하였다. 이제 Bundy는 자신이 경찰관 Roseland라고 그녀에게 소개하였다. 그리고는 그는 경찰서에 가서 사건조서를 작성해야 하니 같이 동행해 달라고 그녀에게 요청을 하였다. DaRonch는 조금 이상하다고 생각이 되어 Bundy에게 경찰신분증을 보여 달라고 요구를 하였다. Bundy는 주머니에서 경찰관이 가지고 있는 것과 비슷한 금색배지를 꺼내서 그녀에게 보여주었다. 그리고는 그녀를 자신

피살자 Denis Naslund

의 폭스바겐 차로 데리고 갔다. 그러고 나서 Bundy는 경찰서 반대 방향으로 차를 몰았다. 그런 다음 얼마를 지나서 그는 차를 길가에 세웠다.[39)

DaRonch는 갑자기 겁에 질려 버렸다. 그러자 Bundy는 가지고 있던 수갑을 꺼내서 그녀의 손에 채우려 하였다. 그녀는 소리를 질렀다. Bundy는 이젠 총을 꺼내서 더 반항하면 죽여 버리겠다고 협박을 하였다. 그녀는 차의 한쪽 구석에 몰리는 상황이 되었다. Bundy는 차 안에 있던 빠루를 꺼내서 그녀의 머리를 내리치려고 하였다. 그녀는 자신을 방어하기 위해서 반사적으로 그 빠루를 손으로 붙잡았다. 그런 다음 그녀는 Bundy의 음낭을 걷어찼다. 그런 다음에 DaRonch는 있는 힘을 다해 도로를 향하여 정신없이 달렸다.[40) 지나가던 운전자들이 그런 그녀를 발견을 하였다. 그렇게 해서 DaRonch는 구사일생으로 그 근처를 지나가던 다른 차에 올라탈 수가 있었다. 그녀는 울부짖으면서 차안에 타고 있던 사람들에게 어떤 한 남자가 자신을 죽이려고 했다고 말했다. 지나가던 운전자들은 즉시 그녀를 경찰서로 데리고 갔다.

경찰서에 간 DaRonch는 경찰관 중에서 Roseland라는 이름을 가진 남자가 자신을 죽이려고 했다고 말을 하였다. 그러나 경찰은 자신의 경찰서에 그런 이름을 가진 경찰관은 없다고 말했다. 경찰서는 즉시 경찰관을 현지로 급파했다. 그러나 이미 한 시간이 지난 후였기 때문에 Bundy는 사

피살자 Melissa Smith

라지고 없었다. 경찰은 그마나 다행히 DaRonch로부터 Bundy에 대한 인상착의와 그가 가지고 있던 차량에 대한 정보를 입수를 할 수가 있었다.

DaRonch를 납치하여 강간하려고 했던 계획에 실패한 Bundy는 같은 날 저녁 Viewmont 고등학교를 찾아갔다. 그리고는 그 학교의 17세짜리 여학생인 Debby Kent에게 접근을 하였다. Debby Kent는 부모님들과 함께 학교에서 연극을 보다가 동생을 데리러 잠시 갔다 오겠다고 한 후에 다시 돌아오지 않았다.[41] 그녀는 자신의 차에도 가기 전에 누군가에 의해 납치가 된 것이다. 그녀의 차는 학교 주차장에 그대로 서 있었다. 그러나 Kent는 어디에도 보이지가 않았다. 경찰은 주차장에서 수갑의 키를 발견하였다. 나중에 확인해 보니 DaRonch의 손에 채워졌던 수갑으로 밝혀졌다. Kent가 실종이 된 후 한 달이 지난 후에 한 남자가 경찰에 전화를 걸었다. 그는 그녀가 실종되던 날에 폭스바겐 자동차회사의 딱정벌레형의 차를 보았다는 정보를 제공하였다.

또 다른 사건은 1975년 1월 12일에 일어났다. Caryn Campbell은 그녀의 약혼자 Raymond Gadowski 박사와 그의 두 자녀들과 함께 Colorado주로 여행을 갔다. Gadowski 박사가 세미나에 참석하는 것을 이용해서 오랜만에 가족여행을 간 것이었다. 그런 어느 날 밤 가족 네 명이 모두 모여서 호텔의 라운지에서 시간을 보내고 있었다. 그러다 Caryn은 자신이 보던 잡지를 가지러 호텔방으로 가겠다고 하고 자리를 떠났다. 그녀의 약혼자와 그의 아이들은 Caryn이 돌아오기를 기다렸지만 웬일인지 아무런 소식이 없었다. Gadowski 박사는 Caryn이 아마도 몸 컨디션이 좋지 않아서 잠시 침대에 누워서 쉬고 있을지 모른다고 생각을 했다.

그러나 그가 방안을 확인해 보니 그녀의 흔적은 전혀 보이지 않았다. 사실은 그녀가 방에 돌아오지도 못한 상태에서 납치를 당한 것이었다. 이런 상황을 걱정한 Gadowski 박사는 잠시 더 기다려 보다가 경찰에 실종신고를 하였다. 경찰과 가족은 호텔방을 일일이 다 뒤졌으나 Caryn의 자취는 역시 발견할 수가 없었다.[42]

Caryn이 실종이 되고 거의 한 달이 다 된 후였다. 한 사람이 발가벗겨진 여인의 시체를 길에서 멀지 않은 곳에서 우연히 발견을 하였다. 그녀가 실종된 호텔에서 몇 킬로미터 떨어진 곳이었다. 이미 실종된 지 거의 한 달이 다 되었기 때문에 시체가 들짐승들에 의해서 심하게 손상이 된 상태이었다. 따라서 사망원인을 정확하게 판단하기가 힘들었다. 그러나 한 가지 분명한 것은 그녀가 머리에 둔기로 심하게 가격을 당한 흔적이 남아 있다는 것이다. 얼마나 세게 가격을 당하였는지 그녀의 치아가 잇몸으로부터 완전히 분리된 상태이었다. 그녀가 강간을 당하였다는 증거도 발견이 되었다. 아마도 그녀가 실종된 후 얼마 되지 않아 살해당한 것으로 보였다. 그러나 범인을 특정할 만한 단서는 발견이 되지 않았다.

Caryn Campbell의 사체가 발견된 지 몇 달 후에 다시 또 다른 여자의 시신이 Taylor산에서 발견이 되었다. Naslund와 Ott의 사체가 발견된 곳으로부터 16킬로미터 정도 떨어진 곳이었다. 그녀의 이름은 나중에 Brenda Ball로 밝혀졌다. 그녀의 사망원인 역시 둔기로 머리를 맞은 충격 때문으로 보였다. 이틀 후에는 또 다른 하나의 사체를 발견하였는데 역시 같은 여름에 실종된 Susan Rancourt로 밝혀졌다. 그 이외에도 두 명의 여인의 사체가 추가적으로 더 발견이 되었는데, 그 중에 하나는 앞서 언급한 Lynda Ann Healy로 판명이 되었다. 그들 사체의 공통점은 둔기로 머리를 맞아 살해되었다는 것이다. 결국 Taylor산은 무고하게 살해된 여인들의 공동묘지가 되었던 것이다.

경찰은 연쇄 살인범이 누구인지를 알아내고 검거하기 위해서 필요한 뚜렷한 단서를 잡지를 못했다. 그러는 가운데 다섯 명의 여인들의 시신이 Colorado주에서 추가로 발견이 되었다. 피살자들은 하나 같이 이전의 사건과 비슷한 수법으로 공격을 당하였다.

2. 검거와 수사과정

Bundy가 경찰에 처음 체포된 것은 Utah주에 있는 Granger란 곳이었다. Granger란 곳은 대도시인 Salt Lake City의 교외에 있는 지역이다.[43] 1975년 8월 16일 Bob Hayward 경사는 자신이 맡은 지역을 자동차로 순찰을 하고 있는 중이었다. 그는 자신의 순찰차 옆을 지나가는 폭스바겐 차량을 유심하게 살펴보았다. Hayward 경사는 그 지역사정을 아주 잘 아는 경찰관이었다. 그 동네에서 그런 폭스바겐차를 타는 사람은 아무도 없었다. 이것을 수상하게 생각한 Hayward 경사는 그 차량을 더 자세히 살피기 위해서 서치라이트를 폭스바겐 차에 비추었다. 그러자 그 차량의 운전자는 자신의 차 라이트를 모두 끄고 도주를 하기 시작했다.[44]

Hayward 경사는 반사적으로 그 차량 뒤를 추적하기 시작했다. 그러나 폭스바겐 운전자는 두 신호등을 그대로 통과하였다. 그러더니 이제는 안되겠다고 생각을 했는지 그는 한 주유소에 차를 세웠다. 그리고는 그 차의 운전자는 차 밖으로 나와서 경찰차 쪽으로 다가왔다. Hayward는 Bundy에게 자동차등록증과 운전면허증의 제시를 요구하였다.[H] 자동차등록증

[H] 미국에서는 경찰이 차량을 정지시킬 경우에 자동차등록증과 운전면허증을 보여 줄 것을 요구하는 것이 통상적인 절차이다.

과 운전면허증에 있는 이름은 Theodore Robert Bundy였다.① 두 명의 경찰관이 추가로 현장에 도착했다. 경찰관이 Ted Bundy의 차 안을 살펴보니 조수석의 의자가 완전히 없어진 상태였다. 이를 수상히 여긴 경찰은 Bundy의 동의를 얻어 차 안을 좀 더 자세하게 살펴보았다. 경찰관들

경찰이 *Bundy*의 차에서
압수한 물건들

은 차 안에서 빠루, 스키 마스크, 로프, 수갑, 끈, 그리고 얼음을 깰 때 쓰는 날카로운 꼬챙이 등이 나왔다. 경찰은 그 당시 Bundy가 연쇄살해범이라는 것을 모르고 있었다. 그렇기 때문에 경찰은 그를 단순 절도범으로 의심을 하여 그 자리에서 체포를 하였다.

경찰은 Bundy를 체포하자마자 그가 Carol DaRonch의 납치 및 살인미수 사건에 관련이 되어 있는지에 대한 수사를 시작하였다. Bundy의 차 안에서 발견된 수갑이 DaRonch에게 채워졌던 수갑과 같은 제조회사의 것이었다. 그가 탄 차량 또한 목격자들이 설명했던 것과 상당히 유사하였다. 빠루도 DaRonch의 증언의 내용과 상당히 흡사하게 생겼다. 경찰은 Bundy가 여인들의 연쇄살인범일 것이라고 의심을 하였다. 그러나 아쉽게도 결정적인 단서를 확보하지 못했다. 경찰은 Bundy를 다른 여섯 명의 남자들과 함께 세워놓고 Carol DaRonch와 Viewmont 고등학교 연극반 여자지도교사인 Debby Kent의 친구 등을 불러서 범행당시에 본 남자가 누구인지를 지목하라고 했다. 그 세 명 모두 한결같이 Bundy를 지목하였다.45)

세 명의 목격자가 Bundy를 범인으로 지목한 이후에 경찰은 Ted Bundy에 대한 수사를 본격적으로 진행을 하였다. 1975년 가을 경찰은

① Ted라는 이름은 Thoedore란 이름의 애칭이다.

경찰에 발견된 Bundy가 타고 다녔던 폭스바겐 차

Bundy의 여자 친구로 알려진 Elizabeth Kendall을 불러서 Bundy의 일상적인 활동, 습관, 그리고 성격 등에 대해서 물어 보았다. 그녀는 Bundy는 낮에 잠을 자고 밤에 활동하는 경우가 많았다고 했다. 그러나 Bundy가 밤에 나가서 무엇을 하는지는 잘 모르겠다고 하였다. 그녀에 따르면, Bundy는 자신과의 성관계에 대한 관심이 지난 1년간 감퇴가 되었다고 했다. 간혹 자신과의 성관계에 관심을 보일 때는 변태적인 성행위를 강요하였다. 즉 자신을 끈으로 묶은 후에 성관계를 가질 것을 요구하곤 하였다는 것이다. 한 번은 자신은 더 이상 그런 변태적인 성행위를 원하지 않는다고 했을 때, Bundy는 자신에게 크게 화를 냈다고 하였다. 뿐만 아니라, Bundy는 기브스를 만들기 위한 장비를 집에 가지고 왔다고 했다. 경찰은 Bundy의 여자 친구로부터 수 명의 여인이 실종된 Sammamish호수 공원에 Bundy도 수상스키를 타러갔었다는 사실을 알아냈다.

경찰은 Kendall 이외에도 California 주에 있는 Bundy의 또 다른 애인에게도 연락을 하였다. 그녀는 최근에 남자친구 Bundy가 자신을 대하는 태도가 갑자기 변하였다는 것을 경찰에게 말하였다. Bundy는 전에는 자상했는데 어느 날 갑자기 무서운 사람으로 변했다는 것이다. 또 한 가지 사실은 Bundy는 이 두 명의 여성과 동시에 애인으로서의 관계를 가지고 있었다는 것이다. 그러나 이들 여성들은 Bundy가 자신이외의 다른 여성과 사귀고 있는 지를 전혀 모르고 있었다. Bundy는 비밀스럽게 이중생활을 하고 있었던 것이다.

재판을 받기 위해 경찰에
끌려가는 Bundy

경찰은 수사를 계속 진행하면서 Bundy에 대한 더 많은 사실들을 알게 되었다. Bundy는 피살자 중의 하나인 Lynda Ann Healy와는 사촌지간이었다. 또한 Bundy의 오랜 친구 중에 한 사람은 Bundy의 차에서 여성의 팬티호스를 본 적이 있다고 경찰에 확인을 해주었다. 경찰은 Bundy가 여러 여성의 사체가 발견된 Taylor산에서 한 동안 머무른 사실도 알게 되었다. 그 뿐만 아니라, 경찰은 Bundy가 여성들이 실종된 지역에서 신용카드를 사용한 기록을 확인을 하였다. 이것은 Bundy가 여성들이 실종된 지역에 갔었다는 것을 알려주는 자료였다. Bundy의 한 친구는 Bundy가 다친 일도 없이 기브스를 하고 다니는 것을 보았다는 추가 증언을 하였다. Bundy의 범행을 입증할 여러 가지 증거물들과 목격자의 진술이 확보가 되어갔다. 그러나 그는 여성들의 피살사건과의 관련을 강하게 부인을 하였다.

3. 재판과정

Ted Bundy는 1976년 2월 23일 Carole DaRonch를 납치한 혐의로 재판을 받게 되었다. 그러나 재판정에 앉은 Bundy는 자신은 그 납치사건과 아무 관련이 없다는 듯이 아주 여유로운 모습이었다. 아마도 그는 검찰이 자신의 유죄를 입증할 물증을 가지고 있지 않을 것이라고 생각했을 것이다.

법정에서 자신의 감정을 표출하는 Bundy

그러나 그의 이런 생각은 오판이었다. 증인으로 재판정에 나온 Carol DaRonch는 16개월 전에 자신이 겪었던 악몽 같은 일을 증언을 하였다. 검사가 당신을 납치한 사람을 지목하라고 하자, DaRonch는 울면서 피고인석에 앉아 있는 Ted Bundy를 손가락으로 가리켰다. Bundy는 그럼에도 불구하고 자신의 혐의를 완강히 부인을 했다. 판사는 Bundy에게 DaRonch에 대한 납치 및 살인미수 혐의에 대한 유죄를 인정하여 최저 1년에서 최고 15년의 징역형을 선고를 하였다.[J]

정신과 전문의들은 교도소에 있는 Bundy를 상대로 정신감정을 실시하였다. 정신과 의사들은 Bundy가 특정한 정신병은 없는 정상적인 상태라고 진단을 하였다. 다만 그는 여성에 대한 지나친 집착을 가지고 있다. 또한 여성들하고의 변태적인 성관계가 남들에게 알려지는 것을 두려워하고 있다는 진단을 내렸다. Bundy가 Utah주의 한 교도소에 수감이 되어 있는 동안 경찰은 계속해서 Bundy가 저지른 여죄에 대한 수사를 하였다. 우선 Caryn Campbell과 Melissa Smith에 대한 살인사건에 대해서 Bundy가 관련이 되었는지를 조사하였다. 그 결과 Bundy의 차 안에서 발견된 머리카락들이 앞의 두 여자의 것과 일치하는 것으로 확인이 되었다. 뿐만 아니라, Campbell의 두개골에 있는 둔기로 맞은 자국이 Bundy가 가지고 있던 빠루의 크기와 일치하였다. 그래서 Colorado 경찰은 1976

[J] 이런 것은 '부정기형제도' 라고 한다. 이것은 복역기간을 고정하지 않고 넓은 범위로 잡아 놓고 죄수의 교도소 안에서의 교화상태 등을 판단하여 실제 석방 일을 결정하는 제도이다.

년 10월 22일 Bundy에게 Campbell에 대한 살해혐의를 추가하였다.

Bundy는 1977년 4월 Campbell에 대한 사건을 조사받기 위해서 Colorado주의 한 유치장으로 이송이 되었다. Bundy는 자신의 변호인이 무능하다고 판단하고 그를 변호인 자리에서 쫓아냈다. 그리고는 자신이 법대를 다녔다는 점을 이용하여 스스로 변호인을 자처하였다.

4. 도주와 추가범행

Bundy는 1977년 6월 7일 법원 안에 있는 도서관으로 가던 길에 열려진 창문을 뛰어 넘어 도주하는데 성공을 하였다. 그는 수갑을 차고 있지 않았기 때문에 도주 후에도 일반인들의 눈에 뛰지 않았다. 그 도주는 머리가 좋은 Bundy가 이미 사전에 치밀하게 계획해 놓은 것이었다. 경찰은 즉각 주요 길목에서 검문검색을 실시하였다. Bundy는 당분간 상황이 잠잠해 질 때까지는 숨어서 조용히 지내는 것이 좋다고 판단을 하였다. 그렇기 때문에 경찰의 검문검색 노력은 별 효과가 없었다. 경찰은 경찰수색견과 150명이 넘는 경찰인력을 동원하여 수색활동을 벌였다. 하지만 꼭꼭 숨어있는 Bundy를 찾아내기에는 역부족이었다. 며칠 동안 Bundy는 경찰의 수색을 피하는데 성공하였다.[46]

Bundy는 Aspen이라는 산속의 깊숙한 곳으로 도피를 하였다. 거기에서 그는 숨어 다니는 동안 캠핑 나온 사람들의 음식을 훔쳐 먹고, 또 사람이 없는 산장에서 잠을 잤다.[47] 그러나 그는 그렇게 지내는 데에는 한계가 있다는 것을 깨달았다. Bundy는 도주를 하기 위해서 차를 훔쳐야겠다고 생각을 했다. 그러던 중 주인이 없이 시동이 걸려 있는 차량을 발견을 하였다. 그는 지체 없이 그 차를 몰고 시내를 빠져 나가려고 하였다. 그러나 그는 경찰의 포위망을 뚫지 못하고 다시 체포되는 신세가 되었다.

　다시 체포된 Bundy는 그 이후부터 법원 도서관을 갈 때에는 반드시 수갑을 차고 다녀야 했다. 그렇다고 도주를 쉽게 포기할 Bundy는 아니었다. 그는 같은 해의 12월 30일에 Colorado 주의 Glenwood Spring 시에 위치해 있는 유치장에서 다시 도주를 시도하였다. 그는 이번 도주를 위해서 2주 동안 치밀하게 준비를 하였다. 이번에는 유치장의 천정에 설치된 환기통을 이용을 하였다. 그는 동료죄수로부터 몰래 쇠톱을 구했다. 그런 다음에 조금씩 환기통을 막아놓은 쇠창살을 자르기 시작을 하였다. 그와 동시에 Bundy는 좁은 환기통을 빠져나가기 위해서 자신의 체중을 감량을 하였다. 48)그런 노력의 결과로 그는 환기통을 타고 옆에 있는 교도관 관사로 도망을 갈 수 있었다. 그런 다음에 교도관 관사에 아무도 없을 때까지 기다렸다. 관사에 아무도 없는 것을 확인한 Bundy는 방문을 열고 유유히 현장을 빠져 나갔다. 그러나 유치장 측에서는 그가 도주한 사실을 15시간 동안이나 모르고 있었다.

　Bundy가 탈주한 날은 한참 추운 겨울이었다. 그는 낡은 차를 하나 훔쳐 타고서 달아났다. 그러나 가다가 산길 한 가운데서 차가 퍼졌다. 그는 요행히도 지나가는 사람이 차를 태워주어서 산길에서 빠져 나올 수 있었다. Bundy는 차를 태어준 사람에게 근처에 있는 시외버스 정류장까지만 차를 태워달라고 부탁을 하였다. 그는 다시 버스를 타고 Colorado 주의 대도시인 Denver로 갔다. 그는 거기서 비행기를 타고서 Chicago로 날아갈 수 있었다. 49)

　Bundy는 Chicago시를 거쳐서 미국의 동남부의 남쪽 끝에 있는 Florida 주에 잠입하였다. Bundy는 1977년 1월 중순 Florida주 Tallahassee 시의 한 아파트에 Chris Hagen이란 이름으로 세를 들어 살게 되었다.ⓚ Bundy

는 다른 사람들이 자신을 알아보지 못하는 이곳이 편했다.[50] 이 Talla-hassee 시는 플로리다 주립대학교가 위치해 있다. 그는 대부분의 시간을 학교 캠퍼스를 돌아다니면서 보냈다. 가끔은 교실에 들어가 청강을 하기도 하였다. 그러다가 싫증이 나면 자기 방에 돌아와서 TV를 시청하기도 하였다. 그 TV는 Bundy가 훔친 것이었다. TV뿐만 아니라 그의 아파트 방안에 있는 모든 것들은 그가 훔쳐서 가져다 놓은 것들이었다. 심지어는 훔친 신용카드를 이용해서 식당에서 음식을 사먹기도 했다. 그러나 개 버릇 남을 못준다고 하였던가? Bundy는 다시 강간과 살인의 충동에 사로잡히게 되었다.

도주 중에 추가로 범행을 저지르면 자신의 위치가 경찰에 발각될 수 있다는 것을 잘 알면서도 Bundy는 자신의 강간 및 살인의 충동을 억제를 하기 못했다. 1978년 1월 14일 Chi Omega House라는 여대생 사교클럽ⓛ의 기숙사에서 Bundy는 끔찍한 살인사건을 다시 저질렀다. 대부분의 여학생들은 파티에 나갔다. 그러나 아무도 그 날 밤 그런 끔찍한 사건이 일어날 줄은 예상을 하지 못했다.

새벽 3시경에 Nita Neary는 파티가 끝난 다음에 남자친구가 태워준 차를 타고 자신의 기숙사로 돌아왔다. 그녀는 기숙사 문이 활짝 열려 있는 것을 보았다. 평소와 다른 이상한 일이었다. 기숙사 문 안으로 들어가 보

Ⓚ Tallahassee는 Florida 주의 수도이며 인구는 현재 약 250,000정도이다. 또한 Talla-hassee는 본 저자가 1992년부터 지금까지 사는 도시이기도 하다. 이곳에는 본 저자가 박사학위를 받은 플로리다주립대학교가 위치하고 있기도 하다. Bundy는 이 대학에서 추가 범행을 저질렀다.

Ⓛ 미국대학교에는 여러 가지 사교클럽이 있다. 이들은 대학 캠퍼스 안에 있는 건물에서 공동으로 기숙사 생활을 한다. 이들은 크게 남학생 클럽과 여학생 클럽으로 나눌 수 있다. Bundy가 침입한 곳은 바로 여학생 클럽들 중에 하나였다.

니 위층에서 누군가가 뛰는 발자국 소리가 들렸다. 그리고 그 누군가가 계단을 통해서 자신이 있는 방향으로 내려오는 것을 들었다. 본능적으로 이상하다는 생각을 하여 우선 그녀는 자신의 몸을 숨겼다. 그녀는 숨어서 그 사람을 관찰을 하였다. 한 남자가 파란색 모자를 거의 눈이 있는데 까지 푹 눌러쓰고 있었다. 한손에는 천으로 감싼 것이 있었는데 아마 각목 같은 것으로 생각이 되었다. 그리고 그 수상한 남자는 계단을 계속해서 내려가서 건물 밖으로 빠져나갔다.[51]

　Neary는 자신의 기숙사에 좀도둑이 침입한 것 정도로만 생각을 하였다. 그래서 이런 상황을 다른 여학생들에게 알려주기 위해서 위층으로 올라갔다. 그리고는 Nancy란 여학생에게 좀 전에 자신이 목격한 이야기를 해주었다. 이들 두 명의 여학생은 어떻게 해야 할지를 몰랐다. 우선 기숙사 사감에게 알리기로 하고 그녀의 방으로 가는 중이었다. 그러던 중에 다른 여학생 Karen을 보게 되었는데, 그녀는 복도를 비칠비칠 걸어가고 있었다. Karen의 머리는 완전히 피범벅인 된 상황이었다. Nancy가 Karen의 머리에 입은 상처에 지혈을 시도하고 있는 사이에, Nita는 사감을 급히 깨워서 다른 여학생들의 안부를 확인을 하기로 하였다. 그들은 Kathy란 여학생도 발견을 하였다. 그녀는 살아있었으나 차마 눈뜨고 보기 힘들 정도였다. 왜냐하면 그녀는 둔기로 심하게 머리에 가격을 당하였다. 그녀의 머리는 둔기로 강하게 맞았기 때문에 두개골이 깨져서 벌어져 있었다. 그 사이로 엄청난 양의 피가 쏟아져 나오고 있었다. Nancy는 기겁을 하고 전화를 들어서 곧 바로 경찰에 이 사실을 신고를 하였다.

　나중에 경찰이 조사를 해보니 그 기숙사에서 두 명의 피살된 여학생을 발견을 하였다. 하나는 Lisa Levy였다. 나중에 부검을 해 본 결과 그녀는 각목으로 맞았다. 그런 다음 강간 및 살해를 당한 흔적을 발견할 수 있었다. 그 이외에도 그녀의 엉덩이 부분에 범인이 남긴 것으로 보이는 이빨자국이 있었다. Levy의 젖꼭지에도 범인의 이빨자국이 남아 있었다. 얼마나 세게 물었는지 젖꼭지가 거의 다 떨어져 나갈 것 같은 상태였다. 그녀의 음부에는 그녀가 쓰던 헤어스프레이 용기가 넣어져 있었다.

기숙사에서 살해된 또 다른 여학생은 Margaret Bowman이다. 그녀는 성폭행을 당한 흔적은 보이지 않았다. 다만 팬티호스로 목이 졸린 흔적이 있었다. 그리고 머리를 둔기로 강하게 맞아 두개골이 깨져서 안의 내용물이 보일 정도였다. 경찰이 목격자들로부터 얻을 수 있는 단서는 별로 많지 않았다. 아마도 살해당한 Levy와 Bowman은 잠을 자는 도중에 범인의 공격을 받고 살해된 것으로 보였다. 다만 Nita Neary는 범인이 현장을 빠져나갔을 때 어렴풋하게나마 그를 본 것을 기억하고 있었다.

Bundy는 그 날 이것에만 만족하지 않았다. 그는 자신이 두 여대생을 살해한 기숙사에서 불과 1.6 킬로미터 밖에 떨어지지 않은 곳의 아파트에 침입을 하였다. 한 젊은 여자가 잠에서 깨었다. 그 이유는 옆방에서 크게 무엇인가를 두드리는 소리가 들렸기 때문이다. 그녀는 옆방에 사는 자신의 친구가 무슨 일로 새벽 4시에 그런 큰 소리를 내는지가 궁금해서 일어났다. 그리고 즉시 그 방으로 전화를 걸었다. 그러나 아무도 전화를 받지 않았다. 이를 수상하게 여긴 그녀는 경찰에 신고를 했다. 경찰은 먼저 살인사건이 발생한 플로리다주립대학교의 기숙사 현장에 출동해서 있었다. 그러므로 즉시 사고가 난 아파트에 도착할 수 있었다. 출동한 경찰이 안을 들어다 보니 Cheryl이란 여인이 침대에 앉아있는 것을 보았다. 그녀의 얼굴은 타박상을 입어서 부어오르고 있었다. 그녀의 침대 밑에는 Bundy의 차에서 1975년에 발견된 것과 같은 스키마스크가 놓여 있었다.

경찰은 범죄현장에서 범인의 것으로 보이는 혈흔, 정액, 그리고 지문을 채취할 수 있었다. 하지만 그들 증거물들은 상태가 썩 좋지 못해서 누구의 것인지를 결론을 내리기가 어려웠다. 다만 플로리다주립대학교 기숙사에서 발견된 피살자 Levy의 엉덩이에 남아 있는 범인의 이빨자국이 확실한 증거물이었다.

경찰은 1978년 2월 9일 12세의 소녀 Kimberly Leach의 부모로부터 다급한 전화를 받게 된다. 자신의 딸이 실종이 되었다는 것이다. 그녀는 자신의 학교에서 사라졌는데, 목격자들에 의하면 그녀가 누군가의 승합차에 탄 것을 보았다는 것이다. 그녀의 사체는 그녀가 실종이 된지 2개월이 지난 다음에 한 주립공원 안에서 발견이 되었다. 그녀의 몸은 심하게 부패가 되어 있어서 다른 증거물을 찾기가 어려웠다.

Kimberly Leach가 실종 된 후 며칠이 지나서 흰색 승합차를 탄 수상한 남자가 14세 소녀에게 접근을 하였다. 그녀는 방과 후에 오빠가 자신을 데리러 올 때까지 기다리고 있는 중이었다. 그 수상한 남자는 자신은 소방관이라고 밝혔다. 그리고는 그녀에게 근처에 있는 학교에 다니느냐고 물어보았다. 그러나 그녀는 소방관이 유니폼을 입고 있지 않은 것을 수상하게 여겼다. 그녀의 아버지는 Florida주의 Jacksonville시 경찰의 형사 과장이었다. 그녀의 아버지는 딸에게 수상한 사람을 조심하라고 늘 신신당부를 하였다. 그러던 중에 오빠가 도착을 하였다. 오빠역시 그 남자를 수상히 여겼기 때문에 동생에게 빨리 차에 타라고 말하였다. 오빠는 또한 그 승합차의 번호판을 유심히 살펴 본 후에 번호를 적어 놓았다. 그런 후에 집에 와서 자신의 아버지에게 그 번호를 알려주었다.

경찰은 그 자동차의 번호를 추적한 결과 그 차는 Randall Ragen이란 사람의 소유로 되어 있었다. 경찰은 Ragen이란 사람에게 연락을 해 본 결과 자신의 번호판이 절도를 당하였다고 말하였다. 형사과장은 자신의 아이들 두 명에게 용의자들의 사진을 보여주었다. 그리고는 그들에게 승합차를 운전했던 사람이 누구인지를 알려달라고 하였다. 그들은 용의자 리스트의 사진에 포함되어 있던 Ted Bundy의 사진을 지목을 하였다.

경찰이 범인을 찾고 있는 사이에 Bundy는 Florida 주의 Pensacola 시로 이동을 하였다. Bundy는 당시에 차가 없었다. 그래서 이번에는 자신이 오랫동안 타고 다녀서 익숙한 폭스바겐 자동차회사의 딱정벌레와 같은 차를 훔쳤다. 시내를 순찰 중이던 David Lee 경찰관은 오렌지색 폭스바겐 차를 보게 되었다. 그때가 1978년 2월 15일 밤 10시경이었다. 그 경찰관은 지역을 아주 잘 아는 사람이었다. 그러나 그런 오렌지색 폭스바겐을 타는 지역주민은 아무도 없었다. 이를 수상하게 여긴 경찰은 즉시 그 차의 번호판을 통해 수배중인 차인지를 조회하였다. 그 결과 그 차량은 도난 신고가 된 차량으로 나왔다. 그 경찰관은 즉시 순찰차의 라이트를 켜고 그 차량을 추적하기 시작을 하였다. Bundy는 한 동안 도주하다가 포기하고 차를 세웠다. 경찰관은 Bundy를 즉각 차 밖으로 나오게 하였다. 그리고는 바닥에 엎드리도록 한 후에 손을 머리 위로 올리도록 명령을 하였다.[52]

Lee 경관이 Bundy에게 수갑을 채우려고 하는 순간 Bundy는 돌아서서 Lee 경관에게 저항을 하였다. Bundy는 잠시 Lee 경관에게서 벗어나서 도망을 갈 수가 있었다. 그러나 그것도 잠시 Lee 경관은 자신이 가지고 있던 총을 Bundy쪽으로 발사를 하였다. 이에 Bundy는 총에 맞은 척 하면서 바닥에 누워있었다. Bundy는 Lee 경관이 다가가 수갑을 채우려고 할 때 다시 경관에게 저항을 하였다. 그러나 이번에는 Lee 경관이 Bundy에게 수갑을 채우는데 성공을 하였다.

경찰은 Bundy의 체포이후에 그의 유죄를 입증할 만한 많은 증거물과 목격자들을 확보할 수가 있었다. Bundy가 운전한 것으로 보이는 흰색 승합차가 나중에 발견되었다. 세 명의 목격자들은 Kimberly Leach가 실종된 날 Bundy가 그 승합차를 운전하는 것을 보았다고 진술을 하였다. 또한 경찰은 그 승합차 안에서 발견된 옷에서 나온 섬유표본과 Bundy가 입고 있었던 옷의 섬유를 현미경으로 비교하였다. 그 결과 그 두 개가 동일한 것으로 드러났다. 이것은 Bundy가 그 차를 운전했었다는 것을 제시하는 증거물이다. 뿐만 아니라, 승합차에서 발견된 혈흔이 Leach의 혈액형과 같은 것으로 밝혀졌다. 한편 Leach의 속옷에 묻어있는 혈흔과 정액을 조사한 결과 Bundy의 것과 같은 혈액형으로 나타났다.[M] 그 밖에도 Bundy의 신발크기와 Leach의 사체주변에서 발견된 발자국도 일치하였다. 이런 목격자의 진술과 물증을 토대로 Bundy는 여성들에 대한 살해혐의를 받게 되었다. 곧바로 그는 플로리다 주립대학교에서 발생한 살인사건에 대한 혐의도 추가가 되어 기소를 받게 되었다. Bundy는 자신의 유죄가 밝혀지면 사형선고를 받을 가능성이 높다는 것을 잘 알고 있었다.[53]

5. Florida주립대학교 살인사건에 대한 재판

Bundy는 플로리다주립대학교에서 여학생 두 명을 살해한 혐의로 1979년 6월 25일부터 Florida 주에서 재판을 받기 시작을 하였다. 이 재판은 곧바로 세상의 주목을 받기 시작을 하였다. 왜냐하면 Bundy는 네 개 주를 옮겨 다니면서 최소한 36명의 여성을 강간 및 살해한 혐의를 받았기 때문이다. 그는 희대의 살인마로 간주가 되었다. 그런 와중에도 Bundy가 잘 생긴

[M] 1978년 당시에는 DNA가 범죄의 분석에 사용되지 않았기 때문에 혈액형 조사만으로 만족해야 했다. DNA가 범죄수사에 본격적으로 사용된 것은 1990년대부터이다. DNA조사는 특정범인을 지목할 수 있는 큰 장점이 있다. 그러나 혈액형 조사는 말 그대로 몇 가지의 혈액형으로만 구분할 수 있다.

남성이라는 것이 세상에 알려지면서 많은 여성들이 감옥에 있는 Bundy에게 하루에도 수백 통씩의 연애편지를 보냈다.54)

Bundy는 이 재판에서도 스스로가 변호인 역할을 하겠다고 자청을 하였다. Bundy는 법대 출신으로서 자신의 능력을 믿었다. Bundy에 대한 결정적인 목격자는 당시 기숙사 건물을 빠져나가는 남자의 모습을 본 Nita Nearly였다. 그녀는 사건 당일 밤 본 남자가 Bundy라고 증언을 하였다. 또 다른 결정적인 증거는 치과전문의인 Richard Souviron박사의 증언이다. 그는 Bundy의 치아의 모양을 본뜬 표본을 만들었다.55) 그리고는 Souviron박사는 피살자의 몸에 남은 이빨자국을 하나씩 Bundy의 치아의 형태와 비교를 하였다. 그는 피살자 Lisa Levy의 엉덩이 부분에 남아있는 이빨자국이 Bundy의 이빨자국과 일치한다고 증언을 하였다.

재판을 받는 중에 Bundy는 Carole Ann Boone이란 여자와 법적으로 결혼을 할 수 있도록 요청을 하였다. Florida 법은 죄수가 교도소에 수감이 되더라도 정식으로 결혼을 할 수 있도록 보장을 하고 있었다. 그래서 Bundy는 Boone과 법적으로 결혼신고가 되었다. 또 교도소는 죄수가 부인과 교도소 안의 특정장소에서 잠자리를 같이 하도록 보장을 하고 있다.Ⓝ 그래서 Bundy는 자신의 부인과 교도소 안에서 잠자리를 같이 하였다. Bundy의 부인은 1982년에 Bundy의 딸을 출산을 하였다. 그러나 그 다음에 그들 모녀가 어떻게 되었는지는 아무도 모르고 있다.56)

7월 23일 배심원들은 7시간에 가까운 심의 끝에 Bundy가 유죄임을 발표를 하였다. 배심원이 유죄평결을 발표한 후 1주일 후인 7월 30일에 선

Ⓝ 이것은 부부 중 한 사람이 교도소에 수용이 됨으로써 부부가 장기간 성관계를 가지지 못함으로써 발생할 수 있는 문제를 완화시키기 위해서 보장하는 제도이다. 이것은 '부부접견제도'(conjugal vist)라고 불린다.

고공판이 있었다. Bundy의 어머니는 아들을 사형만은 면하게 해달라고 판사에게 간청을 하였다. 그러나 Bundy는 끝까지 자신이 무죄임을 주장을 하였다. 그는 자신이 유죄를 받은 것은 이번 사건이 언론에 지나치게 노출이 되어서 공정한 재판이 이루어지지 않았기 때문이라고 항변을 하였다. 그러나 수많은 무고한 생명을 죽이고 자신은 사형을 면하고자 하는 그의 욕심은 공허한 메아리일 뿐이었다. 판사 Cowart는 배심원의 추천형량을 받아들여 Bundy에게 사형을 선고하였다. 집행방법은 전기의자에 의한 사형이었다.[57]

판사 Cowart는 Bundy에게 사형선고를 내리면서 다음과 같은 말을 남겼다. 젊은이! 이제 당신은 고압이 흐르는 전기의자에 앉아서 죽게 될 것이다. 당신은 머리가 아주 좋은 장래가 촉망되는 젊은이였다. 아마도 법대를 졸업하고 유능한 변호사가 되어서 내 앞에서 일을 하게 되었을 수도 있었다. 그러나 당신은 그 길을 선택하지 않고 범죄자의 길을 갔다. 이제는 다시 돌아올 수 없는 길을 말이다. 내가 판사로서 일하는 법정에서 그렇게 많은 무고한 젊은 여성들을 죽인 당신을 재판을 하게 된 것은 비극이다. 신의 자비하심이 당신에게 있기를 바란다.[58]

Bundy는 그래도 자신의 목숨을 부지하고자 하는 희망을 버리지 않고 Florida주 대법원에 항소를 하였다. 그러나 대법원은 그의 항소를 받아들이지 않았다. 1989년 1월 24일 Bundy는 피로 얼룩진 자신의 짧은 인생을 전기의자 위에서 마감을 하였다. 나중에 추가로 알려진 사실이지만, Bundy는 자신이 Taylor 산에서 살해한 여성들의 시체를 다시 찾아갔다. 그런 다음에 사체의 얼굴에다가 화장품을 이용하여 화장을 시켜보기도 하였다. 또한 Bundy는 몇몇의 살인피해 여성의 머리를 잘라서 집에다 두었다. 더 놀라운 사실은 살해 후에 죽은 피살자하고 성관계를 가졌다는 것이 나중에 알려졌다.Ⓞ 일부 사람들은 아마도 공식적으로 알려진 36명 보다 훨씬 더 많은 100명 이상의 피살자들이 있을 것으로 추측을 했다. 실종자 가운데 발견되지 않은 시체도 많이 있을 것이므로 그러한 추측이 허무맹랑한 것만은 아니었다.

수많은 인파와 기자들이 세기의 연쇄살인범에 대한 사형의 집행현장을 함께 하기 위해서 몰려들었다.Ⓟ Bundy는 2,000볼트의 전기가 흐르는 의자에서 2분도 채 되지 않아서 사망을 하였다.59) 사형집행 현장을 직접 보지는 못했지만, 사형장 밖에서 Bundy가 숨을 거뒀다는 사실을 전해들은 군중들은 환호성과 함께 축제의 분위기가 되었다. 그리고 군중들의 환호성 속에 세기의 살인마 Bundy의 시신은 화장터를 향했다.

Bundy에 대한 사형이 집행이 된 이후에도 교도관 중 몇 명은 Bundy가 아직도 살아서 감방에 있는 것을 보았다고 하였다. 그래서 Bundy가 귀신이 되어서 교도소 안에 있다는 소문이 퍼지기도 하였다. 이것은 아마도 미신에 지나지 않을 것이다. 그러나 이것은 Bundy의 범행과 그에 대한 사형집행이 얼마나 많은 사람들에게 영향을 끼쳤는지를 말해주는 것이다.60)

6. Bundy의 출생과 성장과정

Bundy는 미혼모인 Louise Cowell로부터 Vermont 주에서 태어났다. 그의 엄마는 Bundy를 출산한 후 세 달 동안 미혼모를 위한 시설에서 보내야 했다. 아버지는 공군에서 퇴역한 군인으로 알려졌으나, Bundy는 한

Ⓞ 이런 것은 심한 변태적인 성행위의 하나로 영어로 'necrophilia'라고 불린다.
Ⓟ 실제 사형장 안에는 제한된 인원들만이 들어갈 수 있다. 나머지 대부분의 사람들은 사형이 집행이 되고 있는 동안 교도소 밖에서 기다릴 수밖에 없다.

번도 자신의 아버지를 본 적이 없었다. 그의 엄마가 미혼모로써 경제적 능력이 없었다. 그러므로 Bundy는 엄마를 따라서 외할아버지가 사는 Philadelphia 시로 이사를 하였다. 가족들은 Bundy에게 할아버지와 할머니를 각각 아빠와 엄마라고 가르쳤다. 그리고 진짜 엄마는 누나라고 믿게 만들었다.[61] 그 이유는 친엄마가 미혼모라는 것이 밝혀지면 남들에게 손가락질을 당하게 될 것을 우려하였기 때문이었다.

Bundy가 3살 때에는 한 동안 그의 이모에게 맡겨진 적이 있었다. 하루는 그의 이모가 낮잠을 자고 일어나 보니 자신의 침대 주변에 여러 개의 칼들이 놓여 있었다. 이에 놀라서 자신의 발끝 방향을 보니 거기에 어린 Bundy가 자신을 보면서 웃고 있었다. 그 집에는 Bundy이외에는 다른 사람이 없었으므로 칼은 그가 가져다 놓은 것이 분명하였다. 그래서 그의 이상한 행동은 어린 시절부터 기미가 있었다고 볼 수 있다.[62]

Bundy가 4세가 되던 해에 그와 그의 엄마는 Washington주의 Tacoma로 이사를 하였다. 거기서 그의 엄마는 군부대에서 요리사로 일하는 사람을 만나 결혼을 하였다. 그의 이름은 Jonnie Culpepper Bundy였다. Bundy의 성은 바로 계부의 성을 따른 것이었다. 엄마와 계부는 몇 아이들을 더 낳았다. Bundy의 계부는 Bundy와 가까워지기 위해 같이 산으로 캠핑을 가기도 했다. 그러나 Bundy는 왠지 계부와의 관계를 점점 더 멀리했다. 그리고는 그는 혼자 있는 시간이 많았다.[63]

Bundy는 어린 시절부터 상당히 수줍음이 많고 남들과 잘 사귀지를 못했다. 중학교 때에는 다른 학생들에게 놀림과 왕따를 당하였다. 게다가 Bundy는 고등학교를 다니는 동안 손버릇이 좋지 못했다. 그래서 종종 다른 학생들의 소지품을 훔치기도 하였다. 이런 이유 때문에 그는 경찰에 두 번 붙잡힌 적도 있었다. 그러나 그의 전과 기록은 그가 아직 소년이라는 이유 때문에 삭제를 해주었다.[64] 그런 와중에도 Bundy는 좋은 성적을 유지했고 그것은 대학 다닐 때도 마찬가지였다. Bundy는 고등학교에 들어가면서 옷을 멋지게 입고 매너도 좋아서 다른 학생들에게 인기가 많았다. 뿐만 아니라, Bundy는 그의 고등학교 시절에 교회에도 열심히 다녔다. 또한 그는 보이스카우트 활동도 열심히 하였다.[65] 그러나 그는 좀처럼 다른 여학생들과 데이트는 하지 않았다. 대신에 Bundy는 스키나 정치에 관심을 가졌다.[66] 나중에 그는 Washington 대학교에 다녔다. 그는 대학에 다니면서 접시닦이와 같은 여러 가지 허드렛일을 하였다. 한 때는 자살방지를 위한 전화상담 센터에서 상담원으로 일을 하기도 하였다.[67] 그러나 그는 한 가지 일을 꾸준히 하지 못했다.

Bundy의 인생은 Stephanie Brooks란 여학생을 만나면서 많이 변하였다. 그녀는 California 주의 부유한 집에서 자란 아주 아름다운 여인이었다. 그들은 사랑에 빠졌고 같이 스키 타러 가기도 하였다. 그녀는 Bundy를 상당히 좋아하였지만 그의 장래는 별로 기대할게 없다고 판단을 하였다.[68] 1968년 Bundy의 여자 친구가 대학교를 졸업하면서 그 둘의 관계는 깨어졌다. 아마도 그녀는 Bundy에게 심각한 성격적인 결함이 있다는 것을 깨달았을 수도 있다.

Bundy는 자신의 첫사랑이 깨지면서 심한 낙심을 겪었다. 그는 결국 학교공부도 중단하고 말았다. Bundy는 그녀에게 편지를 써서 다시 관계를 계속하려고 하였다. 그러나 그녀는 여전히 Bundy에게 별 관심을 보이지 않았다.[69] 그러던 중에 Bundy에게 더 안 좋은 영향을 미친 사건이 발생을 하였다. 1969년에 Bundy는 자신이 오랫동안 누나로 알고 있던 사람이 사실은 자신의 친엄마라는 것을 알게 되었다.[70] 그가 이런 사실을 알게 된 것은 Vermont주에 있는 자신의 고향으로 혼자 여행을 갔다가 우연히 자신의 출생증명서를 확인하였기 때문이었다.[71] Bundy는 이런 사실을 알게 되면서 상당한 충격을 받았을 것이다.

Bundy는 자신의 여자 친구와의 이별의 슬픔을 뒤로하고 다시 Washington 대학교에 등록을 하였다. 그는 자신이 평소에 관심이 있었던 심리학을 공부를 하였다.[72] 그의 교수들은 Bundy가 우수한 학생이라고 평가하였다. 1969년과 1972년 사이에 Bundy는 법대대학원 (law school)ⓠ에 원서를 보냈다. 그리고 그는 1972년에 Utah대학의 로스쿨(Law School)에 합격을 하였다.[73] 동시에 그는 정치 분야의 일선에서 일을 하기 시작을 하였다. 즉 그는 공화당 소속인 Washington 주지사를 재선시키기 위한 선거본부의 일을 맡아서 하였다. 그는 주지사 경쟁상대인 민주당 소속의 후보의 집회에 쫓아다니면서 비디오 촬영을 해 주었다.[74] 이것은 상대방의 선거유세에 대응전략을 마련하기 위한 한 방편이었다. 또한 Bundy는 당시 선거운동본부에서 비서로 일하는 Meg Anders라는 젊은 이혼녀를 알게 되었다. 그들은 곧바로 열애를 하는 깊은 사이가 되었다. Bundy는 그녀와 그녀가 데리고 있는 어린 딸을 잘 대해 주었다.[75] 이 시점에서는 모든 것이 Bundy에게 잘 되어가는 것처럼 보였다. 한 때는 호수에 빠져서 허우적거리는 세 살짜리 아이를 구해서 경찰서에서 훌륭한 시민으로 상을 받기도 하였다.[76]

Bundy는 1973년 California주를 자신의 업무관계로 방문을 하였다. 그리고는 자신의 대학 때의 여자 친구를 찾아가서 만났다. Bundy는 대학 다닐 때보다 좀 더 성숙하고 멋있게 변해 있었다. 그녀는 Bundy가 예전보다 더 자신감이 넘치고 자신의 미래에 대해서 명확한 계획이 있는 것에

ⓠ 미국의 법대대학원 (law school) 은 대학(학부) 4년 과정을 마치고 우수한 학생들만이 갈 수 있는 곳이다.

반했다. 게다가 Bundy는 법대대학원 입학에 합격을 해놓은 상태이었다.[77] 그들은 잠시 다시 데이트를 시작을 하였다. 그리고 Bundy는 그녀에게 청혼을 하였다. 이에 대해서 Brooks는 그 청혼을 받아들였다. 그 둘이는 이제 곧 결혼할 것처럼 보였다. 어떤 이유에서 인지 Bundy는 갑자기 그녀에 대한 관심을 잃었다. 1974년 2월 Bundy는 사전에 아무런 기별도 없이 그녀와의 연락을 일절 끊어 버렸다.[78] 아마도 Bundy는 자신이전에 버림받은 상처를 그녀에게 복수하려는 심리가 있었을 지도 모른다. 그 한 증거로 Bundy는 자신의 여자 친구와 결별을 하면서 이렇게 이야기를 하였다. 즉 그는 "나는 너를 다시 내 여자로 만들 수 있다는 것을 보여주려고 했던 것 뿐이다."라는 말을 여자 친구에게 남겼다.[79] Bundy는자신의 여자 친구인 Brooks와 헤어지고 그 후 3년 동안 본격적으로 살인행진을 이어갔던 것이다.

7. Bundy의 범죄행위의 원인의 분석

Bundy는 미남형이고 공부도 썩 잘하는 편이었다. 그런 그가 그렇게 흉악한 연쇄살인범이 된 것은 아이러니가 아닐 수 없다. 로스쿨을 나와 변호사가 되거나 정치인이 될 수 있는 기회가 있었을 것이다. 그러나 그의 문제를 짚어 본다면 무엇보다도 나이 어린 미혼모로부터 태어났다는 것이다. 그러면서 그의 인생은 불행한 출발을 하였다고 볼 수 있다. 친엄마는 부끄러운 미혼모라는 것을 숨기기 위하여 Bundy가 자신의 아들이 아니고 동생이라고 오랫동안 속였다. 나중에 나이 들어 이 사실을 알고 난 Bundy는일종의 배신감을 느꼈을 것이다. 아마도 충격이 컸을 것이다. Bundy는 이것을 계기로 여성들에 대한 무조건적인 증오심을 가지게 되었을 것이다.

게다가 그를 사랑으로 보살펴 줄 아버지의 존재는 처음부터 아예 없었다.

　여성에 대한 반감을 가지게 된 또 다른 사건은 자신이 대학에 다니면서 사귀었던 첫사랑 여자 친구와의 문제에서 찾아 볼 수 있을 것 같다. 그 여대생은 중산층의 잘 나가는 가정출신이었다. 그러나 Bundy는 별 볼일 없는 집안 출신에다가 엄마는 미혼모이며 아버지는 누구인지도 모르는 처지였다. 그 여대생은 Bundy가 장래성이 없다고 판단하여 졸업 후에 Bundy와의 연락을 끊었다. 그러나 다시 잘 나가는 정치입문생으로 나타난 Bundy를 만난 그녀는 Bundy를 다시 좋아하게 된다. Bundy는 아마도 자신의 외적인 면을 보고 배반을 하기도 하고 다시 좋아하기도 한 그 여자 친구에 대해서 배신감을 느꼈을 것이다. 그런 그녀에 대한 복수를 하고 싶었는지, Bundy는 자신에게 다시 호감을 보인 그녀와 연락을 두절하고 떠나버렸다. 그런 이유 때문인지 Bundy는 자신과 헤어진 여자 친구 Brooks와 닮은 여자를 은연중에 범행대상으로 삼았는지도 모른다. 피해자 대부분이 Brooks와 같이 키가 크고 날씬한 금발의 미인들이었다.[80]

　Bundy의 문제는 그의 성격적인 결함에서도 찾아볼 수 있다. 그는 학교 다닐 때부터 수줍음을 많이 타는 성격으로서 남들과 잘 어울리지 못했다. 대학 때부터는 조금 좋아지기는 한 것 같으나, 근본적인 그의 성격은 변하지 않았다. 다른 사람들과 정상적이고 지속적인 관계를 유지하는 것이 힘이 들었다. 여자들하고의 관계에 있어서도 정상적인 성관계보다는 변태적인 것을 더 추구하였다. 그래서 그는 자신의 여자 친구를 수갑이나 끈으로 묶은 상태에서 성관계를 가지는 것을 즐겼다.[R]

　Bundy는 정치에도 많은 관심을 보였는데 아마 남들을 지배하고자 하는 욕망이 좀 크지 않았나 생각이 든다. 그래서 그가 한 행동도 죽은 사체를

[R] 이런 형식의 변태적인 성행위를 영어로는 'bondage' 라고 부른다.

놓고 성행위를 하는 등 엽기적인 행각을 버렸을 것이다. 죽은 시체는 아무 저항도 할 수 없기 때문이다. Bundy는 자기가 하고 싶은 모든 것을 상대방에게 하였다. 하루에도 여러 명을 강간 및 살해한 Bundy는 여성에 대한 증오와 동시에 지나친 집착도 보였다. 한 명도 힘이 들었을 텐데 여러 명의 여자들을 공격하고 강간한 것은 자신의 힘을 과시하려는 행위로 보여 진다. 그 한 예가 플로리다 주립대학교의 기숙사에서 살인을 저지르고도 곧바로 다른 아파트로 가서 똑같은 행위를 저지른 것은 실로 대담한 것이다.

Bundy는 강간과 살인이란 행위에 중독이 된 상태였다. 그는 강간충동을 억제하지 못했다. 범죄이론에 통제이론이란 것이 있다. 자신을 통제하는 능력은 개인마다 차이가 있는 것이다. Bundy는 자신을 통제하는 능력이 약했다. 살인을 저지르면 저지를수록 그는 더 깊은 수렁에 빠져갔다. 뿐만 아니라, Bundy는 재판과정에서 보여준 것처럼 자신이 유죄평결을 면할 수 있을 것이라고 믿었다. 그 이유는 그는 용의주도해서 현장에 증거물을 잘 남기지 않았기 때문이다. 게다가 그는 전에 대학생이었기 때문에 대학안의 사정을 잘 알고 있었다. 그는 그것을 십분 활용하여 대학캠퍼스 안에서 범행을 저지르고 유유히 사라졌다. 실제로 경찰은 Bundy의 용의주도한 수법 때문에 그를 찾는데 어려움을 겪었다.

Bundy의 또 하나의 문제는 어려서부터 손버릇이 좋지 않아 다른 사람의 물건에 손을 대는 버릇이 있었다는 것이다. Bundy가 도망을 오랫동안 다닐 수 있었던 것은 자신의 절도기술을 잘 사용했기 때문이다. 그의 이런 모습은 그가 정직하지 않다는 것을 보여주는 것이다. 그래서 법정에서도 그의 유죄를 인정할 만한 많은 증인과 물증이 나왔음에도 불구하고 끝까지 무죄를 주장하였다.

1. 첫 번째 살인범죄의 과정

*재판정에 앉아 웃고 있는
Charles Manson. 이마에
독일 나치 표시를 달고 있다.*

미국 LA 시에는 Hollywood에서 가까운 곳에 Beverly Hills라는 부유층의 거주지역이 있다. 그곳은 많은 사람들이 개인경비원을 둘 만큼 크고 화려한 궁궐 같은 집들이 많다. 그 중에 한 집의 주인은 영화감독 Roman Polanski와 그의 부인 영화배우 Sharon Tate였다. 살인사건이 일어난 것은 1969년 8월 9일 무더운 여름날이었다. 미모의 여배우 Sharon Tate는 남편이 유럽출장을 간 사이에 외로움을 달래기 위해서 친구들을 자신의 집에 초대를 하였다. 그들은 Abigail Folger와 그녀의 남자친구 Voytek Frykowski, 그리고 세계적으로 유명한 헤어스타일 리스트 Jay Sebring이었다. 그 중 Folger는 유명한 커피회사 Folger를 물려

ⓢ 이것은 신나치주의(Neo-Nazi)라고 불린다.

받은 상속녀였다.

Sharon은 당시 임신 8개월이었다. 그녀의 집은 상당히 외진 곳에 있었지만 그렇다고 위험한 곳은 아니었다. 왜냐하면 그 집은 잠금장치가 설치된 문이 있고 거기에 개인 경비원이 상주하면서 지키고 있었기 때문이다.

그날 밤 같은 동네에 사는 이웃집 사람 Knotts는 Sharon의 집 방향에서 몇 발의 총성을 들었다. 그는 총성을 들은 때가 한 밤중인 12:30분과 새벽 1:00시 사이로 기억을 하였다. 그러나 그는 그 이후에 다른 소리는 더 이상 듣지 않았으므로 다시 잠자리에 들었다. 비슷한 시간대에 그 집 근처에서 캠핑을 하던 한 남자는 "누군가 제발 그러지 마세요, 제발" 하는 소리를 들었다. 그는 그 주변에 무슨 이상이 있는지를 확인하기 위해서 차로 운전하여 살펴보았다. 그러나 그는 별다른 이상을 발견하지 못했다.[81]

살해되기 전에 찍은 여배우 Sharon Tate의 미모

위와 같은 날 새벽 2시에서 3시 사이에 부자동네에 고용된 사립경비원은 이웃집 개가 무엇인가에 놀랐는지 계속해서 짖어대는 소리를 들었다. 그는 또한 새벽 4시가 약간 넘어서 몇 발의 총소리를 들었다. 그래서 그는 자신의 경비용역 회사에 그것을 보고를 하였다. 그 회사 사무실에서는 다시 경찰에 그 사실을 신고하였다.

Sharon의 가정부인 Winifred Chapman은 평소와 같이 아침 8시에

Sharon Tate의 옛 연인이자 그녀와 함께 집에 있다 피살된 Jay Sebring

Sharon의 집에 출근을 하였다. 그녀는 주택입구 문에 있는 인터폰의 줄이 늘어진 채 바닥에 떨어진 것을 발견을 하였다. 정문을 통하여 안으로 들어간 그녀는 평소에 보지 못하던 차가 안에 주차되어 있는 것을 발견을 했다. 그녀는 평소에 그랬듯이 집 열쇠를 미리 숨겨두는 곳에서 꺼내어 집 뒷문을 열고 안으로 들어갔다. 그녀는 먼저 전화 상태를 확인해 보고 싶었다. 전화기를 들어보니 전화가 멍텅구리 상태에 있었다. 신호가 떨어지지 않았던 것이다. 그녀는 계속해서 거실 쪽으로 걸어갔다. 그러던 중에 그녀는 집 앞문이 열려있는 것을 발견을 하였다. 그 근처에는 붉은 핏자국이 바닥 여러 군데 묻어 있었다. 그녀는 앞문을 통해서 밖으로 나가보니 그곳에도 계속해서 핏자국이 바닥에 선명하게 보였다. 그리고 정원의 잔디밭에는 쓰러진 사람의 시체가 놓여 있었다.

Chapman은 본능적으로 황급하게 자신이 온 길로 다시 뛰었다. 그리고 자신이 처음에 들어오면서 본 수상한 차량 안을 자세히 들여다보았다. 안을 보니 그 안에는 정체를 알 수 없는 한 남자의 시체가 놓여 있었다. 그녀는 지체하지 않고 이웃집으로 달려갔다. 그리고는 비명을 지르면서 자신이 본 사실을 이웃에게 말하였다. 그리고는 그녀는 전화를 빌려서 경찰에 신고를 하였다.[1]

2. 두 번째 살인사건

Tate집에서 발생한 살인사건이 난 바로 다음 날 또 다른 끔직한 살인사

---

[1] 당시는 휴대전화가 보급되기 훨씬 전이다.

건이 발생을 하였다. 토요일 밤에 Leno LaBianca와 그의 부인 Rosemary LaBianca, 그리고 그들의 21세짜리 딸 Susan Struthers는 휴가를 마치고 LA에 있는 집으로 돌아왔다. 차 뒤에는 보트를 메달아 놓은 상태이었다. 두 부부는 자신들의 집에 오기 전에 딸 Susan을 그녀의 아파트에 내려주었다.

그 다음날 Rosemary의 아들이자 Susan Struthers의 남동생인 Frank Struthers는 저녁 8시 30분에 자신의 캠핑용품을 다시 제자리에 돌려놓기 위해 자신의 엄마의 집에 들렀다. 그런데 그는 엄마의 집에 평소와 다른 이상한 점을 발견을 하였다. 그 이유는 자신의 아버지는 보트를 사용한 다음에는 항상 차고 안에 넣었다. 그러나 그 날은 밖에 그대로 세워 놓은 채 있었다. 뿐만 아니라, 창문에 있는 블라인더가 모두 빛을 가리도록 닫힌 상태에 있었다. 이것도 자신의 부모들이 평소에 하지 않는 행동이었다.

Frank는 집의 문을 노크를 하였으나 아무런 인기척이 없었다. 그는 이번에는 공중전화기에 가서 자신의 부모의 집으로 전화를 하였다. 그러나 안에서는 여전히 아무런 응답도 없었다. 그는 자신의 누나와 연락을 하였다. 누나의 남자친구도 현장에 도착을 해서 Frank와 둘이서 집을 더 살펴보기로 하였다. 그 둘이는 뒷문이 열려있는 것을 발견하고는 그곳을 통하여 안으로 들어갔다. 그들 두 명은 거실 안으로 들어가자마자 파자마를 입은 상태로 바닥에 쓰러진 Frank의 계부 Leno를 보게 되었다. 그의 얼굴은 누군가에 의해서 베게로 가려져 있었고, 목은 전선줄로 감겨 있었다. 무엇인가가 그의 배 밖으로 튀어 나와 있었다. 그들은 Susan과 함께 급히 집밖으로 뛰쳐나왔다. 그리고는 그들은 이웃집 전화기를 이용하여 경찰에 신고를 하였다.

경찰이 출동하여 자세히 살펴보니 Leno의 손은 가죽 끈으로 뒤로 묶여진 상태였다. 그리고 그는 전선줄에 목이 졸려져 죽은 것으로 보였다. 조각할 때 쓰는 끌이 그의 배의 바깥으로 튀어나와 있었다. 그의 피부에는 "전쟁(WAR)"이라는 글자가 쓰여 있었다. 그리고 그의 목은 스테이크를 자를 때 쓰는 칼이 꽂혀있었다. 아마도 그 글씨는 범인들이 끌을 이용하여 써 놓은 것으로 보였다.[82]

침실에는 Leno의 부인 Rosemary가 바닥에 쓰러진 채 죽어 있었다. 그녀는 자신의 나이트가운으로 얼굴이 덮여져 있었다. Leno와 마찬가지로 목에는 전선줄이 감겨져 있었다.

집안에는 피살자의 피로 쓰인 것으로 보이는 글자가 세 군데에서 발견이 되었다. 그 중 하나는 거실 벽에 있는 것인데, "돼지에게 죽음을"(DEATH TO PIG)이라고 쓰여 있었다. 같은 거실의 다른 쪽 벽에는 "올라감"(Rise), 그리고 냉장고에는 "혼돈(helter-skelter)"이라는 글씨가 쓰여 있었다. Rosemary 부인은 부유한 삶을 더 즐기지도 못하고 41번이나 칼에 찔려서 죽었다.[83]

Sharon Tate와 LaBianca의 두 곳에서 일어난 사건을 모두 합치면 7명의 어른과 아직 세상을 보지 못한 태아 하나가 목숨을 잃었다. 그것도 아주 잔인한 방법으로 무참히 살해되었던 것이다.

3. 경찰의 현장출동

신고를 받고 현장에 제일 먼저 도착한 것은 LA 경찰서의 Jerry DeRossa 경관이었다. 그는 먼저 집 앞에 세워져 있던 차 안을 살펴보았다. 그 안에는 한 젊은 남자가 피에 범벅이 되어 조수석 쪽으로 쓰러진 상태이었다. 이 상태에서 두 명의 경찰이 현장에 추가로 도착을 하였다. 그들은

William Whisehunt와 Robert Burbridge 경관이었다. 그들은 총을 든 상태에서 집안을 수색을 하기 시작을 했다.

아주 잘 정돈된 정원의 잔디밭에는 두 명의 시신이 놓여있었다. 한 명은 30대로 보이는 백인남성이었다. 누군가가 그 남자의

끔찍한 살인사건이 일어난 Sharon Tate가 거주했던 저택의 모습

머리와 얼굴을 여러 차례 가격한 흔적이 보였다. 그의 몸은 날카로운 흉기로 공격을 당한 상태였다. 다른 한 명은 여자로서 긴 갈색머리를 한 젊은 여성이었다. 그녀는 긴 나이트가운을 입고 있었으며, 여러 차례 예리한 흉기에 찔린 것으로 보였다.

경찰관 세 명은 합동으로 함께 집안을 수색을 하였다. 한 명은 앞문을 통해서 집 안으로 들어갔다. 나머지 두 명은 옆에 열려진 창문을 통해 집 안으로 들어갔다. 안을 살펴보니 집 앞에 있는 창문의 방충망은 뜯겨져 나간 상태였다. 그리고 옆의 창문은 완전히 열려진 상태였다.

DeRosa 경관이 앞문의 아래쪽을 살펴보니 "돼지(PIG)"라는 글씨가 피로 써져 있었다. 그들은 복도에서 뿔테안경과 권총의 부러진 손잡이를 발견을 하였다. 그들은 소파 쪽으로 갔을 때 놀라운 광경을 목격을 하였다. 임신을 한 젊은 여자가 바닥에 누운 채 숨을 거둔 상태였다. 자세히 살펴보니 그녀의 목은 로프로 감겨져 있었다. 다른 한 쪽의 로프는 한 남자의 목에 감겨져 있었다. 그 남자 역시 유혈이 낭자한 상태로 살해가 되었다.

경찰관들은 집을 더 조사하고 있던 중에 한 남자의 목소리와 개 짖는 소리를 듣게 되었다. 경찰관들은 그가 나타나자 일단 현장에서 그 남자를 체포를 하였다.

나중에 Sharon Tate의 저택에서 살해된 사람들의 신원이 확인이 되었

다. 차안에서 숨진 채 발견된 젊은이는 Steve Parent이었다. 그는 저택관리인이었던 Garreton을 잠시 방문하기 위해서 온 것이었다. 그리고 밖에서 발견된 사람은 Abigail Folger와 그의 애인 Voytek Frykowski이었다. 한편 거실에서 서로 로프에 묶인 상태로 죽은 사람은 저택의 여주인인 Sharon Tate와 그녀의 손님으로 찾아 온 Jay Sebring이었다.

Parent, Sebring, 그리고 Frykowski는 모두 22구경권총에 맞았다. 다섯 명의 피살자 중에서 유일하게 Parent만이 칼에 찔린 흔적이 없었다. 그러나 나머지는 모두 칼로 의심이 되는 예리한 흉기로 여러 차례 찔린 창상을 입었다. 예리한 흉기이외에도 Sebring은 얼굴을, 그리고 Frykowski는 머리를 각각 둔탁한 흉기로 가격을 받은 상태이었다.

피살자들의 몸에 남아있는 창상을 살펴보니 모두 같은 종류의 칼이 사용된 것으로 보였다. 한 개의 주머니칼이 Sharon Tate의 시체 가까이에 버려져 있었다. 그 집의 가정부는 그 칼은 전에 보지 못한 것이라고 진술을 하였다.

4. 경찰의 수사과정

경찰은 초기수사 단계에서 몇 가지 실수를 하였다. 우선 먼저 LA경찰은 처음에는 Sharon Tate의 집에서 발생한 살해사건과 Leno LaBianca 집에서 발생한 살인사건이 동일범들에 의해서 저질러졌을 가능성을 염두에 두지 않았다. 그것은 초기수사 단계에 있어서 중대한 실수였다. 그 두 사건은 비슷한 수법으로 행해졌다. 우선 그 잔인성이 극도에 달했다. 범인들은 총이나 칼로 수차례 사람들을 공격을 했으며, 심지어 둔탁한 흉기로 여러 차례 가격을 하였다. 그 뿐만 아니라 희생자들이 전깃줄로 목이 감긴 것도 두 사건이 유사한 점이었다. 더욱이 그 두 사건은 연일이어서 발생한 사건이었다. 그럼에도 불구하고 LA경찰은 두 사건을 별개의 사건으로 취급을 하였다.

LA경찰은 이 사건을 마약판매자와 소비자 사이에서 거래 중에 무엇인가 잘못되어 발생한 살인사건으로 취급을 하였다. 그리고 강도 사건일 가능성을 너무 일찍부터 배제를 하였다. 하지만 Rosemary의 지갑과 손목시계가 현장에서 사라졌다는 점은 이것이 강도 사건일 수도 있다는 가능성을 제기하는 단서였다. 이런 판단의 실수로 LA경찰은 지역의 마약판매상들만을 대상으로 수사를 하였다.

경찰은 일단 Sharon Tate의 남편인 Polanski도 수사선상에 올려놓고 거짓말 탐지기를 사용을 하였다. 그러나 그가 사건에 관련되었다는 단서는 찾지를 못하였다. Polanski는 자신의 부인과 태중에 있는 아기가 잔인한 방법으로 살해를 당한 것에 대해 슬픔을 금치 못했다. 그가 더 힘들어 했던 것은 언론들이 그와 그의 부인이 '사탄주의자들'(Satanists)[U]로서 마약남용과 함께 집단 성행위를 하는 나쁜 사람들이라고 보도하는 것이었다. 하지만 Polanski는 자신과 자신의 부인이 그런 사람이 아니라는 것을 주장을 하였다. 자신의 부인은 결혼 전에는 마약에 손을 댔었지만, 결혼을 하고 임신을 한 다음에는 마약을 가까이 하지 않았다고 주장을 하였다. 그는 자신의 부인에게 임신 후에 와인을 마시겠냐고 물었을 때, 그녀는 아이를 위해서 마시지 않겠다고 할 정도라고 말했다. Polanski는 이런 이유를 들어서 이번 사건이 마약과 관련된 것이 아니라고 주장을 하였다.

[U] 사탄주의자는 (Satanists) 사탄(마귀)을 추종하는 종교집단으로 마약과 성적쾌락의 추구를 포함하는 온갖 악행을 일삼는 사람들이다.

5. 피살자들은 누구인가?

다음은 이번 사건에서 살해된 희생자들을 하나씩 살펴보기로 하겠다.

1) Sharon Tate

Sharon Tate는 대단한 미모를 가진 젊은 여성이었다. 어렸을 적에 미인대회에 나가 상을 받을 정도였다. 그녀는 어릴 때부터 영화배우가 되는 것이 꿈이었다. 그녀는 22살이 되던 1963년에 자신의 꿈을 이루어가기 시작을 하였다. 그녀는 영화를 몇 개 찍게 되었다. 그러던 중 영화감독인 Roman Polanski를 만났다. Polanski는 Sharon을 자신이 감독한 영화의 주인공 역할을 맡기기도 하였다. 그러던 중에 서로 연애하면서 결혼까지 하게 되었던 것이다. 그러나 Sharon은 연기력이 떨어져 빼어난 미모 이외에는 배우로서는 부족했다. 그리고 결혼 후에 임신을 하면서 배우생활도 잠시 접게 되었다.

Sharon은 아주 친절하며 순진한 면이 많기까지 하였다. 많은 사람들이 Sharon을 좋아하였다. 그러나 그녀는 다섯 차례나 칼에 찔리면서 비참하게 인생을 마감을 하였다. 그 칼날은 심장과 허파, 그리고 간이 있는 부분을 그대로 관통을 하였다. Sharon은 너무도 젊은 나이에 미쳐 자신의 꿈을 다 이루지 못한 채 숨을 거둔 것이다. 그것도 아직 세상의 빛을 보지 못한 그녀의 아들과 함께 비참하게 살해가 되었다.

2) Abigail Folger와 그의 애인 Voytek Frykowski

Abigail Folger가 살해되었을 당시 그녀의 나이는 25세로 아주 젊었다. 그녀는 Folger 커피회사의 상속여로서 아주 풍족한 생활을 누렸다.

그녀는 다른 부유한 사람들처럼 무엇인가 인생에 있어서 보람된 일을 찾았다. 그래서 그녀가 선택한 것 중에 하나가 가난한 사람들을 도와주는 자선사업이었다. Folger는 혼자만으로는 가난한 많은 사람들을 도와주기에는 역부족이라는 사실을 알고 좌절감을 느꼈다. 그 이유는 그녀가 가난한 사람들의 고통을 동정하고 있었기 때문이다.

그녀는 1968년에 남자친구 Frykowski를 만났다. 그러나 그들 사이에는 문제가 있었다. 그들은 마약에 중독된 상태이었기 때문이다. 그녀는 Frykowski와의 관계를 정리하고 자신의 인생을 재정비를 하려고 결심을 하였다. 바로 이 시기에 그녀는 불행하게도 살인을 당함으로써 삶을 마감하게 된 것이다.

Frykowski는 살해될 당시 32세였다. 그는 Sharon Tate의 남편인 Polanski와 오랜 친구였다. 그들은 모두 유럽의 폴란드 출신이었다. Polanski에 의하면 Frykowski는 별로 가진 재능은 없지만 나름대로 어떤 특유한 매력을 가진 사람이라고 평가를 하였다. 그는 상당히 사교적이면서 남들을 즐겁게 해주는 재주가 있었다고 했다. 특별한 직업이 없던 그는 대부호의 상속여인 Folger에 빌붙어서 생활을 하였다. 뿐만 아니라, 그는 플레이보이 기질이 많은 남자로 알려졌다. 그는 두 차례의 총상을 입고 13번이나 둔기로 머리를 맞았다. 그리고 51번이나 칼에 찔려 비참하게 살해를 당하였다.

3) Jay Sebring

Jay Sebring은 남자들을 대상으로 하는 아주 유명한 헤어스타일 리스트였다. Frank Sinatra, Paul Newman, 그리고 Steve McQueen 같은 당대의 유명한 영화배우가 그의 단골손님들이었다. 그는 동시에 남자들을 위한 머리카락 관리용품과 향수를 파는 사업을 크게 하고 있었다.

다른 한편으로는 Sebring은 바람둥이로 소문이 났다. 그는 수많은 여자들과 데이트를 하였다. 그 중에 하나가 바로 Sharon Tate였다. 하지만 Tate가 Polanski와 결혼을 하면서 그들의 관계는 지속되기가 어려웠다. Sebring은 변태성욕자로서 상대방 여성을 묶어 놓고 채찍질을 한 다음에 성관계를 가지곤 하였다. 그는 사건 당일 Tate의 집에서 한 발의 총알과 7번의 칼을 맞고 현장에서 즉사하였다.

4) Leno LaBianca와 Rosemary LaBianca

Leno LaBianca는 대학을 졸업하자마자 아버지가 운영하던 식료품 도매사업을 물려받았다. 주변사람들은 Leno를 아주 좋아하였다. 그는 인간관계도 원만하여 적이 없었다. 그는 조용하면서도 보수적인 사람으로 알려졌다. 그런 그도 61번이나 칼에 찔려 사망을 하였다.

Rosemary LaBianca는 매력적인 멕시코 혈통의 여자였다. 그녀는 어렸을 적에는 고아였다. 그러다가 12세가 되던 해에 입양이 되었다. 그녀는 웨이트리스로 일을 했다. 그러다가 그녀는 첫 번째 남편을 1940년도에 만났고, 그로부터 두 명의 자녀를 출산을 하였다. 하지만 1958년 그들은 이혼을 하였다. 그녀는 나중에 웨이트리스로 일을 하던 중에 Leno를 만나 재혼을 하게 되었다.

Manson의 추종자로서 살인사건에 직접 가담했던 여인 Susan Atkins. 나중에 유치장에서 다른 동료죄수에게 자신의 범행을 무용담처럼 자랑하기도 했다.

Rosemary는 사업수단이 좋은 여자이었다. 큰 미용실을 경영했을 뿐 아니라, 재산을 투자하는 데에도 소질이 있어서 이백육십만 불을 벌기도 하였다. 고아로 태어나 빈손으로 출발한 사람치곤 꽤 괜찮은 성공이었다.

6. Manson과 그의 일당에 대한 체포

Polanski와 그의 친구들은 Sharon Tate 살인사건에 단서를 제공하는 사람에게 $25,000의 포상금을 내걸었다. 포상금을 제공한 사람들은 Yul Brynner와 Warren Beauty를 포함한 유명한 영화배우들이었다.

이번 사건을 두고 여러 루머가 돌았다. 어떤 사람들은 마피아가 저지른 짓이라고 의심을 하였다. 또 어떤 사람들은 Polanski의 모국인 폴란드의 비밀경찰이 저지른 일일 것이라고 추측을 하였다. 한편 피살자 Sharon Tate의 아버지는 대령으로 예편한 정보장교 출신이었다. 그는 개인적으로 이번 사건의 조사를 시작을 하였다. 그는 히피처럼 머리와 수염을 기른 상태에서 히피들과 접촉을 하였다. 그러면서 자신의 딸이 살해된 사건과 관련한 정보를 얻기 위하여 노력을 하였다.

1969년 9월 1일 10세 소년이 자신의 집 잔디밭에서 22구경 권총을 발견을 하였다. 그것은 HI Standard Longhorn 제품이었다. 그 소년은 총을 주워서 자기 아버지에게 가져갔다. 그것을 전달받은 아버지는 지체 없이 경찰에 신고를 하였다. 그 권총은 녹이 많이 슬어 더러운 상태였다. 게다가 권총 손잡이 부분이 부러져 나갔다.

LA경찰은 나중에는 Sharon Tate 살인사건과 Leno LaBianca 살인 사건이 서로 관련이 있을 것으로 보았다. 경찰은 몇 명의 용의자를 수사선상에 두고 있었는데 그 중의 하나가 Charles Manson이었다. 경찰은 Manson과 그를 추종하는 히피들이 집단으로 거주하고 있는 Spahn 목장에 주목을 하게 되었다. Spahn 목장은 야산 근처에 있었다. 1920년대에 그 목장은 서부활극영화를 찍는 장소로 활용이 되기도 하였다.

앞의 두 개의 큰 살인사건이 일어나기 전인 1969년 7월 25일 Manson은 Gary Hinman이라는 사람한테 돈을 요구하러 세 사람을 보냈다. 그 세 사람은 Bobby Beausoleil, Mary Brunner, 그리고 Susan Atkins이었다. Gary Hinman은 UCLA 대학에서 박사학위를 받은 음악선생이었다. 그는 Manson과 그를 따르는 사람들에게 자기 집에서 종종 놀도록 해 주었다.[84] Manson은 Hinman이 부모로부터 물려받은 돈이 좀 있는 것으로 착각을 하였던 것이다. 그들 세 명이 협박을 해도 Hinman이 돈을 내놓지 않자 그들은 그를 이틀 동안 인질로 잡아 놓았다. 그러면서 계속해서 돈을 달라고 협박을 하였다. 이 와중에 Manson이 Hinman의 집으로 와서 칼로 그를 위협을 하였다. 그래도 그가 돈을 내놓지 않자 Manson은 가져온 칼로 그의 귀를 잘라버렸다. 나중에는 Manson의 부하 Beausoleil은 Hinman을 살해를 하였다. 아마도 Manson의 지시에 따른 것으로 보였다. 그를 살해한 다음에 거기에 가담한 두 여인 중에 하나가 그의 피를 이용하여 '정치 돼지'(Political Piggy)라고 그의 집 벽에다가 낙서를 하였다.[85]

1969년 8월 6일 Bobby Beausoleil는 자신이 살해한 Hinman의 차를 타고 가다가 경찰관에게 적발이 되었다. 경찰관은 그의 차 안의 트렁크에서 그가 Hinman을 살해할 때 사용한 칼을 발견을 하였다.[86] 경찰이 Spahn 목장에 주목하게 된 것은 Hinman을 살해한 용의자로 체포된 Beausoleil이 그 목장에서 Manson을 포함한 다른 히피들과 함께 거기서 생활을 했기 때문이다. Beausoleil의 17세짜리 여자 친구인 Kitty Lutesinger는 경찰에 진술하기를 Manson이 자신의 남자친구 Beausoleil와 Susan Atkins

를 Hinman에게 보내 돈을 뺏어오라고 시켰다는 것이다. Hinman이 돈을 내놓는 것을 거부했으므로 Bueusoleil과 Atkins는 Hinman을 살해했다는 것이다. Beausoleil의 여자 친구는 Atkins가 한 남자의 다리를 수차례 칼로 찔렀다는 말을 전해 들었다고 진술을 하였다.

한 가지 수상한 것은 Hinman은 다리에 한 번도 칼에 찔린 적이 없다는 것이었다. 오히려 Sharon Tate의 집에서 발생한 살인사건의 피해자 Voytek Frykowski가 수차례 다리에 칼에 찔렸다. 그러므로 경찰은 Susan Atkins가 Sharon Tate의 저택에서 발생한 살인사건에도 관련이 되어 있을 것이라고 의심을 하기 시작을 하였다.

결국 경찰은 Beausoleil의 여자친구 Lutesinger의 결정적인 제보에 힘을 입어 Spahn 목장에 있는 Manson과 그의 일당을 일망타진을 하기로 하였다. 그러나 경찰이 Manson 일당을 체포한 공식적인 사유는 살인이 아니라, 자동차를 절도한 혐의였다. 경찰이 절도신고가 된 자동차가 Manson 일당이 머무르는 목장에 있는 것을 발견을 했기 때문이다. 이번 체포 작전에는 연방수사기관, 주립경찰, 그리고 지방경찰이 모두 참여하는 대규모였다. Manson은 캐비닛 안에 숨어 있다가 잡혔다.[87)]

7. Susan Atkins의 고백

Atkins는 유치장에 있을 때 다른 죄수 Virginia Graham과 가깝게 지냈다. Atkins는 유치장 안에서 춤도 추고 노래도 불렀다. 그리고 자신이 저지른 범행에 대한 뉘우침은 전혀 보이지 않았다. 오히려 다른 죄수들에게 무용담을 하듯이 자랑스럽게 털어 놓았다.[88)]

Virginia가 Atkins에게 정말로 그런 살인행위를 하였느냐고 물었을 때

Atkins는 정말로 그렇다고 말했다. Beausoleil이 Hinman의 다리를 잡고 있는 동안 자신이 그를 칼로 찔렀다고 했다. 그녀는 자신의 남자친구인 Charlie Manson이 살아있는 예수로서 자신들을 또 다른 문명의 세계로 인도할 것이라고 했다.

며칠 후에는 Atkins는 Sharon Tate의 저택에서 일어난 살인사건에 대해서도 Virginia에게 털어놓았다. Atkins는 말하기를 우리 Manson 집단은 세상을 떠들썩하게 할 만한 범죄를 저지르기를 원했다고 했다. Sharon Tate의 저택을 범죄대상으로 한 것은 그곳이 외진 곳으로 자신들의 범행을 들키지 않고 하기가 용이했기 때문이다. Atkins는 그곳에 Sharon Tate가 살고 있는 것은 알고 있었지만, 당일 누가 손님으로 방문했는지는 자신의 관심 밖이었다. 당일 Sharon Tate의 저택 살인사건은 세 명의 여자와 한 명의 남자가 가담하였다. 그리고 Atkins은 Manson이 사전에 각자에게 임무를 미리 분담해 주었다는 것 등을 동료 죄수에게 자랑하였다.

그들은 저택에 도착하자마자 전화선부터 끊었다. 그것은 안에 있는 사람들이 경찰에 신고하는 것을 막기 위한 조치였다. 그리고는 집 밖에서 한 소년을 총으로 쏴 죽였다. 그 이유는 그 소년이 자신들이 집안으로 들어가는 것을 목격하였기 때문이다. 즉 목격자를 없애기 위한 것이었다.

Atkins가 침실로 들어가 보니 Sharon은 침실에 앉은 상태에서 Jay Sebring과 이야기를 하고 있는 중이었다. 일당은 곧바로 Sharon과 Jay Sebring을 목을 졸라 죽였다. Sharon은 아직 목숨이 붙어 있었다. Sharon은 자신과 뱃속의 아이를 살려 달라고 애원을 하였다.

그러나 Atkins는 "야 이년아, 난 네가 어떻게 되든 상관하지 않아. 네가 애를 가졌건 말건 그것도 내가 알바가 아냐. 너는 죽게 될 거야. 그리고 나는 너를 죽이는 것에 대해서 아무런 거리낌도 없어"라고 대꾸했다.[89)] Atkins는 Sharon을 죽이기 전에 Sharon의 손에 묻어 있는 피를 자신의 손가락으로 찍어서 맛을 보았다. 그러면서 "야, 이제는 죽음을 맛보게 되었네!"라고 Sharon에게 말을 하였다.

Virginia가 왜 아이를 임신한 여자를 죽였느냐? 라고 묻자, Atkins는 "그년을 죽이는 것은 나를 죽이는 것과 같다. 사실 그녀의 배를 갈라 아기를 꺼내서 죽이고 싶었다. 만약 시간이 더 있었다면 자신들이 죽인 시체의 눈알을 파내고 싶었다. 또한 그들을 벽에 던져서 박살을 내고 손가락을 모두 잘라버리고 싶었다. 다만 시간적 여유가 없어서 그렇게 하지 못한 것뿐이다."라는 끔찍한 말을 하였다.

Atkins는 말을 계속 이어 갔다. 일당은 수건을 이용하여 Frykowski의 손을 묶어 놓았다. 그러나 그는 그 수건을 풀고서 Atkins와 몸싸움을 하였다. Atkins는 그의 뒤를 쫓아가서 칼로 찔렀다. Frykowski는 살기 위해서 밖으로 달려 나갔다. 이를 지켜보던 유일한 남자범인 Watson도 Atkins와 가세해서 Frykowski를 칼로 수차례 찌르고 권총손잡이로 머리를 때렸다. 이 때 권총의 손잡이가 떨어져 나간 것이었다. 그것도 모자라서 그는 권총을 그에게 두 발 발사를 하여 그의 목숨을 끊어놓았다.[90)] 그는 피를 흘리며 문이 있는 방향으로 도망을 갔다. 그는 제발 누구 좀 자신을 도와 달라고 외쳤다. 그러나 그것은 공허한 메아리가 되었다. 그렇게 외진 곳에서 아무도 그들을 도와주기 위해 나타나는 사람은 없었다. 일당은 그런 그를 쫓아가 마지막으로 그를 더 공격하여 생명을 끊어 놓았다.

Atkins는 살해를 하고 현장을 정신없이 나와 보니 자신이 사용하던 칼이 보이지 않았다고 했다. 한편 그녀는 자신의 손에 묻은 피 때문에 현장의 테이블 위에 피가 묻은 지문을 남겨 놓는 실수를 하고 말았다. 그러나 그녀는 하나님이 자신들을 보호해 주어서 경찰에 잡히지 않을 것이란 확신이 있었다. 일당은 범행현장을 벗어나서 모처로 자리를 옮겼다. 그리고는 일단 손을 씻고 피 묻은 옷을 새 옷으로 갈아입었다.

Atkins는 자신들이 다음 날 바로 LaBianca 부부를 죽인 것도 인정을 하였다. 그녀는 그것이 자신들의 계획의 일부였다고 동료 죄수들에게 말하였다. 동료죄수들은 Atkins의 말이 정말인지 의심이 갈 정도였다. Atkins는 유명 연예인 몇 명을 더 죽일 계획이었다고 했다. 그 중에는 Elizabeth Taylor, Frank Sinatra, 그리고 Stenve McQueen 등이 포함되어 있었다. 그렇게 유명한 연예인들을 선택한 이유는 자신의 범행으로 세상을 떠들썩하게 만들기 위해서였다고 했다. Atkins와 그의 일당들은 Elizabeth Taylor를 살해한 다음에 그녀의 얼굴에 칼로 "혼돈(helter skelter)"이라고 쓸 참이었다. 그리고 나서는 그녀의 눈알을 뺄 계획이었다. 한편 Frank Sinatra에게는 그가 그 동안 부른 노래를 들려주면서 그의 살 껍데기를 벗겨낼 계획을 세웠었다. 그러고는 그의 피부가죽으로 지갑을 만들어 히피들에게 만들어 팔 작정이었다.

Manson의 집단에 소속이 되어 있지는 않지만, 그들을 아는 사람들도 Manson과 그들의 집단에 대해서 경찰에 몇 가지 중요한 정보를 제공해 주었다. 1월 12일 경찰은 Al Springer라는 사람과 이야기를 나눌 기회가 있었다. 그는 '스트레이트 사탄'(Straight Satan)이란 모터사이클 갱의 단원이었다.[v] 그는 Manson과 그의 추종자들과 종종 교류하면서 살았다.

Al Springer는 Sharon Tate 저택의 살인사건이 발생한 이후에 Manson을 만났다고 경찰에 이야기를 하였다. 그런데 Manson은 자기가 사람을

---

[v] 모터사이클 갱은 단체로 오토바이를 타고 다니면서 즐기는 사람들이다. 일부 갱들은 마약, 매춘, 그리고 포르노 등을 만들어서 돈을 벌기도 한다.

죽인 것을 자랑하듯이 이야기를 하였다. Manson은 자신들이 다섯 명을 죽였다고 떠벌렸다. 형사는 Manson이 혹시 냉장고 위에 일당들이 피로 쓴 것에 대해서 말하지 않았느냐고 Springer에게 물었다. Springer는 Manson이 냉장고 위에다 "돼지"(PIG)라고 썼다는 말을 했다고 형사에게 전했다.

Danny DeCarlo라는 남자가 있는데 그는 Manson과 같이 Spahn 목장에 사는 사람이었다. 그는 Manson과 그의 집단에 대해서 많은 정보를 경찰에게 제공을 하였다. DeCarlo라는 사람은 우선 Shorty라는 별명을 가진 Donald Shea라는 36세 남자에 대해서 입을 열었다. 그는 Manson 집단의 일원이었다. 그는 목장의 주인에게 거기서 무슨 일이 일어나고 있는지를 말하려고 하였다. 그 사실을 미리 알아차린 Manson은 부하를 시켜서 그를 살해해 버렸다.

Manson의 수하였던 Bruce Davis는 닭의 배를 가르듯이 Shea의 배를 가르고 몸을 아홉 조각을 내버렸다. 우선 머리를 잘라내고, 다음은 팔을 잘라내었다. 누구도 그의 사체를 알아보기가 힘들게 하기 위한 것이었다. 그렇게 하고 나서는 그들은 함께 웃으며 살인을 즐겼다.

DeCarlo는 Manson 집단과 같이 있던 Clem이란 사람이 Tate 저택 살인사건이 발생한 다음 날 다섯 마리의 돼지들(사람들)을 더 죽였다는 소리를 들었다고 하였다. 경찰은 이런 증언들을 바탕으로 해서 Manson과 그의 히피 일당들이 Sharon Tate 저택에서 발생한 살인사건과 LaBianca 살인사건의 범인으로 지목을 하였다.

11월 중순에 Susan Atkins의 동료죄수 중에 하나였던 Rommie Howard는 자신이 Atkins로부터 들은 이야기를 경찰에 전해야 한다고 생각을 하였다. 왜냐하면 Atkins가 소속되어 있던 집단은 위와 같은 두 개의 끔찍한 살인사건이외에도 유명연예인에 대한 추가 범행을 계획하고 있었기 때문이었다. 그녀는 경찰을 만나고자 수차례 요청을 하였다. 그러나 그런 요구는 교도관들에 의해서 번번이 거절이 되었다.

Howard의 경찰면담 요청은 수차례의 좌절을 겪다가, 1969년 11월 17일에 드디어 성사가 되었다. LA경찰서의 형사들이 유치장으로 와서 Ronnie Howard를 면회하게 된 것이었다. 형사들은 Howard를 면회하고 Atkins와 그녀가 소속된 히피집단에 대한 이야기를 다 들었다. 그런 다음에 경찰은 그녀의 안전을 위해서 독방으로 옮겨주었다. 그것은 Howard가 경찰에 정보를 제공한 것 때문에 같은 감방에 있는 Manson 일당으로부터 보복을 당할 가능성도 있었기 때문이었다.

8. 재판과정

1969년 11월 18일부터 Vincent T. Bugliosa 검사가 Sharon Tate와 LaBianca 저택에서 벌어진 살인사건을 맡게 되었다. Bugliosa 검사는 상당히 어려운 일을 맡게 되었다. 그 이유는 그가 Manson의 무리들이 실제로 그 두 저택에서 일어난 살인 사건을 저질렀다는 것을 입증해야 했기 때문이다. 검사에게 사실 그 보다 더 어려운 일은 Manson이 위의 두 살인 사건을 뒤에서 교사했다는 것을 입증해야 하는 부분이었다.[91] 그 이유는 Manson 자신은 살인사건 현장에서 직접 가담하지는 않았기 때문이다. 게다가 Manson이 자신이 살인을 뒤에서 교사했다고 순순히 자백할 이는 만무하였다.

위와 같은 이유로 인해서 Bugliosa 검사는 Manson이 그들 집단의 교주이고 그 집단에 절대적인 영향력을 미쳤다는 것을 배심원들 앞에서 입증해야 했다. 1969년 12월 3일에 있은 재판에서 검사는 Sharon Tate의 저택에서 벌어진 살인사건에는 Manson이 Charles Watson, Susan Atkins, Patricia Krenwinkel, 그리고 Linda Kasabian을 보냈다고 설명을 했다. 한편 LaBianca의 살인사건에는 Manson이 Charles Watson, Patricia Krenwinkel, Leslie Van Houten, Susan Atkins, Linda Kasabian, 그리고 Steve Grogan 등에게 살인을 교사하였다는 것을 주장을 하였다. 이들 중에 유일한 남자는 Watson이었다. 그리고 그가 현장에서 범행을 주도하였다.[92) 누가 어느 사건에 가담했는지에 대한 실마리를 찾게 된 것은 범인 중 하나인 Atkins가 검사에게 협조를 했기 때문이다. 검찰은 Atkins에게 사형을 면하게 해주겠다는 조건을 제시를 했다. 대신에 그녀가 공범들이 어떤 사건에 어떻게 가담했는지에 대해서 증언을 해달라고 했다.

살인사건에 직접 가담했던 Manson의 여인들이
교도관들의 보호를 받으며 법정에 들어서고 있다.

검찰은 범인 중에 하나인 Patricia Krenwinkel의 지문을 피살자 Sharon Tate의 침실의 손잡이에서 발견하여 법정에 제출을 하였다. 검찰은 또한 Manson과 그의 사이비 종교집단들이 거주했던 Spahn 목장에서 범행당시에 사용된 것과 같은 크기인 22구경 권총 탄알을 발견을 하였다.

Manson과 교류가 있었던 Danny DeCarlos는 Manson과 함께 Spahn 목장에서 Buntline제 22구경 권총을 가지고 표적을 쏘는 연습을 했었다고 법정에서 증언을 하였다. 뿐만 아니라, 그는 Manson 일당이 Sharon Tate를 죽일 때 사용했던 나일론 끈이 Spahn 목장에서 자신이 본 것과 일치 한다고 증언을 하였다.

Atkins가 증언한 것과 같이 LaBianca의 지갑이 흑인들이 많이 사는 지역의 한 주유소의 화장실의 변기에서 발견이 되었다. 또 한 가지의 중요한 증거물은 Bernard Weiss의 아들이 발견한 Hi Standard Longhorn 22 구경 권총이었다. 그 권총은 손잡이 부분이 부러진 상태이었다. Bernard Weiss는 자신의 아들이 발견하여 경찰에 신고한 권총이 Manson의 일당이 사용한 것과 같은 것인지를 알기위해 LA경찰서의 형사과에 접촉을 하였다. 그리고 경찰이 아직도 그 권총을 가지고 있는지를 알아보았다. 경찰은 아직 그 권총을 보관하고 있었다. 또한 다른 어떤 사람이 그와 같은 종류의 권총을 Manson에게 주었다는 진술도 나왔다. 결국 사건에 사용된 권총이 Manson이 소유한 것과 일치한다는 것이 증명이 된 셈이다.[93]

재판이 진행이 되는 동안 Manson은 여유가 만만했다. 법정에 조금이라도 예쁜 여성이 있으면 윙크를 하기도 하였다. Manson은 학교교육을 제대로 받지 못했음에도 불구하고 검사가 하는 질문의 뉘앙스와 의도를 예리하게 알아 차렸다. 그는 상당히 머리가 좋은 사람이었다.

정식재판이 시작이 된 것은 1970년 6월 중순부터였다. Charles Older 판사가 이 사건을 담당하게 되었다. Older 판사는

Manson이 유죄판결을 받은 것에 대해서 항의하는 의사표시를 하기 위해 짧게 머리를 깎은 Manson을 추종하는 여인들.

배심원들이 언론에 노출되거나 재판에 관련된 사람들과 접촉하는 것을 우려를 했다. 그래서 그들을 일반인들로부터 격리를 시켰다. 뿐만 아니라, Older 판사의 집은 무장한 경찰들에 의해서 보호를 받았다. 총 12명의 배심원 중에서 남성은 7명이었고, 나머지 5명은 여성이었다.

검사 Bugliosi는 재판이 시작되자마자 Manson은 정처 없이 떠도는 방랑자요 자신의 꿈이 좌절된 기타 연주자라고 그를 묘사했다. 또한 검사는 Manson은 자신의 지배욕을 만족시키기 위해서 이번 범행을 뒤에서 조종했다고 주장을 했다. 또한 Manson은 자신을 따르는 무리들을 이용하여 여러 명을 살해할 만큼 위험한 인물이라고 지적을 하였다.

Manson은 재판정에 처음 등장할 때 앞이마에 'X'라는 표시의 문신을 새긴 채로 나왔다. Manson의 변호는 Irving Kanarek과 Ronald Hughes라는 사람이 맡았다. Manson과 그의 변호인들에게 있어서 중요한 것은 Manson의 추종자들을 잘 통제하는 것이었다. 그 이유는 만약 Manson의 추종자들이 Manson에게 불리한 증언을 한다면, 그것은 그에게 큰 타격이 되기 때문이었다. Manson의 변호인은 유치장에 있는 추종자들은 통제할 수 없었지만, 교도소 밖에 있는 추종자들은 잘 통제를 하였다. 추종자 대부분이 젊은 여성들인데 Manson은 아직도 그들을 잘 조정하고 있는 것으로 보였다.

검찰은 Manson과 그의 추종자들의 범행을 입증할 증거물들을 재판정에 가지고 나왔다. 그러는 가운데 Manson의 추종자들 중 일부가 법정에서 소란을 부렸다. 판사는 이런 소란을 막기 위해서 그들을 법정에서 쫓아냈다. 그러자 Manson은 판사에게 달려들면서 "네 목을 잘라 버릴 거야"라고 광분을 하였다. 이에 호응해서 Manson을 따르는 여성들은 Manson을 지지하는 응원을 보냈다. 이런 것은 Manson과 그의 추종자들에게 불리하게 작용을 했다. 결국은 이런 소란으로 인해서 재판을 연기할 수밖에 없었다.

Older판사는 Manson의 변호인들에게 자신들에게 필요한 증인을 세울 기회를 주었다. 그러나 변호인들은 그런 기회를 사용하지 않았다. 이에 대해서 Manson을 따르는 세 명의 여성들은 변호인들에게 거세게 항의를 하였다. 그들은 Manson은 이번 살인사건과 전혀 관계가 없다고 했다. 그리고 모든 일은 자신들끼리 계획하고 실행한 것이라는 증언을 하려고 했던 것이다.

Manson 사건의 변호인 중의 한 명이었던 Ronald Hughes는 어느 날 갑자기 종적을 감추었다. Manson사건의 재판이 끝난 다음에 그의 시체가 발견이 되었다. Manson의 추종자 중에 한 명이 그를 살해한 것이 나중에 밝혀졌다. 들리는 이야기로는 인종차별단체인 Aryan Brotherhood의 단원들과 Manson의 추종자들이 모의하여 그를 죽였다고 한다.[94] Manson의 나머지 변호인 Irving Kanarek은 변변한 변호도 못하고 장황한 말만 늘어놓았다. 이에 대해서 Manson은 자신의 변호인에게 "그렇게 밖에 못할 바에는 차라리 그냥 입 닥치고 앉아 있어라!"고 소리쳤다.[95] 이쯤에서 Manson은 자신의 긴 머리를 삭발을 해버렸다. 기자들이 그에게 왜 삭발을 했느냐고 묻자, 그는 원래 악마는 삭발한 머리를 좋아한다고 대답을 하였다.[96]

Manson 사건에 대한 재판이 시작이 된지 7개월 후인 1971년 1월에 배심원들이 평결[W]을 내렸다. 배심원들이 평결을 내리는 날 법정에는 삼엄한 보안이 유지가 되었다. 왜냐하면 군부대에서 수류탄 한 개를 절도 당했

[W] 영국과 미국의 법체계를 따르는 나라들은 배심원들이 피고인이 유죄인지 무죄인지를 판사에게 제안한다. 배심원들은 토의를 거쳐서 보통 만장일치로 결정을 한다. 이것을 '평결'이라고 부른다. 판사는 보통 배심원들의 제안에 따라 유죄가 결정이 되면 그에 근거해서 형량을 선고한다.

는데 그것이 Manson의 추종자들에 의해서 자행되었다는 소문이 퍼졌기 때문이었다. 배심원들은 Patricia Krenwinkle, Susan Atkins, 그리고 Leslie Van Houten을 살인혐의로 유죄 평결을 내렸다. 한편 배심원들은 Manson에 대해서는 살인교사 혐의에 대해서 유죄를 인정을 했다.

1971년 4월 19일 담당판사는 배심원의 유죄평결을 바탕으로 Manson과 살인에 직접 가담한 세 명의 여성 모두에게 사형선고를 내렸다. 이에 대해서 살인범 중에 하나인 Susan Atkins는 배심원들과 판사를 향해서 "너희들 집 을 잘 단속하고 너희 아이들을 잘 보는 것이 좋을 거야. (우리가 그냥 놔두지 않을 테니까)."라고 소리쳤다. 그러나 1972년 California주 대법원은 사형 제도를 폐지를 시켰다. 그래서 사형선고를 받은 그들 모두는 사형대신에 종신형으로 변경이 되었다.[97] 그래서 그들은 죽을 때까지 감옥에서 보내야 했다.ⓧ

Manson 사건은 9개월 반이나 걸렸고 백만 불이나 소요된 역사에 남을 만한 재판이었다. Manson은 아직도 California의 교도소에서 생존해 있는 것으로 알려졌다. 그는 감옥에 있는 동안 교도관을 위협하기도 하였다. 그래서 그는 독방으로 옮겨진 채 교도관들로부터 삼엄한 감시를 받았다. 즉 말썽꾸러기 죄수 Manson은 하루 23시간 다른 죄수들과 격리가 된 채 혼자서 보내야만 했다.[98]

2009년에 교도소에서 찍은 Manson의 모습

ⓧ 미국은 주마다 사형 제도를 두고 있는데도 있지만 그렇지 않은 주도 있다. 사형제도가 없는 주는 종신형이 최고형이다.

9. Manson의 성장과정

경찰은 살인사건의 핵심에 있는 Charlie Manson이 누구인지를 조사하게 되었다. 그는 어릴 적부터 상당히 불우하게 성장을 하였다. Manson은 1934년 11월 12일 Ohio주 Cincinnati에서 태어났다.[99] 엄마의 이름은 Kathleen Maddox로서 어린 나이인 16세에 Manson을 낳았다. Manson의 엄마 Maddox는 날마다 술에 빠져서 이 남자 저 남자와 문란한 성관계를 하면서 살았다. 그러던 중에 실수로 임신을 하여 낳게 된 아이가 바로 Manson이었던 것이다. Maddox는 나중에 William Manson이란 남자와 결혼을 하였는데 Manson의 성은 바로 이 계부로부터 이어받은 것이었다.[100]

Kathleen Maddox는 엄마 Nancy Maddox와 아버지 Charles Maddox 사이에서 세 명의 자녀 중 막내로 태어났다. 그녀는 부모의 사랑을 받고 자랐지만, 그녀의 어머니는 보수적이고 완고한 사람이었다. 그리고 종교에 깊이 빠져 있었다. 그래서 딸이 짧은 치마를 입으면 혼을 내주곤 하였다. 학교가 끝나면 다른 남자 아이들과 이야기를 하지 말고 곧바로 집으로 돌아와야 했다. 그러던 중 Kathleen Maddox는 15세가 되던 해에 가출을 하였다. 가출한 그녀가 생활에 필요한 돈을 마련하는 방법은 몸을 파는 것이었다.

Charles Manson은 자신의 아버지가 누구인지 한 번도 제대로 본 적이 없었다. Manson의 엄마는 Charles를 낳은 다음에 자신의 엄마 집에 다시 돌아왔다. 그러나 그녀는 제대로 적응을 하지 못하고 며칠 동안 집을 비우는 일이 비일비재 하였다. 그럴 때마다 어린 Manson은 할머니나 이모의 보살핌을 받아야 했다. 그러던 중에 Manson의 엄마와 그의 오빠는 밖에 나가서 무장 강도짓을 하다가 경찰에 체포되어 감옥에 갔다.[101] 이런 이유 때문에 어린 Manson은 이모가 살고 있던 West Virginia주로 옮겨가게 되었다. 이모는 아주 신앙심이 깊고 엄격한 사람이었다. 그러나 그의 이모부는 가부장적인 사람이었다. 그리고 그는 어린 Manson이 계집아이 같이 생겼다고 하여서 여자애들 옷을 입혀놓기도 하였다.[102]

Manson의 엄마는 자기가 원해서 난 자식이 아니기 때문에 출옥한 이후에도 Manson에게 전혀 관심을 가지지 않았다. 오히려 그녀에게 Manson은 목에 붙은 혹 같은 존재였다. 대신에 그녀는 술을 더 많이 마셨다. 그리고 여러 남자들과 문란한 성생활을 하면서 시간을 보냈다.[103]

하루는 Manson의 엄마가 술집에서 술을 마시고 있었다. 그러던 중에 웨이트리스가 찾아와서 농담 삼아 아들을 자기에게 팔지 않겠느냐고 물었다. 그 웨이트리스는 아이가 없었기 때문이다. 그런데 Manson의 엄마는 만약에 맥주 한 병을 공짜로 주면 아들을 팔겠다고 말했다. 그 믿겨지지 않은 거래는 그렇게 해서 성사가 되었다. Manson의 엄마는 웨이트리스가 준 맥주 한 병을 마음껏 마시고는 Manson을 그냥 거기에다가 놓아두고 나와 버렸다.[104] 며칠 후에 이모부는 Manson을 찾아 나섰고 마침내 그를 찾아서 집으로 데리고 왔다.

Manson은 이런 불우한 환경에서 자라면서 물건을 훔치는 것을 습관화하였다. 그러던 중에 9살이 되던 해에 물건을 훔치다가 걸려 소년원에 들어갔다. 나중에는 소년원에서 도망을 나와서 자신의 엄마에게로 찾아갔다. 여전히 Manson의 엄마는 그에게 관심이 없었다. 이런 상황에서 Manson은 점점 더 물건을 훔치는 일에 몰두했다.

법원은 Manson을 가톨릭에서 운영하는 불우한 어린이들을 위한 수용 시설에 집어넣으라는 명령을 내렸다. 그러나 그것도 잠시 그는 13살 때 거기에 수용된 다른 소년과 함께 무장 강도짓을 하였다. 불량 및 불우 아동을 위한 수용시설의 선생님들은 Manson에 대해서 그는 누구도 믿지 못하는 성격이었다. 그리고 무엇인가 자신에게 이익이 될 것 같은 사람들하고만 접촉을 하였다고 그의 소년원 시절을 회상을 하였다.

Manson과 그의 친구 두 명은 소년원에서 도망을 나와서 California주로 갔다. 여전히 그들은 가정집을 침입해서 물건을 훔치거나 자동차를 훔치면서 살았다. 그는 Utah주까지 가서 범죄를 저지르다가 잡혀서 Washington, DC에 있는 규모가 큰 소년원에 수감이 되었다. 그 소년원에서 실시한 검사에 의하면 Manson은 IQ가 109였으며, 글을 전혀 읽을 줄 몰랐다.

Manson은 소년원에서 있는 교육시간에 다른 아이들과 장난을 치면서 지냈다. 한편으로 그는 감정통제를 제대로 하지 못하는 심각한 성격적인 문제가 있었다. Manson을 진료한 정신과 의사는 정신분열증이 의심된다고 진단을 하였다. Manson은 문맹에다가 왜소한 체구를 가졌다. 게다가 그는 부모로부터 일찍 버림을 받아서 그런지 다른 아이들을 누르려고 하는 욕구가 남달리 강했다.

Manson의 이모는 Manson을 다시 받아주겠다고 했다. 얼마 후면 소년원으로부터 가석방도 받을 가능성이 높았다. 그러나 Manson은 그 며칠을 참지 못하고 문제를 일으켰다. 다른 소년의 목을 면도칼로 위협하고 강제로 항문섹스를 한 것이었다. Manson은 이 사건 때문에 좀 더 보안등급이 높은 Virginia에 있는 연방정부가 운영하는 교도소로 이송이 되었다.[105] Manson은 거기서 성폭력 전과가 있는 동성연애자로서 위험한 인물로 분류가 되었다.

Manson은 1952년 9월에 좀 더 중한 죄수들을 수용하는 교도소로 다시 이송이 되었다. 교도관들은 그가 나이에 비해서 상당히 숙련된 범죄기술을 가진 자라고 평가를 하였다. 그런데 웬일인지 갑자기 Manson은 교도관에게 잘 순종을 하였다. 그러면서 교도소에서 제공하는 읽기와 산수 등의 수업에 잘 참여를 하였다. 이런 이유 때문에 Manson은 19세이던 1954년 5월에 가석방을 받아서 교도소 밖으로 나오게 되었다.

Manson은 이모와 살다가 엄마와 잠시 다시 살았다. 1955년 그는 한 웨이트리스와 결혼해서 Charlie Manson Jr.를 낳았다. Manson은 그 후에도 낮은 임금을 받는 일을 전전하며 살았다. 때로는 중고차를 고쳐 팔아서 돈을 벌기도 하였다. 그는 그러던 중에 절도를 하다가 잡혀서 California에 있는 감옥에 또 다시 가기도 하였다.

Manson의 부인은 한 동안 교도소에 있는 Manson에게 면회를 왔으나, 나중에 갑자기 면회를 오는 것을 중단을 하였다. 그녀는 그 사이 벌써 다른 남자가 생긴 것이었다. 그리고는 그녀는 Manson과 이혼을 하였다.[106] 1958년에 그는 다시 가석방이 되었다. 가석방이 되고 나서 그가 새로 시작한 일은 포주로 일하는 것이었다. 그는 자신의 수입을 보충하기 위해서 못생긴 한 부자여성을 꼬셨다. 그리고는 그녀의 도움으로 근근이 살아갔다. 1959년에 그는 다시 체포가 되었다. 그 이유는 그가 다른 사람의 우편함을 열어 그 안에 있는 연방정부에서 발행한 수표를 훔쳤기 때문이다. Manson은 그 수표를 은행에서 현금으로 바꾸려고 하였다가 체포가 되었다.

경찰에 체포된 Manson은 Leona란 한 젊은 여자를 접촉을 하였다. 그런 다음 그는 판사를 속여서 그녀가 자신의 여자 친구라고 믿게 만들었다. 그리고 그의 여자 친구가 지금 임신 중이라고 속여서 동정심을 가지게 만들었다. 이런 Manson의 속임 수에 넘어간 판사는 Manson에게 실형을 내리는 대신에 보호관찰처분을 내렸다. Manson의 작전이 성공한 셈이었다.107) 한편 Leona는 Manson이 감옥에서 나온 다음에 그와 함께 한 동안 살았다. 그러나 그들은 결국 1963년에 이혼을 하고 말았다.108) Manson의 범죄행각은 그칠 줄을 모르고 계속이 되었다.

1959년에 Manson은 한 젊은 여자를 속여서 자신의 유령회사에 $700을 투자하게 만들었다. 그러고는 그 여자를 임신까지 시켰다. 그는 거기서 그치지 않고 그녀의 룸메이트에게 까지 손을 대었다. 그녀에게 약물을 먹인 다음에 강간을 하였던 것이다. Manson은 이 사건을 저지른 후에 Texas 주로 도망을 갔다가 거기서 체포되었다. 그 일 때문에 그는 법원으로부터 10년의 감옥형을 받고 Washington 주의 교도소에 수감이 되었다.

Manson은 음악을 좋아하였는데, 특별히 비틀즈를 좋아했다. 그리고 그는 기타를 치는 것에 몰두를 하였다. 그는 작사를 하는 것도 좋아해서 80에서 90편의 가사를 작사를 하였다.

1967년 3월 21일 Manson은 다시 석방이 되었다. 그의 나이는 당시 32세 이었다. 그는 그 동안 자신의 인생의 절반 정도인 16년을 소년원과 교도소에서 보냈다. 교도소 생활에 익숙해서 그런지는 몰라도, Manson은 교도소 밖으로 나가기를 원치 않았다.109) 왜냐하면 바깥세상에 다시 적응하면서 살 자신이 없었기 때문이다. 그러나 교도소는 그런 사람을 수용하는 자선 단체는 아니었다. 할 수 없이 Manson은 교도소에서 나왔다.

교도소에서 나온 Manson은 San Francisco에서 자리를 잡았다. Manson은 자신이 교도소에 있을 때 배운 기타실력을 바탕으로 해서 히피문화에 젖어 들었다. Manson은 히피문화 자체를 좋아하지는 않았다. 그러나 다른 히피들과 마약을 같이 사용을 하였다. 그는 마약을 이용해서 남들을 자기 마음대로 조종하는 기술을 터득해갔다. 그런 방법을 통해서 Manson은 자신의 추종자들을 모을 수 있었다. 그의 추종자들 대부분은 세상에 반항적인 젊은 여성들이었다. 그는 그들에게 자신들의 욕망을 마음껏 발산하도록 했다. 그 중에 한 명은 Wisconsin 대학을 나오고 미국 명문대학 University of California at Berkely의 도서관에서 사서로 일하는 Mary Brunner였다. 그녀는 Manson을 자기 집에서 살도록 허락을 하였다. 그녀는 나중에는 Manson을 따르는 다른 여러 명의 젊은 여성들이 자신의 집에 들어와서 같이 사는 것을 허락을 해 주었다. Manson은 Brunner 뿐만 아니라 다른 여자들과도 성관계를 가지기를 원했다. 그에 대해서 Brunner는 다른 여자들을 자신의 집에 들어오게 함으로써 그것을 공개적으로 용납을 하였던 것이었다. 나중에 Brunner는 Manson의 아들까지 낳았다. 그런 후에 그들은 함께 폭스바겐제 승합차를 타고서 여러 도시를 돌아다녔다.[110] Manson은 자신의 괴변을 통하여 자신의 추종자들에게 선과 악의 판단 기준도 모호하게 만들었다. Manson을 추종하는 여성 대부분은 순진한 사람들로서 쉽게 Manson이 의도하는 대로 끌려갔다.

Manson은 환각성이 심한 LSD와 암페타민(amphetamine) 등의 마약을 통해서 자신들의 추종자들을 노예처럼 만들어 놓았다. Manson과 몇몇의 그의 추종자들은 Gary Hinman이라는 음악선생을 만났다. Hinman을 통해서 Manson과 그의 추종자들은 당시 유명했던 음악밴드 '비치보이스' (Beach Boys)의 멤버 Dennis Wilson을 알게 되어 서로 교류를 하였다. 즉 Manson과 그를 따르는 수명의 젊은 여자들이 Wilson의 호화주택을 방문을 하였다. Wilson은 그들과 만나면서 많은 돈이 들어갔다. 그 이유는 Manson의 여인들이 성병에 걸린 것을 치료해 주기 위해서 병원비를 대주었기 때문이다. 그 때문에 당시에 $100,000에 달하는 돈이 들어간 것으로 알려졌다. Wilson은 여러 가지 이유로 Manson을 별로 좋아하지 않았다.[111] 그래서 그들 사이의 관계는 오래가지를 않았다. Wilson은 Manson과 그의 추종자들에게 자신의 집에서 나가달라고 요구를 하였다.

그런 와중에 Manson은 George Spahn이라는 노인을 만났다. 그 노인은 거의 장님이 되어 앞을 제대로 볼 수가 없었다.[112] 그는 Spahn을 속여서 그가 가지고 있는 목장을 자신들 일당에게 빌려 주도록 만들었다. Manson은 자신들이 데리고 있던 젊은 여성들을 이용하였다. 즉 그 노인이 필요한 성적인 욕구를 채워주면서 살살 노인을 구어 삶은 것이었다. Manson과 그의 일당은 절도를 하였다. 때로는 슈퍼마켓에서 유효기간이 지나서 버린 식료품을 주어서 생활을 했다.

Manson은 자신의 음악적인 재질을 이용하여 돈을 벌 기회를 찾고 있었다. 그러던 중에 '비치보이스'의 Dennis Wilson을 통해서 Terry Melcher를 알게 되었다. Manson은 Melcher가 자신이 영화음악을 만드는데 필요한 자금을 대주기를 바랐다. 당시에 Melcher는 LA에 집을 가지고 있었다. 나중에 Melcher는 자신의 집을 Rudi Altobelli라는 사람에게 팔았던 것이다. Manson은 전에 Wilson과 함께 그 집에 몇 번 찾아간 적이 있었다. 그러므로 그는 그 집의 구조를 잘 알고 있었다.[113]

기타연주에 심취해 있는 Manson의 모습. 음악가가 되는 꿈을 꾸다가 그것을 이루지 못하자 크게 실망을 했다.

Melcher는 Manson이 집적 작사 및 작곡하고, 또 기타반주를 한 노래를 들어 보았다. 음반을 내놓을만한 작품인지를 알아보기 위해서였다. 그러나 Melcher는 그런 종류의 노래에는 관심이 없었다. 이렇게 되자 Manson은 Melcher가 자신의 노래를 알아주지 않는 것에 대해서 크게 실망을 하면서 화를 냈다.[114]

10. Manson의 범죄행위의 원인분석

Manson은 음악 다음으로 철학에 관심이 있었다. 그는 추종자들을 자신 마음대로 조종하기 위해서 철학을 이용을 했다. 그는 그 중에 성경에 나오는 '아마겟돈 전쟁'(Armageddon)ⓨ에 관심이 있었다. 그는 자신의 추종자들에게 나중에 지상의 종말이 오면 흑인들이 백인들을 무차별하게 죽일 것이라고 가르쳤다. Manson은 "흑인들이 이 전쟁에서 이길 것이다. 그러나 흑인들은 열등한 인종이기 때문에 계속해서 백인을 지배할 수는 없을 것이다."라고 자신의 추종자들에게 가르쳤다.

1968년 Manson은 인종 간의 전쟁을 예고했다. 그것은 영국의 음악밴드 '비틀즈'(Beatles)가 '혼돈'(Helter Skelter)이란 노래가 든 앨범을 낸 때였다. Manson 은 '비틀즈'의 '혼돈'이란 노래에 영감을 얻어서 앞으로 다가올 인종 간의 전쟁을 'Helter Skelter'라고 이름을 붙였다.[115]

Manson은 흑인들이 백인들을 무참하게 살해할 것이다. 그런 다음에 백인들을 약탈하고 그들의 몸을 갈기갈기 찢게 될 것이라고 경고를 하였다. Manson은 자신과 자신의 추종자들은 사막의 목장에 숨어 있기 때문에 이런 흑인들의 공격은 피할 수 있다고 자신의 추종자들을 안심을 시켰다. 나중에 흑인들이 세상을 지배하는데 실패하면 Manson과 그의 일당들은 144,000명으로 불어날 것이라고 했다. 그러고 나서는 자신들이 흑인들을 물리치고 도시를 지배하게 될 것이다. 그리고 흑인들은 자신들의 노예가 될 것이라고 자신의 무리들을 쇠뇌를 시켰다.

Manson은 계속해서 자신이 다섯 번째 천사이다.[116] 동시에 자신은 재림 예수로서 세상을 지배하게 된다고 무리들을 속였다. 다른 네 명의 천사

ⓨ 성경에 등장하는 세상의 종말 전에 다가올 큰 전쟁을 의미한다.

는 '비틀즈'의 네 명의 멤버들이다.

위와 같은 Manson의 가르침이 어떻게 Sharon Tate와 LaBianca 저택에서 벌어진 살인 사건과 관련이 있는지를 살펴볼 필요가 있다. Manson은 1969년 여름에 흑인들의 백인들에 대한 대공격이 시작될 것이라고 예언을 하였다. 1960년대 Martin Luther King. Jr 목사를 중심으로 하는 흑인인권운동이 물리적인 충돌로 이어졌다. 이것을 목격한 당시 사람들에게는 상당히 설득력이 있는 말이었을 것이다. 그러나 1969년 여름이 되었는데에도 아무 일도 일어나지 않았다. Manson은 자신의 예언이 잘못되었다고 비난을 받을 까봐 걱정을 하였다. 그는 자신의 추종자들에게 흑인들이 어떻게 백인들을 공격할 것인지를 실재의 세상 속에서 보여주려고 하였다. 그래서 선택하게 된 것이 자신들이 한번 가 보았던 Sharon Tate의 저택이었다.

LaBianca의 저택에서 일어난 살인사건 직후에 그 공범 중 하나인 Linda Kasabian이란 여성은 Rosemary LanBianca의 지갑과 신용카드를 훔쳤다. 그리고는 흑인들이 많이 사는 지역의 한 주유소의 화장실에 들어가서 그 신용카드를 남겨 놓았다. 만약 흑인들이 그 신용카드를 쓰면 경찰은 LaBianca의 살인사건의 범인으로 흑인을 의심할 것으로 생각하였기 때문이었다. 그것은 경찰의 수사에 혼선을 가져오게 하기 위한 그들의 계획이었다. 그러나 그 신용카드는 그들의 계획과는 달리 흑인들에 의해서 사용되지도 않았고, 또 경찰에 돌려보내지도 않았다.

Manson이 Sharon Tate의 저택을 목표로 삼은 것은 우연의 일치가 아니었다. Sharon Tate는 Rudi Altobelli라는 집주인으로부터 집을 임대한 것이었다. Altobelli는 당시에 유명한 영화배우인 Katherine Hepburn과 Henry Fonda의 매니저였다. Manson은 자신의 노래를 알아주지 않는 Melcher를 만나기 위해서 그 집에 찾아갔다. Manson은 Melcher가 자신의 저택을 Altobelli에게 판매한 사실을 미처 알지 못했기 때문이다. Atobelli는 자신의 집을 방문한 Manson에게 Terry Melcher가 어디로 이사를 갔는지 알지 못한다고 말해 주었다.

위와 같은 사실로 미루어 볼 때 Manson은 자신의 음악을 인정해 주지 않은 Melcher에게 복수하고 싶은 마음이 있었을 것이다. 아마도 Manson은 가난뱅이인 자신을 인정해 주지 않는 부유층 사회에 대한 증오심을 더 확고하게 했을 것이다. 그리고 자신이 Tate의 집의 구조에 익숙하고 누가 사는지를 아는 집을 첫 번째 목표로 정한 것이다.

정리 한다면, Manson은 어릴 적부터 부모의 사랑을 전혀 받지 못하고 자랐다. 아버지는 누구인지도 모르며 엄마는 그에게 아예 관심을 두지 않았다. 오히려 Manson의 엄마는 술에 절어서 이 남자 저 남자를 만나고 다녔다. 그는 이런 이유 때문에 Manson은 남을 잘 믿지 못하는 성격으로 변했다. 그리고는 일찌감치 범죄의 세계에 몸을 담았다.

Manson은 키가 아주 작고 왜소한 체구를 가지고 있어서 남자로서 심한 열등감을 가지고 있었을 것이다. 그러나 그런 그는 자신의 말주변을 이용하여 많은 여자들을 유혹을 했다. 그리고 당시에 유행하던 히피와 마약 문화를 이용하여 남들을 자기 마음대로 조종을 하였다. 자신이 재림예수라는 허무맹랑한 말도 그의 추종자들에게는 먹혀들어 갔다.

중산층 출신으로서 목표의식이 없이 허송세월을 하던 젊은 여성들에게 Manson은 자신들의 필요를 채워주고 의지할 수 있는 대상이었다. 뿐만 아니라, 무엇인가 한 집단에 소속감을 가지게 만들었다. 결론적으로 Manson은 음악가로서의 꿈은 실패를 하였지만, 다른 사람들을 지배하는 데에는 성공한 사람이었다.

의사는 살인면허인가? 자신의 환자 400명을 살해한 냉혈 의사 : Dr. Harold Shipman

(1946. 1. 14 - 2004. 1. 13)

영국에 살았던 의사 Harold Shipman은 자신의 환자 400명 가까이를 죽인 것으로 악명이 높다. 다른 살인범들과는 달리 그는 많이 배운 사람이란 점에서 이 사건이 더 충격적이다. 게다가 환자의 목숨을 살려야 할 의사가 그 중 400명이나 고의로 죽였다는 것은 실로 전대미문의 사건이 아닐 수 없다. Shipman 박사가 살해한 것으로 공식적으로 알려진 살인사건만 하더라도 최소한 215건에 달한다. 그 중에 171명이 여성이고 44명이 남성으로 밝혀졌다. 살해를 당한 피해자들은 대부분 홀로 사는 나이가 많은 여성들이었다. Shipman박사는 400명이나 죽였기 때문에 개개의 사건을 여기서 다 일일이 소개하기는 어렵다. 그래서 여기에서는 몇 가지 사건만을 소개하기로 하겠다.

1. 살인 및 수사의 과정

Shipman 박사

Shipman 박사 사건을 조사하였던 영국 보건부에서는 그가 24년이란 기간 동안 최소한 236명을 살해하였을 것으로 추정을 하였다. 이 사건의 조사를 맡았던 사람 중에 한명은 Leicester 대학의 Richard Baker 교수이었다. Baker 교수는 Shipman 박사가 다루었던 환자들과 다른 의사들이 진료를 하였던 환자들의 사망률을 비교해 보았다. 그 결과 그는 Shipman 박사가 진료했던 환자들의 사망률이 다른 의사들의 그것에 비해서 월등이 높다는 것을 발견을 하였다. 뿐만 아니라, Shipman 박사의 환자들이 사망한 시간은 특정한 시간대에 치중해 있었다. 또한 Shipman 박사의 진료기록도 환자의 실제의 증상과는 다른 것을 적어 놓은 경우가 많았다. 시

체 검시관인 John Polland는 Shipman 박사
에 의해서 살해된 환자들의 수가 1,000명에
이를 수도 있다고 말하였다.[117]

*Shipman 박사와 그에 의해서
살해된 희생자들. 그들
대부분은 노령의 여성들이었다.*

Shipman 박사의 살인행각이 세상에 밝혀지
게 된 것은 Shipman 박사가 맡았던 환자들의
사망률이 다른 의사들의 환자보다 훨씬 높았
다는 것 말고도 더 있었다. 그것은 Shipman
박사의 환자들이 사망하게 된 원인도 비슷한 점이 많다는 것이다.

　Shipman 박사에게 진료를 받다가 사망한 한 환자의 딸은 장의사(葬儀
社)였다. 그녀는 자신의 어머니가 사망한 원인에 대해서 의구심을 가지게
되었다. 그는 의사 Susan Booth의 도움을 받아서 Shipman 박사에 대해
서 좀 더 알아보기로 하였다. Booth 박사는 Shipman 박사가 담당했던
환자들의 사망률이 현저하게 높은 것에 대해서 상당히 이상하게 생각을
했다. 더 이상한 것은 사망한 노인들 대부분이 화장이 되었다는 것이다.
이것은 사체를 묘지에 안장하는 것이 일반적인 영국의 전통장례문화와는
사뭇 다른 것이었다.[118] 무엇인가 잘못된 것이 분명했다. 사망자들의 대
부분은 혼자 사는 노인들로서 거의 모두 옷을 다 입은 상태로 죽었다. 그
리고 그들 대부분이 의자에 앉은 자세로 얌전하게 사망을 하였다.

　Booth 박사는 자신이 아는 다른 동료 의사를 통해서 법의학자에게 연
락을 하였다. 그 법의학자는 다시 경찰에 이 사실을 알렸다. 그리고는 경
찰은 Shipman 박사가 모르게 조용하게 내사를 진행시켜 나갔다. 그러나
경찰은 Shipman 박사가 과거에 불법적으로 마약을 남용하고, 또 문서를
위조한 전과가 있었다는 것에 대해서는 까마득하게 모르고 있었다.

　Shipman 박사의 환자 중에 Kathleen Grundy라는 81세의 노인이 있

었다. 그녀는 과거에 시장을 지낸 적인 있는 부유하고 덕망이 있는 여성이
었다. 그녀는 81세의 고령의 나이임에도 불구하고 사회봉사활동을 하는
등 열정적인 노년의 삶을 살고 있었다. 그러던 그녀의 갑작스런 죽음은 주
변 사람들에게 많은 충격을 주었다. 그녀는 자신이 평소에 식사봉사로 섬
기던 교도소에 정해진 시간에 나타나지 않았다. 그녀는 그 동안 한 번도
늦은 적이 없기 때문에 거기에서 기다리던 사람들은 불길한 예감을 가지
지 않을 수 없었다.

그들은 곧바로 Grundy 여사의 집으로 찾아갔다. 그리고는 소파에 옷
을 입은 채로 숨겨 있는 그녀를 발견을 하였다. 그들 일행은 Shipman 박
사가 좀 전에 Grundy 여사를 방문하고 돌아갔다는 것을 알게 되었다. 이
에 대해서 일행 중의 한 명이 Shipman 박사에게 왜 Grundy 여사를 방문
했었는지를 물었다. Shipman 박사는 이에 대해서 자신이 지금 인간의 노
화에 대한 연구를 진행 중이라고 했다. 그래서 그 연구에 필요해서
Grundy 여사의 혈액을 좀 전에 채취해 갔다고 얼버무리려고 하였다. 그
리고 Shipman 박사는 사망진단서에 Grundy 여사의 사망원인을 '노
환'(old age)라고 적어 놓았다.[119]

한 변호사가 Grundy 여사의 딸 Angela Woodruff에게 Grundy 여사가

Shipman 박사에 의해 피살된
Grundy 여사의 생전의 모습

생전에 작성했다고 하는 유서를 가지고 왔다.
Woodruff 여사는 자신이 변호사였으므로 그
동안 다른 사람들의 유서를 많이 보아왔다.[120]
그러나 그 유서는 성의 없이 어지럽게 타이핑이
되어 있었다. 문구도 제대로 짜여 있지 않았다.
그 유서의 내용은 Grundy 여사의 유산 중에서
일부를 팔아 영국 돈으로 386,000 파운드를

Shipman 박사에게 주라는 내용이었다.[121] Woodruff 여사는 그 유서가 가짜라는 것을 직감했다. 그녀는 자신의 어머니 Grundy 여사가 아주 꼼꼼한 성격을 가진 분이라는 것을 잘 알고 있었기 때문이다. 그래서 그렇게 엉성한 유서를 만들 리가 없다고 생각을 했다.

Woodruff 여사는 Shipman 박사가 자신의 어머니의 유산을 가로채기 위해서 어머니를 죽였다고 믿었다. 그래서 그녀는 경찰에 이 사실을 알렸다. 관할지역의 형사과장 Bernad Postles가 이 사건을 맡게 되었다. 그는 그 유서는 누가 보더라고 가짜라고 의심을 할 만하다고 생각을 했다. Woodruff 여사의 주장처럼 아주 조잡하게 작성이 되었기 때문이다.[122]

Grundy 여사의 정확한 사망원인을 밝혀내기 위해서는 그녀의 관을 열어서 시신을 부검을 하는 것이 불가피 하였다. 영국 경찰은 과거에 사건수사를 위해서 사망자의 묘소를 파헤치는 방법을 사용한 적은 극히 드물었다. 하지만 경찰은 Grundy 여사의 관을 열어서 그녀의 피부조직과 머리카락 표본을 채집하기로 결정을 하였다. 그리고는 채집한 표본을 법의학 실험실로 보내서 그 안에 포함된 화학성분에 대한 분석을 하였다.

그와 동시에 Shipman 박사의 병원사무실과 그의 집에 대한 압수수색이 이루어졌다. 경찰이 압수수색영장을 Shipman박사에게 보여줄 때 그는 고자세를 보이면서 경찰을 비웃는 듯하였다. 사실 그를 수사한 경찰관들은 한결같이 Shipman박사가 수사에 상당히 비협조적이며 건방졌다고 회고를 하였다.[123] 중요한 증거물 중에 하나는 Shipman 박사가 가지고 있던 타자기였다. 그것은 Brother 회사의 제품이었다. Grundy 여사가 작성했다고 하는 유서가 Shipman 박사가 가지고 있던 것과 같은 종류의 타자기로 작성된 것이 확인이 되었다. Shipman 박사는 변명을 하기를 자기가 그 타자기를 Grundy 여사에게 몇 번 빌려준 적이 있다고 하였다.

Shipman 박사의 집에서는 더러운 옷가지와 오래된 낡은 신문지 등이 발견이 되었다. 그리고 그는 출처를 알 수 없는 여러 개의 귀금속 등도 집에 가지고 있었다.[124]

한편 경찰은 법의학실험실로부터 Grundy 여사의 사체에서 채취한 피부와 머리카락에 대한 화학성분 분석결과를 전달을 받았다. Grundy 여사는 과다한 양의 모르핀(morphine)ⓩ이 투여된 상태이었다. 화학분석가 Julie Evans는 Grundy 여사가 사망한 원인은 모르핀의 과다한 투여 때문이라는 소견을 내 놓았다.

위와 같은 결과를 바탕으로 경찰은 Shipman 박사에 대한 수사를 다른 피해자들에게도 확대를 하였다. 우선 사망한 Shipman 박사의 환자들 중에서 화장되지 않고 땅에 매장된 사람들을 우선적으로 수상대상에 포함을 시켰다. 그 이유는 화장된 사람으로 부터는 피부나 머리카락 표본을 채취하는 것이 불가능하였기 때문이다.

Shipman 박사에 의해서 살해된 것으로 추정되는 한 사람의 관을 열어 조사하는 경찰

경찰은 Shipman 박사의 컴퓨터에 저장이 되어 있는 진료기록을 압수를 하여 분석을 하였다. 그 결과 환자들이 처음에 Shipman 박사를 찾아왔을 때 진단을 받은 병명과 사망원인이 된 병명이 대부분 일치를 하였다. 그러나 나중에 밝혀진 것이지만 Shipman 박사는 자신의 환자진료기록을 조작을 하였다. 즉 환자가 자신에게 찾아 왔을 때 진단을 받은 병명과 사망원인을 일치하도록 만들어 놓았던 것이다. Shipman 박사는 자신의 환자가 사망하자마자 지체 없이 그 환자의 진료기록을 변경을 시켰던 것이다.

ⓩ 모르핀은 진통제로 처음에 개발되었으나 나중에 마약으로 남용되는 사례가 많았다.

Shipman 박사는 컴퓨터에 대해 잘 아는 사람이라고 스스로 자부를 하였다. 그러나 그가 한 가지 몰랐던 것은 그가 자신의 진료기록을 변경을 하더라도 변경전의 내용이 하드 드라이브에 그대로 남게 된다는 사실이다. 경찰은 컴퓨터 전문가를 통해서 변경전의 내용을 복구할 수가 있었다. 결국 Shipman 박사는 1998년 9월 7일에 살해혐의를 받고 경찰에 체포가 되었다.[125]

2. 재판과정

1999년 10월 5일 Harold Shipman과 관련된 살인사건에 대한 재판이 시작이 되었다.[126] Shipman 박사의 변호인은 Nicola Davies였다. Davies 변호사는 의료분쟁과 관련된 사건을 전담으로 하는 사람이었다. Davies는 우선 이번 사건이 언론에 과도하게 노출됨으로써 Shipman 박사가 공정한 재판을 받을 수 없다고 주장을 하였다. 그러나 검사 Henriques는 이번 사건이 언론에 노출된 것은 오히려 긍정적인 효과가 있다고 주장을 하였다. 그 이유는 다른 피해자의 가족에게 이번 사건과 유사한 일이 그의 사랑하는 가족에게 일어났었는지를 확인할 수 있는 기회를 제공했기 때문이다.

검사 Henriques는 Shipman 박사는 자신들의 환자를 안락사를 시킨 것이 아니라는 점을 배심원들에게 명확하게 인식을 시켰다. 그 이유는 사망한 Shipman 박사의 환자 중에서 아무도 불치병을 알아서 죽음을 앞두고 있는 사람은 없었기 때

끝까지 자신이 무죄임을 주장하고 있는 *Shipman 박사*

문이다. 대신에 검사는 Shipman 박사는 남의 목숨을 자기 마음대로 하고 싶은 욕망을 가진 사람이라고 설명을 하였다.

법정에 증인 자격으로 나온 Grundy 여사의 딸 Woodruff 여사는 자신의 어머니가 남겨두었다고 하는 유서를 처음에 보고 놀랐다고 했다. 그 이유는 자신의 어머니는 평소에도 아주 꼼꼼하고, 모든 것을 깔끔하게 정리를 잘 하는 성격이었기 때문이다. 그녀는 그 문제의 유서는 서둘러서 작성해서 제대로 문구가 맞지도 않게 써졌다고 진술을 하였다. 이런 것으로 미루어 볼 때 그 유서는 남에 의해서 써졌거나, 아니면 다른 사람의 강요에 의해서 어머니가 쓴 것이라고 판단을 한다고 주장을 하였다. 그녀의 그런 주장은 Grundy 여사가 쓴 일기장에 의해서 확인이 되었다. 그녀의 일기장은 아주 깔끔한 글씨로 잘 쓰여 있었기 때문이다.

재판이 진행 중인 어느 날은 영국의 권위 있는 병리학자 중의 하나인 John Rutherford 박사가 법정에서 증언을 하였다. 그는 지금까지 사망한 Shipman 박사의 환자들의 피부조직을 떼어내어 검사한 결과 그들은 병이나 다른 사유로 자연사를 한 것이 아니라고 주장을 하였다. 오히려 그들 대부분은 모르핀의 과다한 투여로 사망한 것으로 판단한다고 증언을 하였다.

법정에서는 다음으로 Grundy 여사가 남겼다는 문제의 유서에 대한 검사와 Shipman 박사의 변호인 측의 열띤 공방이 이어졌다. 우선 유서에 남아 있는 지문에 대한 감식결과가 소개가 되었다. 유서에는 증인 자격의 두 명의 사람들과 Shipman 박사의 지문이 발견이 되었다.[127] 그러나 Grundy 여사의 지문은 어디에서도 발견이 되지 않았다. 그리고 문서 감식전문가는 유

Shipman 박사로부터 살해당한 대부분의 희생자들은 의자에 앉은 채로 옷을 잘 차려 입고 조용히 눈을 감았다.

서의 서명이 Grundy 여사의 것이 아니라고 설명을 하였다. 즉 그 유서의 사인은 누군가가 조잡하게 흉내 낸 가짜라는 소견을 발표하였다. 따라서 그 유서는 Grundy 여사가 쓴 것이 아니라는 결론이 나온 것이다.

Shipman 박사의 의료진들에 의한 법정 증언도 이어졌다. Shipman 박사와 함께 일했던 간호사 중에 한 명은 Shipman 박사는 경찰이 자신을 수사하는 것을 알아차렸다고 말했다. 그리고 그녀는 Shipman 박사가 "Grundy 여사를 화장시키도록 하지 못한 것이 나의 유일한 실수였다."라고 한 말을 들었다고 증언을 하였다. 그러나 그녀는 Shipman 박사가 농담을 하는 줄을 알았다고 진술을 하였다.[128)]

또한 증인으로 나온 한 의사는 보통 의사들은 자신의 환자가 죽음에 직면할 만큼 응급한 상황이면 한번쯤은 심폐소생술을 시도하는 것이 원칙이라고 증언을 하였다. 그런데도 Shipman 박사가 환자를 살리기 위한 아무런 노력도 하지 않은 것은 이상한 일이라고 했다.

또 다른 희생자는 77세의 Lizzie Adams였다. William Catlow는 그녀의 친구였다. 그 둘이는 같이 댄스클럽에서 춤을 추는 파트너였다. Adams가 죽던 날 Catlow는 그녀의 집을 방문을 하였다. 그 때 Shipman 박사는 그녀의 집에 있었는데 Adams가 수집해 놓은 크리스털을 흥미롭게 쳐다보고 있는 중이었다.

그런 Shipman 박사를 뒤로 하고 Catlow는 자신의 친구 Adams의 침실의 방문을 열어보았다. 그랬더니 그녀가 침대에 누워있었다. 그는 그녀를 불려도 꿈쩍을 하지 않았다. 그래서 이상하게 생각을 하고 그녀의 맥박을 만져보니 아직도 맥박이 뛰고 있었다. 그는 바로 Shipman 박사에게로 갔다. 그리고는 그는 아직도 맥박이 뛰고 있는 것으로 봐서 그녀가 살아있는 것 같다고 Shipman 박사에게 말을 하였다. 그러나 Shipman 박사

Shipman 사건의 피살자 중 하나인 Lizzie Adams

는 그 맥박은 당신의 것이지 죽은 Adams의 것은 아니라고 대답을 하였다. 그리고는 Shipman 박사는 이제 자기가 앰뷸런스를 불러 놓았는데, 이미 그녀가 죽었기 때문에 오지 말라고 취소를 시켜야 하겠다고 말했다. 그러나 전화기록을 살펴보니 Shipman 박사가 앰뷸런스를 부른 적이 전혀 없었다. 그는 거짓말을 한 것이었다. 이런 사례는 Adams의 것 말고도 여러 차례 있었음이 나중에 밝혀졌다.

Grundy 여사의 사건으로 다시 되돌아가도 Shipman 박사가 거짓말을 한 것들이 속속히 드러났다. Shipman 박사는 Grundy 여사의 집을 방문한 것이 노령화에 대한 연구를 위해서 그녀의 혈액을 채취하기 위한 것이라고 말하였다. 그러나 검찰이 나중에 알아보니 그 당시에 Shipman 박사가 말한 노령화에 대한 연구는 진행된 적이 없었다. 이렇게 되자 Shipman 박사는 말을 갑자기 바꾸었다. 그는 다시 기억을 해 보니 자신이 그녀의 혈액 샘플을 어디다가 두었다. 그러나 그는 깜박하고 그 혈액을 그냥 며칠을 그렇게 놓아두어서 굳어서 쓸모가 없게 되었다. 그래서 그냥 버려 버렸다고 말했다.[129]

Shipman 박사에 의해 죽은 또 다른 사람은 73세의 Winnie Mellor였다. 그녀는 자신의 손자들과 풋볼을 할 정도로 건강이 좋은 사람이었다. 그런데 Shipman 박사는 그녀의 딸에게 전화를 걸어 그녀의 엄마가 갑자기 사망을 하였다는 소식을 전하였다. Shipman 박사는 그녀에게 "당신의 엄마가 그 동안 가슴에 통증이 있다고 호소한 것을 기억하느냐?"고 물어보았다. 그녀는 자신의 어머니에게 그런 건강문제가 있었는지 몰랐다고 대답을 하였다. Shipman 박사는 계속해서 이야기를 이어갔다. 자신이 Mellor 여사에게 병원에 갈 것을 권유했으나, 그녀가 더 이상의 치료를 거절을 하였다는 것이다.

Shipman 박사가 관련된 사건 중에서 유일하게 Shipman의 사무실에서 발생한 것이 하나 있다. 63세의 Ivy Lomas에 대한 살인 사건이 그것이다. Lomas는 Shipman 박사의 진료실에서 사망을 하였다. 그러나 Shipman 박사는 아직 살아 있을 가능성이 있는 그녀에게 응급조치도 하지 않고 방치하였다. 그런 상태에서 Shipman 박사는 다른 환자들을 진료를 하였다. 이 사건 역시 Shipman 박사가 모르핀을 이용하여 자신의 환자를 살해한 것이었다.

검찰 측이 Shipman 박사에 대해서 살인을 입증할 증거물들을 계속해서 제출을 하였다. 이에 대해서 Shipman 박사의 변호인은 Shipman 박사가 자신의 환자들을 사랑으로 정성껏 돌보는 훌륭한 의사라는 점을 배심원들에게 인식을 시키려고 노력을 하였다.

Shipman 박사의 변호인은 사망한 Shipman 박사의 환자들의 피부와 머리카락에게 채취한 모르핀이 한 번의 투약으로 인한 것인지?, 아니면 장기간 동안 투약이 된 것인지에 대한 판단이 불가능하다고 주장을 하였다. 그것은 Shipman 박사가 한 번에 모르핀을 환자에게 과다하게 투약을 해서 죽게 한 것이 아니다. 다만 환자들이 그 동안 몰래 모르핀에 중독이 되어 있었다는 것을 암시하기 위한 전략이었다. 그러나 이 분야에 전문가인 Karch Steven 박사는 머리카락의 화학성분 분석을 통하여 사망한 환자가 여러 번 모르핀을 복용한 것인지?, 아니면 한 번에 투약을 한 것인지를 알 수 있는 새로운 기술이 나왔다는 것을 밝혔다. 그리고 그런 기술을 통해서 사망한 Shipman 박사의 환자들은 모두 단 한 번의 과다한 모르핀 투여로 사망하였다고 증언을 하였다.

Shipman 박사는 자신은 평소에 모르핀을 가지고 다니지 않았다고 주장을 하였다. 그러나 환자 중에서 그로부터 모르핀을 받았다는 사람들의 증언이 나왔다. 이것은 Shipman 박사가 모르핀을 가지고 다니지 않았다는 주장이 거짓말임을 드러내는 것이다. Shipman 박사와 같이 일을 했던 의료진들도 Shipman 박사가 평소에 자기에게 신세를 진 동료의사로부터 모르핀을 받았다는 말을 했다고 법정에서 진술을 하였다.

Shipman 박사는 모르핀이 전혀 필요 없는 환자에게 허위로 처방전을 만들었다. 그리고는 실제로는 그 환자에게 투약을 하지 않고 보관을 하였다가 다른 환자들을 살해하는데 사용을 하였다.

배심원들은 이런 증언들과 증거물들을 바탕으로 2000년 1월 31일 Shipman 박사에게 유죄평결을 내렸다. 이런 평결이 내려질 때 Shipman 박사는 아무런 감정의 동요도 보이지 않았다. 오히려 그는 자신의 무죄를 끝까지 주장을 하였다.[130] 한편 영국 의사협회는 2002년 2월에 Shipman 박사의 의사자격을 박탈을 하였다.[131]

이 사건의 담당 판사인 Forbes는 배심원들의 유죄평결을 바탕으로 15번의 종신형에 처했다.Ⓐ Forbes 판사는 "자신의 환자들을 무참하게 살해한 의사의 죄는 용서를 받을 수 없다. Shipman 박사는 환자들의 신뢰를 저버린 행위를 하였다."는 것을 이유로 위와 같은 판결을 내렸다.[132]

위의 재판은 실제로 부검이 실시된 15명에 대한 살인혐의가 주어졌다. 그러나 이 재판 이후에도 핫라인을 설치해서 Shipman 박사로부터 살해된 것으로 의심이 되는 가족이 있으면 신고하도록 하였다. 그 결과 무려 236건의 사건들이 경찰에 접수가 되었다.

Ⓐ 종신형을 15번 받는다는 것은 사건의 중대성을 표현하기 위해서 판사가 내리는 상징적인 처벌이라고 볼 수 있다.

3. Shipman 박사의 마지막 운명

2004년 1월 13일 아침 6시 영국 역사상 가장 많은 사람을 죽인 연쇄살인범 Harold Shipman 박사는 Wakefield 교도소 안에 있는 자신의 감방에서 목을 매 자살을 하였다.[133] 그는 자신의 침대 시트를 감방의 쇠창살에 묶어서 목을 매었다. 그가 이와 같이 자살을 선택한 이유는 정확하게 알 수는 없다. 자신의 살인행위에 대해서 양심의 가책

Shipman 박사와 그의 가족들

을 느꼈기 때문인지, 아니면 자신이 무죄인데 억울하게 형을 받았다고 생각했는지 알 길은 없다. 아마도 나머지 자신의 인생을 감옥 안에서 보낼 일이 까마득 했는지도 모를 일이다. 그리하여 Shipman 박사는 57세의 나이로 자신의 인생을 비참하게 마무리를 하였다. 그는 자신의 부인과 4명의 자녀들을 유가족으로 남겨둔 채였다. Shipman 박사의 유가족들은 그가 무죄라는 것을 끝까지 믿었다.

4. Shipman 박사의 출생 및 성장과정

Shipman 박사는 영국의 Nottingham이라는 곳에서 어머니 Vera와 아버지 Harold Shipman 사이에서 태어났다. 그의 집은 일반서민이었다. 그는 자신의 어머니를 무척 좋아했다. 그러나 그의 어머니는 그가 10대 때 폐암으로 사망을 하였다. Shipman은 의사가 말기 암으로 고통을 받는 어머니를 위해서 모르핀주사를 놓는 것으로 보았다.[134] Shipman

*Shipman의 어린
시절의 모습*

은 1970년에 Leeds 의과대학을 졸업하고 일반의사가 되었다. 그는 의대를 다니던 시절에 자신의 부인 Primrose를 만났다. 그들은 1966년 결혼을 하였고, 그 후에 그들은 네 자녀들을 두었다.[135]

1975년에 금지된 모르핀 계통의 약을 스스로 사용하기 위해서 다른 환자의 이름으로 처방을 내렸다가 벌금을 내기도 하였다. 그 이유는 그 때 이미 Shipman 박사가 모르핀에 중독이 되어 있었던 것이다.[136] 그러나 그 이외에는 그 지역에서 존경받는 의사로 대우를 받았다.[137] 최소한 그가 자신의 환자들을 무차별하게 살해한 것이 세상에 드러나기 전까지는 그랬다.

5. Shipman 박사의 범죄행위의 원인에 대한 분석

Shipman 박사는 다른 연쇄살인범과 상당히 다른 점이 많다. 우선 그는 의사로서 지식인이라는 점이다. 특별히 환자의 건강을 돌보는 직업의사였다. Shipman 박사는 끝까지 자신의 무죄를 주장을 하였다. 그렇기 때문에 그의 범죄행위를 분석하는 것은 재판과정에서 밝혀진 증거와 증인들의 진술에 근거할 수밖에 없다. 그의 범행은 성폭력이나 기타 일반적인 폭력이 동원이 되지 않았다. 그리고 총을 사용하지 않았다. 대신에 그는 진통제류의 마약인 모르핀을 사용했다. Shipman 박사는 피살자들을 고문하거나 Jeffrey Dahmer의 사건처럼 그들의 신체의 부위를 잘라서 장난치거나 먹지는 않았다. 그와는 반대로 Shipman 박사에 의해 살해된 사람들 대부분은 자신들의 집에서 평화롭게 눈을 감았다.

Shipman 박사는 남의 생명을 자기 마음대로 좌지우지할 수 있는 의사라는 직업을 가지고 있었다. 자신의 손 하나에 다른 사람들의 생명이 달려 있는 것이다. 검시관으로 Shipman 사건의 해결에 결정적인 역할을 한 John Pollard는 Shipman 박사는 자신의 환자가 자기 앞에서 죽어가는 모습을 보는 것을 즐겼을 것이라는 주장을 하였다.138) 아마도 Shipman 박사는 다른 사람을 지배하려는 욕구가 남달리 강했는지도 모른다. 그리고 그는 자기가 남보다 더 우수한 존재라는 것을 보여주고 싶었다.139) 그가 특별히 노인들만 골라서 살해한 것은 자신의 범행을 스스로 합리화시키기 위한 것으로 보인다. 이미 인생이 얼마 남지 않은 노인들을 편안히 저 세상으로 가게 만든다고 자신을 합리화시켰을 것이다. 특별히 암과 같은 질병으로 고통을 받는 환자들에 대해서는 그들에게 진통제를 과다하게 투여시켜서 죽이는 것을 별로 죄스러워 하지 않았을 것이다.

한 번 시작한 살인행위가 자신도 모르는 사이에 중독성이 되어 버렸다. 그래서 더 많은 사람들을 살해하게 된 것이다. 그의 살인행위가 발견되지 않았더라면 그는 계속해서 더 많은 사람들을 끊임없이 죽였을 것이다.

또 다른 측면은 Shipman 박사는 자신은 의사이고 전문지식이 많기 때문에 완전범죄를 저지를 수 있다는 자신감을 가지고 있었다는 것이다. 그는 자신이 살해한 환자들의 유가족을 설득하여 화장을 하도록 하였다. 그 이유는 화장이 된 시체는 뼛가루 밖에는 남지 않기 때문이다. 경찰이 화장이 된 시체로부터 Shipman 박사의 범행의 증거물을 찾는 것은 거의 불가능하기 때문이다. 사실 그의 범행증거물이 드러난 것도 화장이 되지 않은 몇 구의 사체에서 수집한 피부조직과 머리카락에서 모르핀이 발견이 되었기 때문이다. 한편 Shipman 박사는 자신의 의료기록이나 약품관리기록을 자기 마음대로 조작을 하였다. 이렇게 모든 것을 자신의 손으로 조작할 수 있었던 그는 완전범죄를 꿈꾸고 있었던 것이다. 23년이란 시간동안 자신의 범행이 세상에 드러나지 않았기 때문에 Shipman 박사는 평생 법망을 피할 수 있다고 생각했을 것이다.

다른 한 가지 주목할 것은 Shipman 박사가 살인을 시작한 시기에 맞추어서 자신이 모르핀이나 헤로인®에 중독이 되기 시작하였다는 점이다. 아마도 살인행위도 마약을 복용한 상태에서 저질렀을 가능성이 크다. 마약복용은 자신의 이성적인 판단을 방해하는 작용이 있다. Shipman 박사는 의사였기 때문에 마약성 약물을 쉽게 구할 수가 있었다. 마음만 먹으면 자신에게나 다른 사람에게 얼마든지 마약을 사용할 수 있었던 것이다. 때로는 맨 정신으로는 하기 힘든 범죄행위도 마약의 힘을 빌려 할 수도 있는 것이다.

® 처음에 진통제로 개발되었으나 중독성분이 강해 남용되는 마약이다.

고등학교에서 벌어진 대학살 : Columbine 고등학교 총기난사 사건

(Eric Harris: 1981. 4. 9 - 1999. 4. 20/
Dylan Klebold: 1981. 9. 9 - 1999. 4. 20)

1999년에 미국 Colorado주의 한 고등학교에서 발생한 총격사건은 전 세계 사람들에게 큰 충격을 주었다. 그 이유는 다음과 같다. 첫째, 범인이 그 학교에 다니는 학생들이었다. 둘째, 그들의 범행의 대상자들은 동료학생과 선생님들이 포함이 되었다. 셋째, 피살자들은 범인학생들과 특별한 원한 관계가 없는 무고한 학생들이었다. 넷째, 피살자들의 숫자가 많다. 끝으로 범행을 저지른 학생들이 그런 무모한 행동을 할 만큼의 특별한 동기를 찾기가 힘들다는 것도 이 범죄의 한 특징이다.

1. 사건 발생경위

Colorado주에 있는 Littleton이라는 시는 중산층들이 많이 사는 지역이다. Littleton은 범죄도 별로 자주 일어나지 않는 비교적 평화로운 동네였다. 그런 지역에서 세상을 경

범인학생인 *Eric Harris*와 *Dylan Klebold*

악하게 만들 만한 사건이 일어나리라고는 아무도 예상하지 못했다. 그 지역 고등학교에 다니는 18세의 Eric Harris와 17세의 Dylan Klebold는 1999년 4월 20일 화요일 아침 11시 35분에 자신들의 학교 안으로 들어갔다. 그리고는 무차별적으로 총기를 난사하여 13명을 살해하고 25명에게 부상을 입혔다. 그 자세한 사건의 발생경위는 다음과 같다.

Eric과 Dylan은 학교주차장에 차를 세워 놓았다. 그리고는 학교식당의 뒷문을 통해서 학교 건물 안으로 들어갔다. 그들은 긴 코트를 입고 있었다.

그것은 학생들 사이에 불량서클로 알려진 '트렌치코트 마피아'(Trench Coat Mafia)들이 즐겨 입는 옷차림이었다. 사실 그들 둘이는 그 불량서클의 일원들과 종종 어울려 다녔었다.

Eric과 Dylan은 자신들의 코트 안에 반자동 총기들을 숨겼다. 그들은 우선 자신들이 준비한 프로판 가스로 만든 폭발물을 학교식당에 가져다 놓았다. 그 폭발물은 시간 장치가 되어 있었다. 범인 학생들은 그것을 일정한 시간이 되면 폭발하도록 맞추어 놓았다. 그것은 학교식당과 그 위에 위치한 도서관을 모두 폭파시킬 수 있는 파괴력을 가진 것이었다. 그들은 자신들이 주차해 놓은 차로 돌아갔다. 그리고는 자신들이 설치한 폭탄이 학교식당에서 터지기를 기다렸다. 그들의 애초의 계획은 폭탄이 터지면, 밖으로 급하게 도망쳐 나오는 학생들에게 무차별적으로 총격을 가할 생각이었다. 그러나 그들은 기다려도 폭탄이 터지지 않자 총기로 무장한 채 학교식당 안으로 들어간 것이었다.[140] 그리고는 학교 식당에 있는 학생과 교사들을 향하여 총을 갈겨 대었다. 그들의 공격의 첫 번째 희생자는 Rachel Scott이라는 그 학교 여학생이었다.[141]

선생님들과 학생들은 처음에는 누가 장난을 하는 줄로만 알았다. 즉 누가 학교수업을 위해서 비디오를 만들고 있는 줄 알았다.[142] 그러나 그것이 장난이 아니라는 것을 깨달은 그 학교의 교사이자 운동부 코치였던 Dave Sanders는 학생들을 긴급하게 식당 밖으로 대피시키고 있었다. 그러던 중에 위의 두 명의 학생들이 발사한 총에 두 번 맞았다.[143] 학생들의 목숨을 살리려고 한 Sanders 선생님은 급히 학교 식당에서 **빠져** 나왔다. 그러

긴급하게 대피하는 학생들

나 그가 총을 맞은 가슴과 어깨 부위에서는 심한 출혈이 있었다. 그는 아쉽게도 앰뷸런스가 도착했을 때는 이미 숨을 거둔 상태이었다.

Eric과 Dylan은 이제 학교 도서관으로 이동을 하였다. 도서관에 있던 학생들과 교사들은 밖으로 대피를 하였다. 그러나 일부 학생들은 그럴 여유조차 없어서 화장실과 창고 안으로 몸을 숨겼다. 그 보다 더 도피할 수 있는 시간적 여유가 없는 학생들은 겨우 책상 밑에서 자세를 낮추는 방법밖에 없었다. 범인 학생은 도서관에 들어오자마자 "흰색 모자를 쓴 놈은 다 일어나라 죽여 버리겠다."고 위협을 하였다. 흰색모자는 전통적으로 학교운동부에 속한 아이들이 쓰는 모자였다. 아무도 일어나지 않자, 그들은 "그래 내가 다 너희들을 죽여주마!"라는 말을 하고서 총을 보이는 학생들에게 쏘아대었다. 범인들은 한 여학생인 Bree Pasquale에게 다가가서 "너 죽고 싶냐?"고 물었다. 그 여학생이 제발 살려달라고 하였다. 그 때 범인학생들은 그녀 옆에서 총에 맞아서 신음하고 있던 남학생에게 다가가서 그의 얼굴에 대고 총을 쏘았다. 그 학생은 즉시 의식을 잃었지만 다행히 목숨은 건졌다.144)

도서관에서는 계속해서 무자비한 총기난사가 계속되었다. Schnurr라는 여학생은 총을 맞은 고통 때문에 "하나님 제발 저 좀 살려주세요!"라고 비명을 질렀다. 이 소리를 들은 범인은 그녀에게 다가가서 "너 예수를 믿느냐?"라고 물어보았다. 이 때 그녀는 처음에는 아니라고 대답을 했다가, 다시 그렇다고 답을 바꾸었다. 범인은 이제는 그녀에게 "왜 예수를 믿느냐?"고 하였다. 그녀는 "우리 가족이 다 믿기 때문이다."라고 대답을 하였다. 그 말은 들은 범인은 어떤 이유에서인지 그녀를 죽이지 않고 자리를 떠났다. 다음에는 도서관 안에서 범인이 평소에 친하게 지냈던 한 학생과 마주쳤다. 그는 범인들에게 "지금 너희들 뭐하는 거야?"라고 물

Columbine 고등학교 전경

었다. 그에 대해서 그들은 "그냥 사람들을 죽이고 있는 것뿐이다."라고 대답을 하였다. 그리고 그가 범인학생들에게 "나도 죽일 것이냐?"라고 물었다. 그러자 범인들은 잠시 머뭇거리더니 "넌 살려 줄 테니 빨리 도서관에서 나가라!"라고 하면서 그를 살려 주었다.[145]

위와 같은 와중에 그 학교에 근무하는 여선생님 Patti Nielson은 이런 장면을 목격을 하게 되었다. 처음에 그녀는 학생들이 비디오를 제작하는 줄 알았다. 나중에 범인학생들이 그녀를 향해서 총을 발사를 하였다. 그제야 그녀는 이것이 실제 상황이라는 것을 깨닫고는 도서관으로 달려갔다. 그리고는 경찰에 긴급하게 신고를 하였다.[146] 학교로부터 긴급한 전화를 받은 일반경찰과 경찰특공대가 학교 안에 도착을 하였다. 경찰은 건물 안에서 나는 총소리를 들을 수 있었다. 그리고 사제폭발물이 터지는 소리를 들었다. 많은 학생들은 비명을 지르면서 밖으로 뛰쳐나왔다. 그 중에 일부는 이미 부상을 입기도 하였다. 경찰도 갑작스럽게 발생한 상황에 크게 당황하였다. 경찰은 현장 상황을 제대로 파악하기가 힘들었다. 그 이유는 안에 범인이 몇 명이고 어디에 있는 지에 대한 목격자들의 진술이 서로 달랐기 때문이다. 어떤 목격자는 범인이 다섯 명도 넘을 것이라고 말을 했다.

경찰특공대는 상시 조직된 것이 아니다. 다만 긴급한 상황이 발생하였을 때에만 임시로 조직이 되었다. 그것도

부상당한 학생을 깨어진 유리창을 통해 구조하는 경찰

한 개 경찰서가 아니라, 그 지역에 있는 여러 경찰서의 경찰관들로 조직이 되어 있었다. 그래서 같이 한 번 제대로 훈련을 해 본 적이 없었다. 서로 얼굴도 모르는 사람이 대부분이었다. 그리고 그들 대부분은 정신없이 현장으로 달려왔음으로 방탄조끼와 방패와 같이 경찰특공대가 필요한 장비도 제대로 갖추지 못하였다.[147]

학교 건물 안에서는 두 명의 범인 학생들이 집에서 만든 것으로 보이는 여러 개의 사제 폭발물들이 발견이 되었다. 경찰은 폭발물이 있는 지를 일일이 살피면서 건물 안으로 조심스럽게 들어갔다. 그리고 경찰은 발견한 폭발물

아수라장이 된 학교식당

들을 하나씩 밖으로 가지고 나와서 해체를 하였다. 그 결과 경찰이 범인학생들을 찾아서 진입하는데 아주 많은 시간이 소요가 되었다. 그러는 사이에 범인 학생들은 2층으로 옮겨갔다. 그리고는 그들은 아직 대피를 하지 못하고 교실에 남은 학생들을 찾아내어 총격을 가하였다. 비참한 사건현장을 목격하고 겨우 살아서 도망을 나온 학생들은 Eric과 Dylan이 다른 동료 학생들을 무참히 살해할 때 얼굴에는 미소를 지었다고 증언을 하였다.

범인들은 아래층의 학교식당으로 내려가서 자신들이 설치한 프로판 가스 폭발물이 왜 터지지 않았는지를 살펴보았다. 그리고는 그 쪽으로 총을 발사를 해서 폭발을 시켜보려고 하였다. 그래도 터지지 않자 자신들이 미리 만들어서 가지고 온 화염병을 그리로 던졌다. 그랬더니 일부 프로판 가스가 터졌다. 그들은 잠시 이곳저곳을 돌아다녔다. 그리고 가끔 창문 밖으로 경찰을 향해 총을 발사하기도 하였다. 그들은 나중에 도서관으로 돌아왔다. 거기서 총소리는 12시 30분에 두 명의 범인들이 자신들을 향해 쏜 것을 끝으로 멈추었다.[148)]

학교 안에 설치된 CCTV에 잡힌 범인들의 모습

　그 때까지도 경찰특공대는 학교 건물 안에 몇 명의 범인이 있는지 제대로 파악하지를 못하고 있었다. 그리고 그들이 숨어서 자신들을 공격하기를 기다리고 있는지도 모르는 상황이었다. 또한 학교 안에서는 화재경보음이 무척 크게 울렸고 폭발로 인한 연기가 자욱했기 때문에 안으로 들어간 특공대원들도 서로 의사전달을 하는데 어려움을 겪었다. 게다가 여러 경찰서들은 서로 다른 무전주파수를 사용하고 있었기 때문에 무전교신을 제대로 할 수가 없었다. 그래서 그들은 수신호를 이용하는 수밖에 없었다. 교실마다 문이 잠겨 있어서 교실을 하나씩 조심스럽게 열면서 범인을 찾으려고 하였다.[149)] 그렇게 경찰들이 주춤하고 있는 사이에 학생들은 급하게 대피하기에 바빴다. 그들 학생들은 대부분 놀라서 어찌할 바를 모르고 있었다. 경찰은 밖에 나온 학생들을 상대로 일일이 몸수색을 하였다. 그래서 그들이 혹시 몸에 폭발물이나 총기를 가지고 있지 않은지를 확인을 하였다. 그 이유는 그들 중에 혹시 범인학생이 포함이 되어 있을 수도 있기 때문이었다.

경찰은 그 날 오후 4시가 되어서야 모
든 상황이 종료가 되었다고 발표를 하였
다. 그리고 학생들에게 집으로 돌아갈 수
있도록 허락을 해주었다. 경찰은 사건이
종료가 되고 나서 학교 건물 안을 수색을
하였다. 그 결과 두 명의 범인 학생들이

*사건의 소식을 듣고 학교에 달려온
학부모들. 자신의 자녀들의 생사가
확인되지 않은 부모들이 울부짖고 있다*

자신들의 손에 총기를 든 채 자살을 한 것을 발견을 하였다. 그들 범인 학생
들의 코트 안에는 폭발물이 숨겨져 있었다. 그러나 그 폭발물은 터지지 않
았다. 경찰은 최종적으로 이번 총격사건으로 사망한 사람이 범인학생 두
명을 포함하여 모두 15명이라고 밝혔다.

사건이 발생한 학교의 주변에 있는 병원에는 모두 25명이 치료를 받기
위해서 들어왔다. 그 중에 23명이 총상을 입은 상태이었다. 그 중 3명은
아주 위중한 부상을 입었다. 학부모들은 이런 긴급한 소식을 전해 듣고 자
신의 집과 직장을 떠나 학교에 속속히 달려왔다. 그들은 먼저 자신들의 자
식이 무사한지를 확인하고 싶었다. 누군가가 생존한 학생들의 명단을 작
성하여서 부모들에게 보여주었다. 생존이 확인된 학생의 부모는 안심을
하였다. 한편 지역주민들은 그런 끔찍한 일이 자신들이 사는 지역에서 일
어나리라고는 전혀 상상조차 하지 못했었다. 사건이 벌어진 Columbine
고등학교는 이 사건의 충격으로 1년 동안 휴교를 해야 했다. 살해된 학생
들과 교사의 장례식에는 수많은 사람들이 꽃을 가지고 참석을 하였다. 장
례식은 무고하게 살해를 당한 교사와 학생들을 애도하는 사람들로 인하
여 눈물바다가 되었다.

범행을 저지른 학생들의 집에는 경찰들이 들이닥쳐 집안을 샅샅이 수

색을 하였다. 그것은 범인들이 혹시 숨겨놓은 다른 총기류나 폭발물을 찾기 위해서였다. 갑자기 이런 일을 당한 범인학생의 부모들은 망연자실할 수밖에 없었다. 자신들의 아들이 그런 끔찍한 살인행위를 저지르고, 나중에는 자신들마저 자살한 것을 도저히 믿을 수가 없었다. 뿐만 아니라, 범인학생들의 부모는 자신의 아들들이 저지른 범행에 대해서 자신들도 책임을 느끼고 있었다. 그러나 그것은 이미 때가 늦은 후회였다.

2. 경찰의 수사과정

경찰이 사건의 현장을 살펴본 결과 Eric과 Dylan은 스스로 총을 쏘아서 자살을 한 것으로 추정이 되었다. 그들의 주변에는 4개의 총기가 발견이 되었다. 그 중 두 개는 장총이고 나머지 두 개는 권총이었다. 그들은 얼마 전에 만 18세가 넘었으므로 합법적으로 장총을 구입할 수 있었다. 그러나 권총은 미국에서 만 21세가 넘어야 합법적으로 구매를 할 수가 있다. 따라서 경찰은 그들이 어떻게 권총을 구입할 수 있었는지가 궁금하였다. 나중에 알려진 것은 Eric과 Dylan은 전에 같이 피자 가게에서 일하던 Chris Morris란 사람으로부터 권총을 구한 것이었다. 즉 나이가 많은 Morris가 그들을 대신해서 권총을 사준 것이었다.[150]

경찰은 Eric과 Dylan의 범행을 같이 모의하거나 도와준 공범이 있는지를 집중적으로 수사를 하였다. 그러나 경찰은 공범을 발견하지는 못했다. 그리고 총격사건에 직접적으로 가담한 것은 그들 둘밖에 없다는 결론을 내렸다.

범행학생 두 명은 사전에 자신들의 범행계획을 인터넷을 통해서 알렸다. 그들은 자신들이 학교를 증오하는 것과 함께 곧 학교를 공격할 것이란 내용을 가명을 사용하여서 인터넷에 공개를 하였다. 그들은 파이프 폭탄을 사용할 것도 공개를 하였다.[151]

두 명의 학생은 인터넷에서 얻은 정보를 가지고 파이프 폭탄을 몇 차례 만들어서 실험을 하였다. 폭탄을 만드는 재료들은 일반 철물점에서 쉽게 구할 수 있는 것들이었다. 그들은 성냥을 파이프의 한쪽 끝에 당기면 폭발하도록 만들어 놓았다. 단순하지만 상당히 위력을 가진 폭탄이었다. 그들이 제조한 폭탄 중에 하나는 학교 도서관의 한쪽 벽면에 큰 구멍을 만들어 놓았다. 다행히도 크기가 더 큰 사제 폭탄은 터지지 않았다. 그래서 더 이상의 희생자는 발생하지 않았다.

Eric의 일기장에는 당일의 범행계획이 아주 소상하게 적혀있었다. 그는 오전 11시가 학생들이 학교식당에 가장 많이 모이는 시간이라는 것을 잘 알고 있었다. 그리고는 그 시간에 공격을 시작하기로 마음을 먹었던 것이다. 그들은 학교가 최초의 공격목표였다. 그러나 그들은 다음에는 학교 주변의 다른 인가들도 공격을 할 계획을 세워놓았었다. 그리고는 비행기를 납치할 생각까지 하였다. 그렇게 하여 뉴욕시에 비행기를 추락시켜 가능한 한 많은 사람들을 죽일 생각을 하였었다. 그들 두 명은 총격사건을 저지르기 30분 전에 자기들끼리 비디오 촬영을 하였다. 그리고는 가족들에게 먼저 저 세상에 가게 되어 미안하다는 말과 함께 잘 있으라는 인사말을 했다. 그것을 통해 그들이 이미 학생들을 총격한 후에 자살할 계획을 세워 놓았다는 것을 알 수 있다.[152]

3. 사건발생에 대한 책임공방

이번 사건이 일어난 것에 대해서 첫 번째 비난의 대상이 된 것은 경찰이었다. 시민들은 경찰특공대가 범인학생들을 신속하게 진압하지 않아서 피해학생들이 늘어났다고 불만을 털어 놓았다. 경찰은 이에 대해서 즉각적으로 해명을 하였다. 당시에 학교 안에는 범인들이 설치해 놓은 수많은 사제폭발물들이 있었다. 그래서 경찰이 그것들을 일일이 제거하는데 많은 시간이 소요가 되었다는 것이다. 또한 경찰은 군인이 아니기 때문에 제일 중요한 목적은 무고한 생명을 살리는 것이라고 하였다. 자칫 섣부른 판단으로 경찰이 무고한 학생들에게 총격을 가할 수가 있었다. 또한 경찰특공대원끼리 오인으로 인한 총격전이 벌어질 수도 있다는 것이다.

또 다른 이유 때문에 경찰은 비난을 받았다. Columbine 고등학교의 학생 Randy의 부모인 Brown씨 부부는 Eric이 자신의 아들을 괴롭힌다고 경찰에 신고를 하였다. 그러나 경찰이 이에 대해서 아무런 조치도 취하지 않았다는 것이다. 또한 Brown씨 부부는 Eric이 인터넷에 올린 학교에 대한 공격계획을 경찰에 가지고 왔다. 그러나 경찰은 그에 대해서도 아무런 조치를 취하지 않았다.[153]

친구의 죽음을 애도하는 학생들

경찰 다음의 비난의 대상자는 그 두 범인학생의 부모들이었다. 그들의 집에서 범행을 모의한 일기장과 사제 폭탄 등이 발견이 되었기 때문이다. 즉 그들이 자신들의 아들들의 범행계획을 미리 알고 어떤 조치를 하였다면, 이런 비극까지는 벌어지지 않았을 것이란 생각 때문이었다.

그러나 두 소년의 부모를 잘 아는 이웃과 친구들은 그들을 옹호하였다. 그들 부모들은 평소에도 자신의 아들에게 많은 관심을 가졌으며, 사건의 계획을 사전에 전혀 알지 못했다는 것이다. 뿐만 아니라, 학교 측에서 학교에서 발생한 아이들의 문제에 대해서 부모에게 전혀 통보를 해주지 않았다. 따라서 그들 부모들은 자신의 아들들의 문제행동에 대해서 전혀 모르고 있었다. 부모들은 자신들의 아들들을 얌전한 아이들로만 생각했다는 내용 등이었다.

이번 학교총격사건에 대해서 각기 다른 총 18개의 법정소송이 제기가 되었다. 대부분은 이번 총격사건으로 피해를 당한 학생의 학부모들이 학교당국, 경찰, 그리고 범인들의 부모들을 대상으로 한 것들이었다.

경찰은 전에 언급한 것처럼 이번 사건에서 범인학생들을 제압하는데 너무 많은 시간을 지체를 하였다. 그래서 희생자들이 많이 늘어났다. 그래서 많은 경찰서들이 위와 같은 상황에 제대로 대처를 하기 위해서 진압계획을 새로 만들었다. 그것은 '적극적 전술'(Active Tactics)이라고 불린다. 즉 '적극적 전술'은 만약 범인들이 단순히 사람들을 인질로 삼는 것이 목적이 아니고, 사람을 죽이는 것이 목적일 때에 적용하게 된다. '적극적 전술'은 경찰이 적극적으로 범인을 지체 없이 추적하여 더 이상의 피해를 막는 방법이다. 경찰은 부상당한 사람을 응급구조를 하는 것보다 범인을 신속히 제압하는 것을 급속무로 한다. 범인을 제압하기 위해서는 범인에게 신속하게 무기를 사용하는 것도 포함이 된다. Columbine 고등학교 사건 이후에는 미국 경찰들이 이 새로운 전술을 사용하고 있다.[154]

4. 범죄행위의 동기

Eric과 Dylan은 겉으로 보기에는 아주 평범한 아이들이었다. 머리도 좋고 매너 또한 괜찮은 아이들이었다. 뿐만 아니라, 그들은 중산층에 속한 부러울 것이 별로 없는 아이들이었다.

우선 Eric은 1981년 4월 9일 Kansas주의 Wichita에서 출생을 하였다. 그의 부모는 Wayne Harris와 Kathy Harris였다. Eric의 아버지는 공군 조종사이었으므로 자주 이곳저곳으로 배치를 받았다. 그렇기 때문에 Eric의 가족은 자주 이사를 해야 했다. Eric의 아버지는 자신이 공군에서 은퇴한 다음 해인 1996년 Littleton에 정착을 하였다. 그리고는 그는 그곳에서 비행안전 컨설팅회사에서 일을 하였다. 그들을 아는 주변사람들은 Eric의 부모들은 아주 좋은 사람들로서 자신들의 아이들을 잘 보살피는 부모였다고 평가를 하였다.[155]

Eric이 Littleton에 이사를 온 이후에 곧바로 Dylan과 친구가 되었다. 그들은 컴퓨터게임을 하면서 같이 많은 시간을 보냈다. 그들이 좋아하는 컴퓨터 게임은 총을 쏘아대는 폭력성이 높은 것들이 많았다.[156] Eric은 해병대에 지원을 하였다. 그러나 그가 총격사건을 벌이기 며칠 전에 그는 해병대로부터 그를 받아줄 수 없다는 통보를 받았다. 그의 지원이 거절된 이유는 그가 충동성 성격장애 때문에 Luvox라는 약을 의사로부터 처방을 받고 복용한 사실이 신체검사 결과 드러났기 때문이다.

Dylan도 Eric과 마찬가지로 다른 학생들로부터 칭찬을 받는 학생이었다. 그 역시 중산층의 가정배경을 가진 학생이었다. 겉으로는 아무런 문제가 없어보였다. Dylan은 1981년 9월 9일 Colorado 주의 Lakewood에서 출생을 하였다. Dylan의 아버지는 젊었을 때는 지질학자였다. 그는 나이가 좀 들어서는 집을 사는 사람들에게 융자금을 대주고 이자를 받는 개인 사업을 하였다.[157]

Eric과 Dylan은 총격사건이 벌어지기 바로 전 해에 단 한 번 경찰에 체포된 적이 있었다. 그들은 길에 주차된 다른 사람의 차의 유리창을 깼다. 그리고는 그 안에 있는 물건을 훔친 혐의로 경찰에 체포가 되었다. 그러나 그 두 명의 학생은 좋은 인상을 주었기 때문에 경찰은 그들의 범죄기록을 삭제해 주었다. 한 가지 주어진 조건은 앞으로 다른 문제를 일으키지 않겠다고 약속을 하는 것이었다. 그 이외에도 Eric은 감정통제훈련프로그램(Anger Management Program)에 참가하도록 명령을 받았다.©

겉으로 보기에는 아무런 문제가 없는 것처럼 보였던 그 두 명의 학생들도 안으로는 몇 가지 숨겨진 문제들이 있었다. 우선 Eric은 자신이 살고 있는 Littleton의 Columbine 고등학교의 학생들과 선생님들을 비난하는 글을 인터넷을 통해서 올리곤 하였다. 아마도 그들은 학교 운동부학생들로부터 왕따를 당한 것으로 보인다.158) 그러나 그들 두 명의 학생은 세상에 대한 일반적인 증오심을 가졌다. 그래서 그들은 자신의 일기장에 이 세상을 저주한다는 말을 쓰곤 하였다. 그들이 싫어하는 사람들 중에는 무술을 하는 학생, 기독교인, 그리고 운전을 천천히 하는 사람들도 포함이 되었다.159) 그들은 자신들을 왕따를 시키면서 못살게 굴었던 사람들에게 꼭 복수를 하겠다는 내용도 인터넷에 올렸다. 즉 그는 자신을 못살게 군 교사와 학생들을 죽여 버리고 싶다는 글을 실었다. 이들은 그와 동시에 파이프 폭탄을 만드는 실험을 하고 있었다.160)

Eric과 Dylan은 학교에서 다른 학생들을 직접 만났을 때에도 자신들을 비웃는 선생과 학생들을 모조리 죽여 버리겠다고 하였다. 그들은 학교에서 과제로 준 비디오 만들기 프로젝트에 자신들이 총을 가지고 학교에 들어가서 다른 학생들을 모조리 총으로 쏴 죽이는 장면을 담았다. 그들은 자신들의 교사가 그 내용이 너무 폭력적이라 다른 학생들에게 발표하는 것

© 감정통제훈련 프로그램, 즉 'Anger Management Program' 이란 감정을 잘 통제를 못하고 아무 때나 폭발하는 사람들에게 전문가를 통한 상담과 행동치료를 받도록 한 것이다. 이 프로그램은 미국에서 범죄자나 비행소년에게 자주 이용되는 것 중에 하나이다.

을 금지시키자 크게 실망을 하였다.[161)

그 두 명의 학생을 가르쳤던 교사들은 그들은 우울증적인 증세를 보이고 쉽게 격분을 하였다고 그들을 기억을 하였다. 뿐만 아니라 그들은 독일 나치를 추종을 하기도 했다고 설명을 하였다. 이들의 이상한 행동을 알아차린 선생님들이 이런 사실을 학교 당국에 보고를 하였다. 그러나 학교 당국은 아무런 조치도 취하지 않았다.

위와 같은 그 두 소년의 학교에서의 문제행동에도 불구하고 그들의 부모들은 그런 사실을 학교로 부터 전혀 통보를 받지를 못했다. 이것은 경찰, 학교, 그리고 학부모 사이에 서로 정보교환이 제대로 이루어 지지 않았다는 것을 보여주는 것이다. 그렇기 때문에 그들 소년들의 부모는 자신들의 아들을 아주 정상적인 아이들로만 생각을 하고 있었다.

두 명의 청소년들에 대한 여러 가지 상황을 종합해 보면 그들의 범죄행위의 원인을 다음과 같이 정리해 볼 수 있다. 우선 그들은 학교에서 어떤 이유에서인지는 정확히 알 수 없지만, 왕따를 당하였다는 것이다. 최소한 그 두 명의 범인학생들은 왕따를 당하였다고 스스로 생각했다는 점이 중요하다. 왕따를 당했다고 생각한 그들은 학교 학생들과 교사들에 대해서 증오심을 가졌다.

위와 같은 왕따에 대해서 그들은 쉽게 격분하는 성격적인 결함이 있었다. 그 결과 그들은 자신들의 감정을 제대로 통제를 하지 못하고, 총기 난사라는 극단적인 방법을 통하여 표출한 것이다. 그들은 자신들의 범행을 사전에 치밀하게 계획하고 인터넷이나 주변의 다른 학생들에게 알렸다. 그러나 아무도 그것을 심각하게 받아들이지는 않았던 것이다. 이런 점으로 볼 때 그들은 지능도 정상적인 학생들로 보인다.

그들 학생들의 부모, 학교, 그리고 경찰 들이 서로 그들 학생들에 대한 문제를 서로 공유하고 함께 대처했더라면 이런 불상사는 일어나지 않았을 것이다. 뿐만 아니라, 그들 학생들이 사전에 자신들의 범행계획을 인터넷이나 학교 비디오 만들기 프로젝트에 제출하는 등의 경고 사인들이 보였다. 이에 대해서 조금만 더 민감하게 대처했더라면 좋았을 것이란 아쉬움도 남는다.

1. 경찰의 수사의 시작

Fred West

경찰은 1994년 2월 24일 Fred West의 집을 수색 영장을 가지고 찾아갔다. 이유는 그의 딸 Heather West가 감쪽같이 실종을 하였기 때문이다. 그녀의 아버지 Fred West는 딸은 레즈비언이고 마약중독 자라고 경찰에 설명을 했다. 그리고는 그녀가 가출 을 한 것 같다고 경찰에 말을 하였다. 그는 딸의 안 부에 대해서 별로 걱정을 하지 않는 눈치였다. Fred West는 덧붙여서 십 대소녀들의 가출은 흔한 일이라고 오히려 경찰을 안심시키려고 하였다. 그러면서 경찰의 수색에 대해서는 별로 걱정을 하지 않는 듯이 보였다.

경찰은 Fred West의 부인이며 Heather West의 친엄마인 Rose West 에게도 Heather에 대해서 질문을 하였다. 그녀는 자신의 남편이 답변한 내용과 비슷한 이야기를 하였다. 그녀는 Heather가 16세가 되던 1987년 에 가출을 하였다고 경찰에게 이야기를 하였다. 그리고 Heather는 레즈

비언이었고 마약중독자였다는 이야기도 남편 Fred West의 말과 일치를 하였다.[162]

경찰이 왔다간 그날 밤 Fred West와 Rose West는 밤잠을 설치면서 심각한 이야기를 나누었다. 그 다음 날 Fred West는 경찰서를 찾아갔다. 그리고 자신이 자신의 딸 Heather를 살해해서 세 토막을 내었다고 자백을 하였다. 다만 자신의 부인인 Rose West는 이번 살인 사건과 전혀 관계가 없음을 강조하였다.

Fred West에 의해서 살해된 그의 딸 Heather

그러나 위와 같은 자백을 Fred West는 금방 번복을 하였다. 즉 자신은 딸 Heather를 죽인 적이 없다는 것이다. Heather는 지금 중동의 Bahrain에서 살고 있다는 것이었다. Heather는 거기서 마약판매상들과 일을 하면서 벤츠를 타고 다닌다고 했다.

경찰은 혹시나 하여 Fred West의 집을 파보았다. 경찰은 사람의 유골을 발견을 하였으나 그것은 Heather의 것이 아니었다. 경찰은 사람의 유골을 그의 집에서 발견하였다고 Fred West에게 말했다. 그리고는 그것이 누구의 유골인지를 아느냐고 물었다. 그랬더니 그는 다시 말을 바꾸어서 자신이 딸을 죽였노라고 했다. 자신의 딸이 자신에게 말대답을 하면서 대들기에 그녀의 목을 잡았다. 그런데 심하게 잡았는지 그녀의 얼굴이 파래지면서 숨을 멈추었다는 것이었다. 그러면서도 그는 다른 사람을 살해하여 매장하였다는 것은 완강히 부인을 하였다.[163]

Fred West는 계속 자신의 이야기를 이어갔다. 그는 자신의 딸이 의식을 잃자, 그녀를 살리기 위하여 그녀를 끌고 화장실의 욕조로 갔다. 그리고는 그녀의 옷을 벗기고 찬물을 머리에 부었다는 것이다. 그래도 살아나지 않자 그는 자신의 범행사실을 감추기 위해서 다시 한 번 더 그녀의 목을 졸랐다. 그렇게 한 이유는 자신이 딸의 몸을 토막을 내는 중에 그녀가 눈을 뜰 가능성을 없애기 위해서였다.

Fred West는 자신의 딸의 몸을 토막을 내기 전에 우선 그녀의 눈을 가렸다. 그 이유는 그녀가 자신을 쳐다보는데 그 몸을 절단하기가 어렵기 때문이다. 그는 우선 자신의 딸의 목을 잘랐다. 그러는 중에 비명 같은 것이 들렸다. 그러나 목이 완전히 잘려나간 다음에는 그 비명소리는 멈추었다. 다음으로 그는 딸의 다리를 잘랐다. 그렇게 몸을 토막을 내었더니 쓰레기 봉지에 잘 들어갔다.

그는 다른 가족들이 자고 있는 사이에 자신의 딸의 시신을 집 정원에 묻었다. 이상은 Fred West의 자백이었다.

2. Fred West의 성장과정

Fred West의 부모

Fred West는 영국 London에서 차로 한 두 시간 거리에 떨어져 있는 Much Marcle이라는 마을에서 1941년에 태어났다. Fred West는 8남매 중에 둘째로 태어났다. 그 동네는 가난한 사람들이 많이 사는 곳이었다.[164] 아버지는 Walter West였고 어머니는 Daisy Walter였다. 전쟁과 가난으로 어려운 시대였음에도 불구하고 Fred West의 부모들은 6명의 아이들을 더 낳았다. Fred West는 어머니와 아주 좋은 관계를 가졌다. 그의 엄마는 그를 아주 예뻐했다. Fred West는 자신의 아버지를 존경

했고, 그 둘이도 역시 원만한 관계를 가졌다.

Fred West는 더 성장하면서 외모가 변해갔다. 어릴 적에는 금발머리와 파란 눈동자를 가지 예쁜 아이였다. 그러나 자라면서 검은 곱슬머리로 변했다. 얼굴도 못생긴 엄마의 모습을 많이 닮아갔다. 또한 입은 얼굴에 비해서 지나치게 컸다. Fred West의 엄마는 아주 뚱뚱보에다가 옷도 제대로 챙겨 입지 않았다. 그래서 그녀는 남들이 보기에 창피할 정도였다. 그런 그의 엄마는 가끔 Fred의 학교에 찾아왔다. 그리고는 학교 선생님이나 그녀의 아들에게 큰 소리로 꾸짖고 가기도 하였다. 이런 엄마의 모습을 보면서 Fred는 무척 창피해 하곤 하였다. Fred는 15살이 되던 해에 학교를 그만 두었다. 그는 그 때까지 문맹이었다. 그리고는 한 농장에서 막일꾼으로 일을 했다.[165]

Fred는 16세가 되면서부터 이성에게 적극적인 관심을 보이기를 시작을 하였다. 그래서 그는 자기가 마음에 드는 여자가 있으면 쫓아다녔다. 한 때는 West는 자신의 13살짜리 친여동생과 성관계를 가져서 임신을 시켜놓았다. 그러나 나중에 그의 여동생은 부모의 권유에 따라서 뱃속의 아기를 유산을 시켰다.[166] 그러던 중에 Fred는 오토바이 사고를 당했다. 그는 1주일 동안 의식을 잃었었다. 그 사고로 입은 부상으로 인해 머리에 철심을 박아야 했다. 그리고 그 사고로 인하여 그의 한쪽 다리는 다른 쪽에 비해서 짧아졌다.

오토바이 사고에서 회복이 좀 된 Fred는 당시 16세의 소녀인 Catherine Bernadette Costello를 만나서 사귀였다. 그녀는 어릴 적부터 문제가 많은 소녀였다. Fred를 만났을 때쯤에는 이미 경험이 많은 좀도둑이었다. 그러나 그들의 만남도 잠시였다. 그녀는 자신의 고향인 Scotland로 돌아가 버렸기 때문이다.

그해 가을에 Fred는 스스로 벽에다 머리를 박고 의식을 잃었다. 이렇게 원인을 알 수 없는 Fred의 행동은 아마도 그가 오토바이 사고로 머리를 다친 것과 관계가 있는 지도 모르겠다.

Fred는 그 이후에도 계속 여러 가지 문제들을 일으켰다. 그는 금은보석방에서 시계를 훔치다가 잡혀서 벌금을 내게 되었다. 그는 나중에는 자신의 집안의 아는 사람의 13세 먹은 딸을 성폭행을 하여서 임신을 시켰다. 그러나 Fred는 자신의 행동을 전혀 뉘우치는 기색이 없었다.

이런 문제들을 계속 일으키자 그의 부모는 Fred를 자신들의 집에서 쫓아냈다. Fred는 곧바로 집을 나가서 공사장에 막노동자로 취업을 하였다. 하지만 그는 거기서도 문제를 계속해서 일으켰다. 그는 공사현장에 있는 건축자재를 훔친 것이었다. 그는 거기에서 그치지 않고 어린 소녀들을 계속 성추행을 하였다.

Fred는 13세짜리 소녀를 성추행을 하고 임신시킨 혐의로 재판을 받았다. 그러나 그가 오토바이 사고로 인한 뇌의 부상으로 고통을 받고 있다는 이유로 실형을 면했다. 그 이후에는 Fred의 범행은 계속이 되었다. Fred는 20살이 되던 해에 또 다른 소녀들을 추행하고, 또 도둑질을 한 혐의로 경찰에 체포가 되었다.

Fred의 부모들은 1962년 자신의 아들에 대한 화를 풀고 그를 다시 자신들의 집으로 돌아올 수 있도록 허락을 하였다. 그 해 여름에는 전에 Fred의 여자 친구였던 Catherine West가 Scotland에서 돌아왔다. Fred와 그녀는 금방 다시 가까워졌다. Fred와 Catherine은 서로 잘 어울렸다. 그 이유는 Catherine은 매춘부에다가 손버릇이 좋지 않은 상습 절도범이었기 때문이다. 그러나 Catherine은 동양계의 어떤 버스 운전사와 성관계를 가진 후에 임신을 하였다.[167]

Fred는 이런 Catherine을 자신의 부모가 그녀를 며느리로서 받아들여주지 않을 것이란 것을 잘 알고 있었다. 그래서 그들 둘은 조용히 남몰래 결혼을 한 다음에 Scotland로 이주를 하였다. Fred의 부모는 Catherine이 임신한 아이가 Fred의 자식인줄로만 믿고 있었다. 1963년 3월 아이가 태어났다. Fred는 Catherine을 시켜서 자신들의 아이는 출산과정에서 죽었다고 자신의 부모에게 편지를 쓰도록 시켰다.

Catherine은 여러 번 매춘부로 일한 적이 있었다. 그러나 그녀는 Fred의 변태적인 성욕을 채워주는 역할을 계속하고 싶지 않았다. Fred는 오랄섹스, 항문섹스, 그리고 가학적인 섹스 등 여러 가지를 밤새도록 Catherine에게 요구를 하였다.

Fred는 아이스크림을 트럭에 싣고 다니면서 아이들에게 판매를 하였다. 소녀들에게 친절하고 다정다감하였던 Fred는 그들을 유인하기가 쉬웠다. Fred는 소녀들에게 재미있는 이야기를 해주면서 그들의 환심을 샀다. 그리고는 그들과 수차례 성관계를 가졌다. 이런 와중에도 Fred는 자신의 부인 Catherine과 그녀가 낳은 아기 Charmaine에 대한 집착을 포기하지 않았다.

1964년 Catherine은 다시 Fred의 아이를 가졌다. 그들은 딸의 이름을 Anna Marie라고 지었다. 그럴 즈음에 그들은 Anna MacFall이라는 성인 여자를 알게 되었다. 그녀는 남자친구를 사고로 잃고 외롭게 지내는 중이었다.

Fred는 아이스크림 트럭을 몰고 다니다가 1965년 11월 4일에 교통사고를 냈다. 그 사고로 한 어린 아이가 사망을 하였다.[168] Fred의 잘못은 아니었지만, Fred는 그 사고로 자신의 운전면허증이 취소가 되었다. 그는 더 이상 아이스크림 장사를 하지 못하게 될 것을 걱정을 하였다.

그래서 Fred와 Catherine, 그들의 두 명의 자녀들, 그리고 그들과 새로이 알게 된 Anna McFall이라는 여자는 Gloucester라고 곳으로 옮겨 갔다. Fred는 도살장에 취업을 하였다. Catherine은 자신의 두 아이들을 자신의 고향인 Scotland로 데리고 가고 싶어 하였다. 그러나 Fred는 그런 제의를 거절하였다. 이에 화가 난 Catherine은 두 딸을 남겨두고 혼자 Scotland로 돌아가 버렸다. 그러나 Catherine은 두 딸이 없이 혼자 사는 것이 어려웠다. 그래서 그는 다시 Gloucester에 돌아왔다. 거기에는 Fred와 McFall이 살고 있었다.

Fred의 딸 Charmaine, Heather, 그리고 Anna Marie

Catherine은 경찰서에 가서 자신의 남편은 변태성욕자로서 아이를 키우기에 적당한 사람이 아니라고 말을 하였다. 마침 그 지역에는 여덟 개의 성폭행 사건들이 일어났다. 증인들에 의하면 범인은 Fred의 모습과 유사하다고 이야기를 하였다.

Anna McFall은 Fred의 아이를 가졌다. 그리고 그녀는 Fred를 설득하여 그가 Catherine과 이혼을 하고 자신과 살도록 하려고 하였다. 그러나 그 노력은 수포로 돌아갔다. Fred는 McFall이 계속 Catherine과 이혼하고 자기와 결혼할 것을 요구하자 만삭인 그녀를 살해하였다. 그런 다음 1967년 8월 어느 날 자신의 집 근처에 그녀의 시신을 매장을 하였다.[169)]

이후에 Fred는 McFall을 살해한 이후에 그녀의 시신을 매장했던 곳에서 시신을 다시 꺼내었다. 그런 다음에 토막을 내었다. 그리고는 그녀의 손가락과 발가락을 잘라서 다른 곳에 버렸다.

Anna McFall이 사라진 이후에 Catherine은 다시 Fred의 집에 들어왔다. Fred는 자신의 부인 Catherine에게 매춘을 통해서 돈을 벌도록 시켰다. 그녀가 매춘을 하러 간 사이에 Fred는 그녀의 어린 딸을 데리고 성추행을 시작을 하였다.

1968년 1월 Fred와 같은 지역에 살던 15살짜리 소녀 Mary Bastholm이 실종이 되었다. 그녀는 버스 정류장에서 누군가에 의해서 납치가 되었다. Fred는 가끔 Mary가 일하던 식당에서 차를 마시곤 하였다. Fred의 차에 탄 Mary를 보았다는 증인도 나왔다.

Fred는 1968년에는 제과점의 배달원으로 일을 할 때 그의 두 번째 부인이 될 Rose Letts를 만났다.

3. Rose Letts의 성장과정

Rose Letts는 1953년 영국의 Devon에서 Bill Letts와 Daisy Letts와의 사이에서 태어났다. 그녀의 집안은 평범하지 않았다. 아버지는 정신분열증 환자였으며, 어머니는 심한 우울증 증세를 보였기 때문이다. Rose의 아버지는 자신의 부인과 자녀들을 자기가 원하는 대로 하고 싶었다. 그래서 그는 자신의 자식들이 말을 듣지 않으면 바로 손찌검을 하곤 하였다.[170]

Rose의 아버지는 자신의 자녀들이 일찍 일어나지 않으면 찬물을 바가지에다 퍼가지고 와서 그들의 얼굴에 들어다 부었다. 그리고 그는 자기의 자식들에게 집의 뒤뜰에 있는 텃밭을 파도록 부려 먹었다. 그리고 일이 끝

소녀시절의 Rose의 모습.
예쁘장하게 생겼다.

나면 군대 장교가 하는 것처럼 자신이 직접 일을 잘했는지를 검사를 하였다. 만약에 주어진 일을 제대로 하지 못하면 처음부터 다시 일을 하도록 시켰다. Rose의 아버지는 자식들이 자신에게 말대꾸를 전혀 하지 못하도록 시켰다. 뿐만 아니라, 그는 자식들이 소란을 피우는 일이 있으면 벨트나 나무를 가지고 와서 그들을 두들겨 패기도 하였다. 그런 폭행은 엄마가 중간에 끼워들어 말릴 때까지 계속되었다.

Rose의 어머니는 세 딸과 한 명의 아들을 키웠다. 그러나 폭력적인 남편하고 살면서 우울증이 점점 더 심해졌다. 결국 그녀는 심해진 우울증 때문에 1953년에 정신병원에 입원을 해야 했다.

그리고는 전기충격치료를 받기도 하였다. 이즈음에 그녀는 Rose를 출산한 것이었다. 즉 Rose의 엄마는 자신이 임신 중일 때 전기충격치료를 받은 것이었다.[171]

Rose는 어릴 적부터 특이한 아이었다. 그 아이는 스스로 머리를 흔들거나 벽에 박는 버릇이 있었다. 그런 그녀의 행동은 몇 시간 동안 계속되기도 하였다. Rose는 별로 머리가 좋은 아이가 아니었다. 그러나 큰 눈에 깨끗한 피부를 가진 예쁘장한 아이였다. Rose의 아버지도 다른 아이들은 구타하여도 Rose만큼은 때리지 않았다. 일부 사람들은 Rose의 아버지가 그녀와 근친상간의 관계를 가졌다는 말을 하기도 하였다.[172]

Rose는 나이가 더 들어서도 학교에서 공부를 잘하지를 못했다. 게다가 살이 너무 쪄서 학교친구들로부터 놀림을 당하기도 하였다. 그렇게 왕따를 당할 때마다 Rose는 자기를 놀린 아이들을 쫓아가서 때려주기도 하였다. 이런 이유 때문에 학교 친구들로부터는 성질이 나쁜 아이로 알려졌다.

Rose는 성적으로 조숙한 면이 있었다. 그녀는 자기 남동생들과 서로 몸을 만지면서 놀기를 좋아했다. 샤워를 하고 난 다음에는 옷을 벗은 채로 화장실 근처를 서성이기도 하였다. Rose가 살이 쪘기 때문에 같은 나이 또래의 남자들은 그녀를 상대해주지 않았다. 그래서 그녀는 자기보다 나이가 훨씬 많은 동네 남자들과 성관계를 하였다. 그러던 중 그 지 역에 사는 나이가 좀 먹은 사람이 Rose를 강간하는 사건이 일어났다.

Rose의 엄마 Daisy는 허구한 날 남편으로부터 구타를 당하는 것이 지겨웠다. 더 이상은 참을 수 없다고 생각한 Daisy는 1969년 Rose를 데리고 자신의 딸과 사위가 사는 집으로 들어갔다. 거기에서 아버지의 감시를 받지 않은 Rose는 밤마다 밖을 돌아다녔다. 대부분 자기보다 훨씬 나이 많은 남자들을 유혹하여 성관계를 가졌다. 심지어는 자기의 형부마저 유혹을 하려고 하였다.[173]

Rose는 그런 생활을 하다가 자발적으로 다시 아버지의 집으로 들어갔다. 이것은 상당히 의외의 일이었다. 어떤 사람들은 Rose의 아버지가 Rose와 근친상관의 관계를 가졌을 지도 모른다는 이야기를 하였다. 그러나 이런 소문은 확인된 적은 없었다.

결국 Rose의 초기 사춘기 시절은 별로 행복해 보이지 않았다. 그녀는 그렇게 똑똑하지도 않았고, 남들이 좋아할 만한 성격의 소유자도 아니었다. 그녀는 자기보다 나이든 남자들과 성관계를 가지는 것이 유일한 취미였다.

그러던 중에 Rose는 Fred West를 만난 것이다. 그 때가 1968년 11월이었으며, 당시 Rose의 나이는 겨우 15세이었다.[174] Rose의 아버지 Bill Letts는 자신의 딸과 사귀는 Fred를 못마땅하게 생각을 하였다. 서로 헤어지라고 했다. 그러나 그들이 헤어지지 않자, 그는 Fred가 사는 임시가

옥에 찾아가서 그를 위협하기도 하였다. Rose는 이런 아버지의 강력한 반대에도 불구하고 1972년 1월 29일에 결혼을 하였다.[175]

4. Fred와 Rose가 공모한 범죄들

짧은 시절의 *Fred West*와 *Rose West* 부부.

Fred는 절도혐의로 감옥에 갔다. 그런 와중에 Rose는 아버지에게 다시 돌아왔다. 그러나 그녀는 자신이 Fred의 아기를 임신한 사실을 알게 되었다. Rose는 다시 아버지를 떠나서 Fred에게로 갔다. 그러면서 Fred가 전처로부터 낳은 Charmaine과 Anna Marie를 함께 키웠다.

1970년에 Rose의 딸 Heather가 태어났다. Rose는 Fred가 감옥에 있는 동안 자신이 그가 전처로부터 낳은 두 딸을 데리고 힘겹게 생활해야 하는 신세를 한탄하였다. 그래서인지 Rose는 Charmaine과 Anna Marie를 학대를 하기 시작을 하였다.

그러던 중에 Charmaine이 실종이 되었다. Rose는 Anna Marie에게 그들의 엄마 Catherine이 그녀를 데리고 갔다고 속였다. Rose는 화가 나면 자신을 제대로 통제하지 못하였다. 그리고 이성을 잃고 자신의 분노를 발산하였다. 그러던 중에 Rose는 Charmaine을 살해를 한 것이었다.

나중에 감옥에서 나온 Fred는 자신의 딸이 Rose에 의해 살해가 된 것을 알게 되었다. Fred는 자신의 여자 친구가 살인을 한 것을 숨기기 위해서 Charmaine을 부엌의 바닥에 매장을 하였다. Fred는 자신의 딸을 땅에 묻기 전에 손가락과 발가락을 절단을 하였다. 그녀의 시체는 20년이 지난 다음에야 발견이 되었다.

Gloucester지역은 인도에서 이민을 온 사람들이 많이 살고 있었다. 그녀는 그들을 자신의 집으로 불러들여 성관계를 가졌다. 때로는 돈을 받고, 때로는 그냥 재미를 보기 위해서였다. Fred는 관음증ⅅ을 가진 사람이었다. 그래서 자신의 여자친구 Rose가 인도 남자들과 성행위를 하는 것을 몰래 지켜봤다.

Fred는 정상적인 성행위에는 전혀 관심이 없었다. 그는 뭔가 새로운 변태적인 성행위를 계속하여 추구를 하였다. 상대방을 끈으로 묶은 다음 성관계를 하거나, 상대방에게 가학적인 행위를 하면서 성적만족을 얻으려고 하였다. 어떤 때는 Fred는 Rose의 나체 사진을 찍어서 잡지에 '스와핑'(swapping)을 할 사람들을 찾았다.ⅇ176)

자신의 딸이 실종된 것을 안 Catherine은 Fred의 집으로 찾아왔다. Fred는 Catherine이 자신과 Rose가 작당하여 그녀의 딸 Charmaine을 죽인 것을 알아차릴 까봐 걱정을 하였다. 그래서 그는 그것을 막을 방법은 아예 Catherine을 살해하는 방법밖에 없다고 생각을 하였다. Fred는 Catherine을 술이 잔뜩 취하게 만든 다음에 그녀의 목을 졸라 살해를 하였다. 그는 그녀의 몸을 절단을 했다. 다른 희생자들과 마찬가지로 역시 손가락과 발가락을 잘라냈다.

Fred와 Rose는 이웃집 소녀 Elizabeth Agius와 친하게 되었다. Agius는 Fred와 Rose를 위해서 아이를 봐 주는 일을 해주기도 하였다. 그러던 어느 날 Agius는 집에 돌아온 Fred와 Rose에게 어디를 다녀오는지를 물었다. 그랬더니 Fred는 아직 남자를 알지 못하는 영계 소녀를 찾고 있었

ⅅ 남이 성행위를 하는 것을 보면서 성적 쾌락을 얻는 변태적 성행위이다.
ⅇ '스와핑'은 두 쌍 이상이 서로 파트너를 바꾸면서 하는 변태적 성행위의 일종이다.

잡지에 자신의 사진을 실어 매춘 손님들을 유혹하고 있는 Rose의 사진.

다고 말했다. Agius는 Fred가 농담을 하는 줄로만 알았다. 그러나 며칠 후에 Fred는 Agius에게 약물을 먹이고 강간을 하였다.[177]

1972년 1월 Fred와 Rose는 결혼신고를 하고 정식으로 부부가 되었다. 그들이 결혼신고를 하던 해 6월에 Rose는 Fred의 둘째 딸을 가졌다. 그들은 그녀의 이름을 Mae West라고 지었다.[178] 그들은 아이들을 키우기 위해서 좀 더 큰 집이 필요했다. 큰 집은 Rose가 매춘을 하기 위해서도 필요하였다. 그래서 지하방은 Rose가 매춘을 하기 위한 방으로 꾸미기로 하였다. 방음장치도 설치를 하였다.

첫 번째 손님은 다른 사람이 아니라 자신들의 8세짜리 딸인 Anna Marie이었다. Fred와 Rose는 Anna에게 네가 커서 결혼을 하여 남편을 즐겁게 해주는 방법을 알려주겠다는 이야기를 하였다. 그리고 자신들은 그런 것을 가르쳐주는 자상한 부모라고 자랑을 하였다. Fred와 Rose는 Anna의 옷을 벗겼다. 그리고는 손을 뒤로 묶고 입을 틀어막았다. Rose가 Anna를 잡고 있는 사이 Fred가 그녀를 강간을 하였다.

Anna Marie는 강간의 후유증으로 고통이 심하였으므로 학교에 며칠 동안을 가지를 못하였다. Fred와 Rose는 Anna에게 다른 사람들에게 이 사실을 알리면 때려죽이겠다고 협박을 했다.

1972년 Fred와 Rose는 17세의 소녀 Caroline Owens를 베이비시터로 고용을 하였다. Caroline은 예쁘게 생겼다. Fred와 Rose는 Caroline을

집에 가두고 옷을 벗긴 다음에 강간을 하였다. Fred와 Rose는 Caroline에게 자신들이 원하는 데로 하지 않으면 지하의 골방에 가두어 놓겠다고 협박을 했다. 그리고 흑인 남자를 같이 넣어두겠다고 하였다. 거기에만 그치지 않고 말을 듣지 않으면 죽여서 땅에 묻어 버리겠다고 했다.

Caroline의 얼굴에 멍이 든 것을 발견한 그의 엄마는 자초지정을 물었다. Caroline은 자신이 Fred에게 강간을 당한 사실을 엄마에게 이야기를 하였다. 그리고 그녀의 엄마는 지체 없이 이 사실을 경찰에 신고를 하였다. 재판이 시작이 되었으나, Fred는 판사를 속여 Caroline이 자신과 자발적으로 성관계를 가진 것이라고 믿게 만드는데 성공을 하였다.

Fred와 Rose는 또 다른 젊은 여성 Lynda Gough와 친하게 되었다. Lynda는 그들의 집으로 들어와서 같이 살게 되었다. 그러던 중에 Lynda는 Fred 부부에 의해 살해가 되었다. 그런 다음에 역시 Fred에 의해서 시체가 토막이 났다. Fred는 자신의 습관대로 그녀의 손가락과 발가락을 잘라버렸다. Lynda의 엄마가 그녀를 찾으

*Fred와 Rose에 의해
피살된 사람 중 하나인
Shirley Robinson*

러 Fred가 사는 집으로 찾아왔다. Fred는 찾아 온 그녀에게 Lynda는 자신의 집에 며칠을 머무른 것은 사실이지만 얼마 전에 떠났다고 속였다.

1973년 8월에 Fred와 Rose 사이의 첫 아들 Stephen이 태어났다. 그러나 그들 부부의 성폭행과 살인의 행진은 중단이 되지 않았다. Fred와 Rose는 이번에는 15세의 소녀 Carole Ann Cooper를 납치하여 자신들의 성적 노래개로 삼았다. 그런 후에 역시 살해 후 토막을 내어서 매장을 하였다. 그들 부부에 의해서 살해가 된 소녀들의 수는 자꾸 늘어만 갔다.

이번에는 여대생이 Fred와 Rose의 복표물이 되었다. 여대생 Lucy

Partington은 12월 27일 밤 10시에 친구의 집에서 나와서 버스를 기다리고 있었다. 그러나 그녀는 불행하게도 Fred와 Rose의 시야에 잡혔다. Fred와 Rose는 그녀를 때린 다음에 납치를 하였다. 그들은 그녀를 1주일 동안 잡아두고 수차례 성폭행을 계속 한 다음에 살해를 하였다. 그리고는 그 사체는 토막을 내었다.

이런 행진은 1974년 4월부터 1975년 4월까지 세 명의 젊은 여성들을 대상으로 멈추지 않고 계속 되었다. 그들은 각각 21살, 15살, 그리고 18세이었다. Fred부부는 그들의 얼굴을 완전히 청테이프로 감아 놓았다. 단지 콧구멍으로 숨을 쉴 수 있도록 빨대만 코에 달아 놓았다. 한편 그들의 몸은 로프로 칭칭 감았다.[179]

이런 살인행각을 벌이는 중에도 Fred는 절도를 하였다. 그 이유는 Fred가 자신의 집을 넓히는 공사를 하기 위해서 돈이 필요했기 때문이었다.

1976년 Fred는 한 젊은 여인을 자신의 집으로 유인을 하였다. 그녀는 지하의 골방에 다른 두 소녀가 가두어져 있는 것을 목격을 하였다. 그녀도 예외가 없이 Fred에게 강간을 당하고 Rose에 의해 성추행을 당하였다. 끌려온 그녀가 본 두 명의 소녀 중 한 명은 Anna Marie이었다. Fred는 자신의 딸을 가두어 놓고 지속적으로 성폭행을 하였던 것이다. 그는 거기에서 그치지 않고 자신의 친구들을 불러 자신의 딸과 성관계를 가지도록 시켰다. 이런 것은 실로 인륜을 저버린 행동이 아닐 수 없다.

1977년 Fred의 집 위층은 손님 접대용 방으로 개조가 되었다. 그래서 더 많은 매춘손님들을 받을 수 있게 되었다. 그 손님들 중에 하나는 18살짜리 매춘부 Shirley Robinson이었다. 그녀는 남성과 여성 모두와 동시에 성관계를 하는 취향을 가진 여인이었다. 그녀는 Fred와 Rose 모두하고 성관계를 가지고 있었다. 그러던 중 Robinson은 Fred의 아이를 가지게 되었다. 그녀는 자신이 Fred의 아이를 가졌으므로 Rose를 쫓아내고 안주인 역할을 할 것을 기대를 하였다. 그러나 이 사실을 안 Rose는 Fred에게 그녀를 처치하라고 설득을 하였다. 그 결과 Robinson은 1978년 5월 어느 날 Fred에 의해서 살해가 되어 다시는 돌아오지 못하는 불귀의 객이 되어 버렸다.[180]

1978년 11월에 Rose는 또 한 번 Fred의 딸을 임신을 하게 되었다. 이제 Fred와 Rose는 6명의 아이와 함께 살게 된 것이었다. 그런 와중에 Fred는 자신의 딸 Anna Marie를 임신을 시켰다. 그러나 Anna는 유산을 하였다.

Fred의 자녀들은 자신들의 집이 뭔가 잘못되어 가고 있다는 것을 알았다. 자신의 엄마 Rose가 매춘부인 것도 알았다. 그리고 Anna가 아버지에 의해서 강간을 당하고 있는 것도 알고 있었다. Anna Marie가 남자친구를 만나러 집을 나간 사이에 Fred는 자신의 욕정을 다른 딸들에게 풀었다. 그들은 Heather와 Mae이었다. Heather는 반항을 하였고 그 결과 아버지에게 여러 차례 두들겨 맞았다.

Rose는 1980년에 Fred의 둘째 아들 Barry를 출산하였고, 2년 후에는 Rosemary, Jr.를 출산을 하였다. 그러나 Rosemary, Jr.는 Fred의 딸이 아니었다. 즉 그 아이는 Rose가 매춘 손님을 통해 낳은 아이였다. 1983년 7월 Rose는 또 다른 딸을 출산을 하였다. 이름은 Lucyanna로서 Tara와 Rosemary, Jr와 같이 흑인과의 혼혈이었다.

이처럼 많은 아이를 낳은 Rose는 스트레스를 받아 아이들에게 쉽게 손찌검을 하였다. Heather는 자신의 아버지가 자기에게 성추행을 하려고 한 사실을 자신의 여자 친구에게 이야기를 하였다. 그 이야기를 들은 여자 친구는 다시 자신의 부모에게 그 사실을 전달을 하였다. 그러나 불행하게도 그 이야기를 들은 부모들은 Fred와 Rose의 가까운 친구들이었다. 이 사실은 다시 Fred 부부의 귀에 들어갔다. 그들은 Heather를 없애야 되겠다고 결심을 하였다. Fred는 그녀를 살해한 후에 역시 집 주변의 땅에 묻었다. 다른 아이들에게는 Heather가 가출을 하였다고 속였다.

5. 경찰수사 과정

Fred와 그의 부인 Rose의 오랫동안의 엽기행각은 운이 좋게 발각이 되지 않았다. 그러나 그들도 이제 그 긴 살인의 행진에 종지부를 찍을 때가 다가왔다. Fred와 Rose에 의해서 강간을 당한 어린 소녀가 자신의 여자 친구에게 자신이 당한 사실을 이야기를 하였다. 이런 이야기를 들은 친구는 경찰에 이 사실을 신고를 하였다.[181]

이 사건을 담당하게 된 것은 Hazel Savage 형사였다. 경찰은 Fred의 집을 수색을 하였다. 그 결과 경찰은 그 집에서 포르노 잡지들을 잔뜩 발견을 하였다. 경찰은 Fred를 미성년자를 강간한 혐의로, 그리고 Rose를 그것을 도운 혐의로 체포를 하였다. 경찰은 Fred의 집식구들을 면담을 하였다. 그 중에서 Anna Marie는 자신이 아버지로부터 성폭행 당한 사실을 이야기를 하였다. 그리고 Anna는 실종된 자매 Charmaine의 안부에 대해서도 걱정을 하였다.

Savage 형사는 Charmaine 사건이외에도 Catherine과 Heather의 실종에도 미심쩍은 면이 있다는 것을 알게 되었다. Savage 형사는 컴퓨터 기록을 조회해 보아도 Heather가 어디서 일을 하여 세금을 낸 기록이 없었다. 또 다른 나라로 출국하거나 사망한 기록은 더군다나 발견이 되지 않았다.[182]

Fred와 그의 부인 Rose가 경찰에 체포된 이후에 Fred의 어린 자녀들은 국가가 운영하는 시설에 맡겨졌다. Fred가 감옥에 간 사이에 Rose는 다량의 약물을 복용을 하여 자살을 시도하였으나 실패를 하였다. 그 이후 Rose는 집에서 사탕을 먹고 디즈니 영화나 보면서 시간을 보냈다.

Fred의 소녀 강간사건은 두 명의 중요한 증인이 법정에 서지 않겠다고 하는 바람에 중단이 되었다. 또 한 번 행운의 여신이 Fred에게 다가오는 듯 했다. 그러나 Savage 형사는 여기에서 포기하지 않았다. 그는 Heather가 어떤 봉변을 당했다는 확신을 가지고 있

땅을 파서 시체를 찾고 있는 경찰관계자

었다. Savage 형사는 Heather가 어디에 있는지를 찾아내기 위해서 노력을 기울였다. 그러나 Savage 형사는 Heather를 찾을 수 없었다.[183]

Savage 형사는 Heather가 그의 아버지 Fred에 의해서 살인이 되어 그의 집 어디엔가 묻혀있다는 소문이 사실일 수도 있다는 생각을 가지게 되었다. Savage형사는 Fred의 자녀들을 일일이 조사를 벌였으나 그들은 좀처럼 입을 열지 않았다. 그 이유는 그들의 아버지 Fred가 경찰에게 입을 열면 가만 놔두지 않겠다고 협박을 해 놓았기 때문이다.

경찰은 법원으로부터 수색영장을 발부받았다. 집안에서 사람의 뼈가 발견이 된 이후에 Fred는 자신의 딸을 죽였다고 자백을 하였다. 그러나 Rose는 Heather의 죽음에 대해서 자신이 아는 것은 전혀 없다고 발뺌을 하였다.

경찰은 대대적으로 Fred의 집 주변에 대한 시신수색 작업을 벌였다. 결국 경찰은 젊은 여자의 시신을 발견을 하였다. 그녀는 머리와 사지가 토막이 난 상태이었다. 이제 Fred는 자신이 Heather, Shriley Robinson, 그

*Fred West의 집주변에서 유골을
찾고 있는 현장감식반원들*

리고 정체가 밝혀지지 않은 세 번째 여인을 살해하였다고 자백을 하였다. 그러나 그는 Rose가 이번 사건들과 관련이 되었다는 사실은 부인을 하였다.[184]

경찰이 Fred에게 딸 Charmaine 그리고 그의 엄마 Catherine의 신변에 대해서 묻자, 그는 그들을 살해한 사실 또한 자백을 하였다. 그러나 Fred는 그들을 강간한 사실은 부인을 하였다. 그는 그들 여자들은 자발적으로 자신과 성관계를 맺었다고 주장을 하였다.

경찰은 9명의 시신으로 보이는 유골들을 지하방에서 발견을 하였다. 그러나 어떤 것이 누구의 것인지를 밝히기가 어려웠다. Fred는 많은 여인들을 죽였기 때문에 그들의 이름을 제대로 기억조차 못하고 있었다. 그래서 경찰은 실종신고가 된 사람들과 일일이 대조를 해 보아야 했다.

Rose는 경찰수사가 진행되자 Fred를 버리고 자신을 위한 변명을 하기 시작을 하였다. 그녀는 자신도 Fred가 저지른 범죄의 피해자 중에 한 명이라고 주장을 하였다.[185] 그러나 그런 그녀의 주장은 별로 설득력이 없었다. 그래서 경찰은 그녀를 더욱 다그쳤다. 시신의 발굴 작업의 결과 Catherine, Anna MacFall, 그리고 Charmaine 등의 시신이 차례대로 발견이 되었다.

Rose의 배신은 Fred에게 치명적으로 작용을 하였다. Fred는 1994년 12명을 살해한 혐의가 주어졌다. 그러나 Fred는 Rose에게 편지를 썼다. 그는 Rose를 여전히 사랑한다고, 그리고 그녀는 영원히 자신의 부인으로 남을 것이라고 썼다.

Fred는 1995년 1월 1일 새해 첫날 정오가 되기 바로 직전에 Winson Green 교도소의 감옥에서 자살을 하였다. 그는 교도관들이 점심을 먹고 있는 사이에 침대 시트를 이용하여 목을 매달았던 것이다.[186] 이렇게 해서 피로 얼룩진 그의 인생도 마감이 되었다.

6. 재판과정

Rose는 1995년 10월 3일부터 재판을 받기를 시작을 하였다. Anna Marie를 포함한 몇몇의 증인은 Rose의 젊은 여성들에 대한 가학적인 성행위에 대해서 진술을 하였다. 사건의 담당검사인 Brian Leveson은 Rose의 유죄를 입증하기 위하여 정황증거를 최대한 수집을 하였다.[187] 이에 대해서 Rose의 변호를 맡은 Richard Fer-

안경을 쓴 Rose의 모습

guson은 Rose가 성폭행에 가담하였다고 하여서 그것이 바로 그녀가 살인에 가담했다는 증거가 아님을 배심원들에게 호소를 하였다. 뿐만 아니라, Rose는 Fred가 어떤 젊은 여성들을 어떻게 죽였는지 모른다고 주장을 하였다. 게다가 그녀는 Fred가 소녀들을 매장한 장소를 전혀 알지를 못한다고 변론을 하였다.

검사측은 Rose를 증인으로 세웠다. 검사는 의도적으로 그녀에게 질문을 하면서 냉정을 잃도록 만들었다. 그녀는 검사의 의도에 말려들어 자신에게 불리한 진술을 하기 시작을 했다. 그 결과 배심원들은 Rose가 젊은 여자들을 성적으로 학대하고 살인에 가담하였다는 것을 알 수 있었다.

Janet Leach라는 증인이 법원에 출두를 하였다. 그녀는 Fred가 자신에게 이야기한 내용을 법정에서 증언하였다. 그녀는 Rose가 살인에 직접적으로 가담을 하였다고 진술을 하였다. 또한 Charmaine과 Shirley Robinson에 대한 살해는 Rose가 단독으로 저질렀다는 말을 Fred로부터 들었다는 증언을 하였다. 그러나 Fred는 Rose와 사전에 모의하였다. 그래서 모든 혐의는 Rose 대신에 Fred가 혼자 다 뒤집어쓰도록 말을 서로 맞추었다고 진술을 하였다. Rose는 위와 같은 증언을 듣고 상당한 충격을 받았다. Rose는 심한 스트레스를 받고 뇌졸중으로 쓰러져서 병원으로 후송이 되었다.188)

재판의 막판에서 검사측은 Rose는 모든 성폭행을 계획하고 주도한 죄질이 좋지 않은 범인이라고 주장을 하였다. 이에 대해서 Rose의 변호인은 모든 혐의는 Fred에게만 있음을 강조를 하였다. 배심원들은 짧은 시간 동안의 토의 끝에 Rose에게 Charmaine을 살해한 혐의에 대해서 유죄를 인정을 하였다. 그리고 그녀는 종신형을 선고 받았다.189)

7. 범죄원인에 대한 분석

Fred의 범행원인은 우선 그가 어릴 적에 오토바이 사고를 당한 것에서 찾아볼 수 있겠다. 범죄학자들은 Fred가 오토바이 사고 당시 뇌의 전두엽 부분에 입은 손상으로 성적일탈행위와 살인행위를 저질렀을 가능성이 있다고 보았다. 다시 말하면 전두엽에 손상을 입은 Fred는 그칠 줄 모르는 성적충동을 보였다는 것이다. 그리고 그런 그의 변태적인 성행위는 어린 소녀들을 대상으로 살인을 저지르게까지 만들었다.

Fred의 살인행위는 한 번에 시작된 것이 아니다. 그는 어렸을 적부터 절도를 비롯한 일탈행위를 계속해 왔다. 그의 범죄행위는 빈도가 잦아지고 강도가 높아졌다. 그는 자신의 독특한 성욕을 만족시키기 위해서 심지어 자신의 딸을 강간하고 살해하는 근친상간과 직계비속살인이라는 반인륜적인 행위도 서슴지 않았다.

위와 같은 강간과 살인의 행위는 여러 명의 문제여성들을 만나면서 가속화 되었다. 그 중에 한 명이 Rose이었다. 그녀는 남성과 여성 모두와 성관계를 즐기는 여성이었다. 그는 매춘부로서 이미 성적인 윤리가 없는 여성이었다. 그녀는 Fred와 합작하여 소녀들을 유인하고 납치하여 성폭행을 일삼았다. 그들은 그런 사실을 숨기기 위하여 그들을 토막을 낸 다음에 집 안에 매장을 해 버렸다.

Rose는 평범하지 않은 집에서 태어났다. 아버지는 정신분열증 환자로서 엄격한 규율을 세워놓았다. 그는 그대로 따르지 않으면 자신의 자녀들을 구타하였다. Rose는 아버지로부터의 폭력은 피할 수 있었다. 그러나 그녀는 눈으로 아버지의 폭력행위를 목격하면서 자신도 모르는 사이에 폭력행위를 배우게 되었을 것이다. 이것은 범죄학에서 학습이론(learning theory)이라고 부른다.

Rose는 어머니로부터도 별다른 도움을 받지 못했다. 그 이유는 남편의 폭력적인 행위 때문에 그의 어머니도 심한 우울증으로 시달렸기 때문이다. 그런 Rose의 어머니는 자식을 돌보기는커녕 자신의 앞가림조차 할 수가 없었다. 이러한 환경에서 자란 Rose는 방황을 하면서 어려서부터 여러 가지 비행을 저질렀다. 그는 자신보다 훨씬 더 나이 많은 남자들과 성관계를 가졌다. 때로는 그들에게서 돈을 받기도 하였다. 그러면서 그녀는 어린 나이에 일찌감치 성적일탈에 빠져들었다.

그런 그녀는 Fred를 만나면서부터 변태적인 성행위를 하면서 서로 위안을 삼고 쾌락을 느꼈을 것이다. 그러나 불행하게도 그런 변태적인 행위는 그들 사이에서만 그치지 않았다. 그들은 아무런 죄가 없는 소녀들을 유인하고 납치하여 가학적인 성행위를 하기에 이른 것이다. 아마도 그들은 세상에 대한 증오를 소녀들에게 가학적인 행위를 하면서 만족을 하게 되었을 것이다.

한 가지 Rose의 성장과정에서 주목할 만한 것이 있다. 심한 우울증에 시달렸던 Rose의 엄마가 Rose를 임신한 상태에서 전기충격치료를 받은 것이다. 임신한 여성이 전기충격치료를 받는 것에 대해서는 아직 그 안전성이 검증이 되지 않은 상태였다. 그런 이유 때문인지 Rose는 어릴 때부터 이상한 행동을 보였다. 벽에다 머리를 박거나 머리를 오랫동안 흔들기도 했다. 이런 행동들은 전기충격으로 Rose가 뇌에 손상을 입었을 가능성을 제시하는 것이다. Rose는 뇌에 입은 전기 충격 때문에 도덕적인 판단을 제대로 할 수 없는 상태에서 일탈행위에 빠진 것이다.

1. 연쇄살인범죄의 과정

Wuornos의 첫 번째 희생자는 Richard Mallory(당시 51세)였다. 그는 Florida Clearwater 시에 있는 가전제품 수리점포의 주인이었다. 그는 술을 좋아하고 여러 여성들과의 성관계에 몰두하는 사람이었다. 뿐만 아니라, 그는 강간범죄 전과가 있었다. 경찰은 Mallory의 버려진 차를 1989년 12월 1일에 발견을 하였다.[190]

범인 *Aileen Carol Wuornos*의 모습. 맨 우측의 그녀의 젊었을 때의 미모가 체포된 이후의 맨 좌측 사진과 대조가 된다.

경찰이 찾지 못한 Mallory를 일반 시민이 우연히 발견하게 되었다. 두 명의 젊은 사람이 비포장도로 주변에서 쇳조각을 찾아서 모으고 있었다. 그러나 그들이 발견한 것은 쇳조각 대신 한 남자의 사체였다. 그 때가 그의 버려진 차가 발견된 후 12일이 지난 12월 13일이었다. 그의 시체는 카펫에 감싸여진 상태이었다. 그의 사체에서는 여러 곳에 총상의 흔적이 발견이 되었다. 그의 살인에 사용된 것은 22구경 권총으로 보였다. 경찰은 부패가 상당히 진행된 사체에서 어렵게 지문을 채취를 하였다. 경찰은 채취한 지문을 통해서 그가 Mallory라는 것을 확인을 하게 되었다.[191]

두 번째 희생자는 Dick Humphreys(당시 56세)로서 은퇴한 공군 소령이었다. 은퇴 후에는 아동학대 수사를 담당했던 공무원이었다.[192] 그는 나중에는 경찰서장까지 지낸 사람이었다. 그는 9월 10일 35번째 결혼기념일을 부인과 함께 축하를 하였다. 그런 다음날 그는 바로 실종을 하게 된 것이다. 그의 사체는 1990년 9월 12일에 발견이 되었다. 그는 옷을 모두 입은 상태로 머리와 흉부에 모두 7개의 총상을 입었다. 6개의 총알은 모두 그의 몸 안에서 발견이 되었다. 그러나 한 발은 그의 손목을 관통하였는데 찾지를 못하였다.

세 번째의 남자는 David Spears(당시 43)로서 Florida 주 Sarasota 시에 사는 중장비 기술자였다. 그는 그의 직장 상사에게 Orlando로 간다는 말을 하고 떠났다. 그러나 그는 목적지에 도착하지 못하고 1990년 6월 1일 Citrus County 지역에 있는 고속도로변에서 사체로 발견되었다. 그는 6발의 총알을 맞았다. 이번에도 22구경 권총이 사용이 되었다. 그의 옆에는 그가 누군가와 성관계를 하기 위해서 사용한 것으로 보이는 콘돔이 발견이 되었다. 그의 트럭은 문이 잠기지 않은 상태이었다. 그 차는 번호판이 없어진 채로 75번 고속도로 상에서 발견이 되었다.[193]

네 번째 대상은 Charles Carskaddon(당시 40세)이다. 그는 파트타임으로 로데오 경기(rodeo)를 하던 사람이었다. 1990년 6월 6일에 그의 시체가 발견되었다. 이번의 피해자도 75번 고속도로 주변에서 발견이 되었다. 그의 사체는 심하게 부패가 되어서 경찰이 신원을 확인하는데 많은 애를 먹었다. 그 이유는 손이 심하게 부패가 되어 지문을 채취할 수가 없었기 때문이다. 경찰이 유골에 남겨진 총상을 살펴본 결과 그는 아홉 번의 총알을 맞은 것으로 보였다. 그도 역시 예외 없이 22구경 권총으로 총상을 당했다. 당시 경찰은 이 남성의 신원을 확인할 수는 없었으나 이전의 살인사건과 유사한 점이 많다는 것을 인지를 하였다. 그래서 이전의 사건을 조사하고 있는 다른 경찰서와 공조수사를 하게 되었다.[194]

다섯 번째 대상자는 Peter Siems(당시 65세)였다. Siems는 기독교인으로서 많은 사회봉사활동을 한 사람이었다. 그의 차는 1990년 7월 4일에 발견이 되었다. 그러나 당시에 Wuonors가 Siems의 차에서 나오는 것을 본 목격자가 있었다. 목격자 Rhonda Bailey는 자기 집의 포치(porch)에 앉아서 밖을 구경하고 있는 동안에 차 사고를 우연하게 목격을 하게 되었다. 그녀는 차사고가 난 직후에 그 차량에서 내린 두 명의 여자가 차 밖으로 나와서 서로 다투는 것을 보았다고 경찰에 진술을 하였다.

그 목격자에 따르면 두 명의 여자 중에 금발의 머리를 한 여자가 주로 말을 많이 하였다고 한다. 그 금발머리의 여인은 교통사고로 인해서 팔에서 많은 피를 흘리고 있었다. 금발머리의 여자는 목격자 Bailey에게 다가왔다. 그리고는 그 금발의 여자는 사고에 대해서 경찰에 신고를 하지 말아 달라고 당부를 하였다. 두 명의 여자들은 차를 포기하고 걷기를 시작을 하였다.

응급구조대가 교통사고 소식을 듣고 현장에 출동을 하였다. 그리고는 그들은 그 도로주변을 걷고 있는 두 명의 여자를 보게 되었다. 응급구조

대원은 그들에게 사고 난 차에 타고 있던 사람들이 아니냐고 물었다. 그랬더니 그들은 화를 내면서 자신들은 교통사고와는 관계가 없다고 하였다. 그리고 어떤 도움도 필요 없으니 그냥 가라고 했다. 응급구조 대원들은 할 수 없이 그들을 그냥 놔둔 채 사고 차량이 있는 대로 갔다.

경찰은 그 차가 1988년 형 Pontiac Sunbird이며 회색으로 4개의 문이 달린 차란 것을 알게 되었다. 사고가 난 차는 앞면과 운전자 측의 문 유리창이 완전히 부서진 상태였다. 차안에는 핏자국이 곳곳에 묻어 있었다. 자동차번호판은 사라진 상태이었다. 그러나 경찰은 VIN⁽ᶠ⁾ 번호를 추적한 결과 그 차의 주인은 Peter Siems란 것을 밝혀내었다. 동시에 경찰은 Siems가 같은 해 6월 7일부터 실종신고가 되어있다는 것도 알게 되었다. 한편 경찰은 Wuonors의 지문을 Siems의 차의 문손잡이에서 발견을 하였다. 그러나 경찰은 Simes의 시신은 결국 찾지 못하고 말았다.[195]

여섯 번째의 희생자는 Troy Burress(당시 50세)로서 Ocala에 사는 소시지 판매원이었다. 그의 직장 상사 Johny Thompson은 Burress가 예정된 시간이 되어도 가게로 돌아오지 않자, 그가 물건을 배달하기로 되어 있는 거래처에 전화를 걸었다. 그러나 그는 Burress가 자신이 배달하기로 한 거래처에 나타나지 않았다는 것을 알게 되었다.[196] Thompson은 이 사실을 Burress의 부인에게 알렸다. Burress의 부인은 혹시나 하여 7월 31일 새벽까지 남편을 더 기다려보았다. 그러나 그녀는 남편이 돌아오지 않자 새벽 2시에 경찰에 남편의 실종 사실을 신고를 하였다. 그 후 두 시간 후인 새벽 4시경 경찰은 Burress의 트럭이 19번 도로상의 갓길에 버려진 것을 발견을 하였다. 그의 트럭은 잠기지 않았고 키는 없어진 상태

⁽ᶠ⁾ 차의 소유주를 인식하게 위해 부착된 차량의 고유번호로 자동차 번호판이 없는 경우에도 소유주를 찾을 수 있도록 한 것이다.

이었다. 물론 Burress는 트럭 안에 없었다. 그러나 그의 사체는 그가 실종이 된지 5일이 지난 1990년 8월 4일이 돼서야 Marion County의 19번 도로상의 숲속에서 발견이 되었다.[197]

그 동안 찾지 못하고 있던 Siems의 시체가 발견이 되었다. 가족끼리 피크닉을 갔던 사람이 우연히 Siems의 시체를 보게 된 것이었다. 그의 트럭이 발견된 지점으로부터 약 12킬로미터 떨어진 곳이었다. Florida 주의 무덥고 습기가 많은 기후로 인하여 시체는 이미 심하게 부패가 진행이 된 상태이었다. 그래서 신원을 확인하기가 어려운 상황이었다. 그러나 그의 부인은 사체에서 발견된 반지가 자신의 남편의 결혼반지와 일치한다는 것을 확인해 주었다. 그는 2발의 총알을 맞은 것으로 드러났다. 그는 한 발은 가슴에 다른 한 발은 등에 맞았다. 모두 22구경의 총탄이었다.

마지막 희생자는 Walter Jeno Antonio(당시 62세)이었다. 그는 트럭 운전사였다. 가끔 경비원이나 파트타임 경찰로 일하기도 하였다. 그는 거의 발가벗은 모습으로 1990년 11월 19일에 발견이 되었다. 사망한지가 24시간 안으로 추정이 되었다. 역시 길가에서 발견이 되었다. 그는 네발의 총알을 맞고 사망한 것으로 판단이 되었다.[198]

2. 경찰수사 및 재판과정

경찰은 살인의 피해자들이 상대방을 아무 경계심이 없이 안심하고 히치하이크를 해 준 것에 주목을 하였다. 이런 점으로 미루어 보아서 경찰은 범인이 여자일 것으로 추정을 하였다. 경찰은 특별히 두 명의 여자들을 수사선상에 올려놓았다. 그들은 바로 Peter Siems의 차를 타고 가다가 교통사고를 내고 걸어서 도망간 Wuornos와 Moore였다. 경찰은 즉시 언론에 그들을 공개하고 수배를 시작을 하였다. 목격자들의 진술을 바탕으로 두 여자의 몽타주를 언론에 공개를 하였다. 경찰은 곧바로 시민들로부터 여러 제보를 받게 되었다. 그 중에 하나는 두 여자가 자신으로부터 이동식 주택을 빌려간 Tyria와 Lee라고 각각 스스로 부르는 여자라는 것이다. 다른 제보는 그들이 Tampa 시에 있는 자신의 모텔에서 일을 했던 Tyria Moore와 Lee Blahovec이며, 그들은 레즈비언이라는 것이다.

경찰은 이후에 그 두 여자의 위치를 확인하고 잠복수사를 하였다. 경찰은 그들의 일거수일투족을 9월말부터 12월 중순까지 세밀하게 관찰을 하였다. 그들은 Fairview 모텔이란 곳에서 투숙을 하고 있었다. 그 중 Lee Blahovec이란 여자는 Cammie Marsh Greene이란 이름으로 모텔에 방을 얻었다. 경찰은 Cammie Marsh Greene이란 이름으로 전당포에 사진기와 경찰과속 단속을 피하기 위한 전자장비(radar detector)를 맡긴 것을 확인을 하였다. 이것들은 모두 피살된 Richard Mallory가 소지하고 있던 것이었다.199)

경찰이 지문조회를 하였다. 그 결과 전당포에 맡겨진 Peter Siems의 소지품에 묻은 지문과 도난 된 차량의 손잡이에서 발견된 지문이 일치하였다. 경찰은 그 지문들을 Wuornos의 전과기록에 있는 지문 데이터베이스자료(Automated Fingerprint Identification System, AFIS)와 비교한 결과 일치하는 것으로 판명이 되었다. 경찰은 몇 년 전에 불법무기소지의 혐의로 Wuornos에 대한 체포영장을 발부 받은 적이 있었다. 그 체포영장과 관련된 자료에는 그녀의 지문이 저장이 되어 있었던 것이다. Wuonors는 몇 가지 가명을 사용하고 있었으나 지문은 한 사람의 것이었다. 그것이 바로 Wuonors였던 것이다.ⓖ

ⓖ 미국은 우리나라와 같이 주민등록증을 만들 때 지문을 채취하는 제도가 없다. 따라서 범죄

경찰은 이번 사건의 수사를 위해서 수사본부를 설치를 하였다. 그 수사본부는 각 경찰서에서 파견된 형사들로 구성이 되었다. 이 수사본부는 시내의 어느 모텔에 본부를 두었다. 그리고 1991년 1월 5일부터 경찰은 Wournos를 찾아서 체포하기 위한 작전을 시작을 하였다. 1월 8일 형사 Mike Joyner와 Dick Martin은 Wounors가 어느 술집에 나타난 것을 발견을 하였다. 그러나 갑자기 정복경찰이 나타나서 그녀를 잡아갔다. 이에 당황한 형사들은 곧바로 수사본부에 이 사실을 알렸다. 이 연락을 받은 수사본부는 그녀를 체포한 경찰서에 급히 연락을 하여 그녀를 당장 놓아주라고 지시를 하였다.

형사 Mike와 Dick은 그녀가 있는 술집에 접근하여 그녀에게 술을 한잔 샀다. 술을 다 마신 다음에 형사들은 그녀에게 집까지 바래다주겠다고 하였다. 그러나 그녀는 형사들의 제의를 거절을 하였다. 그리고는 그녀는 밤 10경에 술집을 떠났다. 그런데 술집 밖에서 주경찰관이(Florida Department of Law Enforcement, FDLE) 순찰차의 불을 끈 채 그녀를 미행을 하였다. 이런 것은 수사본부가 미리 계획한 것이 아니었다. 조심스럽게 그녀를 체포하려고 하는 수사본부의 계획이 다시 한 번 물거품으로 돌아갈지도 모르는 상황이었다. 다시 수사본부는 해당 주경찰관에게 무전을 하여 그녀를 미행하지 말고 현장을 떠나라고 요청을 하였다.[200]

Wuornos는 오토바이를 즐기는 사람들이 주로 모이는 「Last Resort」라는 술집에 들렀다. 그녀를 수사하고 있던 Mike와 Dick은 그녀가 간 술집에 따라갔다. 그들은 그녀와 맥주를 더 마셨다. 형사들은 자정이 되어 술집을 떠났다. 그러나 그녀는 그 술집에 남아서 낡은 의자에 누어 잠을 잤다.

를 저지르고 체포되었거나 기타 공무원으로 지원하기 위한 목적으로 지문을 채취하지 않으면 지문 자료가 없을 가능성도 있다.

수사본부는 드디어 그녀를 체포하기로 결정을 하였다. 두 명의 형사들은 Wuornos에게 잠시 자신들과 밖으로 나가자고 제안을 하였다. 그녀가 밖에 나가자마자 기다리고 있던 정복경찰은 그녀를 체포를 하였다.

1991년 1월 9일에 Wuonors는 경찰에 체포가 되었던 것이다. 그 다음 날 그녀의 여자 친구인 Moore도 Pennsylvania 주에 갔다가 경찰에 연행이 되었다.[201] Moore는 용의자 자격이 아니라, 참고인 자격으로 경찰서에 가게 되었다. 경찰은 Moore의 동의를 얻어 그녀가 유치장에 있는 Wuornos와 전화통화를 하게 하였다. 그런 다음에 경찰은 그들의 대화를 도청을 하였다. 혹시나 Wuornos가 여자 친구인 Moore에게 자신의 범행사실을 고백하지 않을까? 하는 기대 때문이었다. 그러나 Wuornos는 유치장 전화가 도청이 될 수 있다고 생각한 때문인지 범죄사실을 시인하지 않았다. 아마도 자신의 레즈비언 여자 친구가 경찰의 감시를 받고 있다는 사실을 직감적으로 알아차린 것으로 보였다.

Moore는 경찰이 자신을 처벌하지 않는다는 것을 조건으로 Wuornos의 범행사실을 경찰에게 자세하게 알려주었다. 1991년 1월 16일 Wuornos는 Moore의 증언에 압력을 받아 자신의 살해행위를 자백을 하였다. 그러나 그녀는 그것은 자신에게 강간, 폭행, 그리고 협박을 한 남자들을 막으려고 한 정당방위이었다고 주장을 하였다. 그러면서 그녀는 과거에 여러 차례 강간을 당한 적이 있다고 진술을 하였다. 뿐만 아니라, 자신의 레즈비언 여자친구 Moore는 살인행위에 전혀 가담하지 않았다는 것을 강조를 하였다.[202]

Wuonors는 Richard Mallory를 살해한 혐의로 1992년 1월 14일부터 재판을 받기 시작을 하였다. 증인들의 진술은 Wuornos에게 상당히 불리하게 작용을 하였다. Mallory의 사체의 부검을 담당했던 Arthur Botting

박사는 Mallory가 총을 맞은 다음부터 사망하기까지 약 10분에서 20분 동안 상당히 고통스런 상태에 있었을 것이라고 증언을 하였다. 뿐만 아니라, Moore는 Wuornos가 Mallory의 살인에 대해서 자신에게 고백하면서 전혀 후회하지 않았다고 증언을 하였다.

Wuornos의 변호인은 그녀가 정신적으로 불안정하다고 변론을 하였다. Wuornos는 자기가 첫 번째로 살해한 Mallory는 자신을 강간하려고 했기 때문에 살해하였다고 법정에서 진술하였다. 그러나 다른 남자들은 강간을 시도하지 않았다고 말하였다. 검사는 Mallory가 Wuornos를 강간했다는 그녀의 주장은 앞뒤가 맞지 않는다고 반박을 하였다.

배심원들은 검사 측과 변호인 측의 주장을 다 듣고 나서 그녀에게 유죄 평결을 내렸다. 판사는 배심원의 유죄평결에 근거하여 Wuornos에게 1992년 1월 31일에 처음으로 사형선고를 내렸다. 그녀는 사형선고가 내려진 직후에도 자신은 무고하며 강간을 당하였다는 주장을 계속 되풀이하였다. 그리고는 "판사 당신도 강간을 당하기를 바란다."라는 저주를 퍼부었다.

1992년 3월 31일에는 Dick Humphreys 살인사건에 대한 심리가 시작이 되었다. 그 사건으로 Wuornos는 역시 유죄 평결을 받게 되었다. 그녀는 그 자리에서 검사를 향해 "네 부인과 네 아이들도 똥구멍에 강간을 당하기를 원한다."라고 소리를 쳤다. 그 후 그녀는 다른 남자들을 죽인 혐의로 1993년 2월에 5개의 사형선고가 추가가 되었다.

나중에 Wuornos는 자신이 여러 남자들을 상대로 강도짓을 한 후에 살해하였음을 인정을 하였다. 그녀는 또한 "자신은 여러 차례 정신이상 여부에 대한 감정을 받았지만 정상으로 나왔다. 나는 정신이상자가 아니다. 나는 모든 인간을 증오한다. 다시 세상으로 나가면 같은 범죄를 또 저지를

재판정에 앉아있는 Wuornos.

것이다. 그러므로 자신의 더 이상의 살인 행위를 막는 것은 나를 사형집행을 시키는 것 밖에 없다."고 고백하였다. 그녀는 이런 말을 저지하려는 자신의 변호인에게 나서지 말하고 소리쳤다. 그리고는 Florida 주의 대법원에 항소하려는 자신의 변호인에게 그렇게 하지 말도록 막았다.[203)

당시 Florida 주의 주지사였던 Jeb Bush는 사형을 집행하기 전에 Wuornos의 정신이상 유무를 전문가들에게 진단하도록 하였다. 세 명의 정신문제 전문가들은 그녀는 정신적으로 이상이 없는 상태라는 소견을 내놓았다. 이제는 그녀의 사형을 집행하는데 아무 장애가 없었다.[204) Florida 주는 사형방법으로 전기의자와 독이 든 주사 (lethal injection)를 맞는 두 가지 방법 중에서 사형수가 한 가지를 선택하도록 되어 있다. Wuornos는 주사 맞는 방법을 선택을 하였다. 그녀는 2002년 10월 9일 Florida 주립교도소에서 사형집행을 받았다.

Wuornos의 사형집행현장을 지켜본 목격자들은 그녀가 사형집행장에 들어올 때 왠지 모를 이상한 얼굴표정을 하였다고 한다. 어찌 보면 얼굴에 웃음을 머금는 듯했다. 그녀의 몸은 침대에 뉘어진 채 온 몸은 가죽 끈으로 묶여졌다. 그녀는 머리만 겨우 움직일 수 있는 상태이었다. 드디어 아침 9:30분에 독약물이 주사기를 통해 그녀에게 투입이 되었다. 아침 9:31분에 그녀는 눈을 감았고, 머리는 뒤로 젖혀졌다. 9:32분경에는 입이 열리고, 눈이 벌어지는 것을 보았다고 했다. 그것으로 그녀는 이 세상과의 모진 인연을 끊은 것이었다.[205)

Wuornos는 1976년 미국의 사형제도가 부활된 이후에 여성으로는 10

번째의 사형수가 되었다.[206] 화장이 된 그녀의 백골은 고향인 Michigan 주의 한 나무 아래 뿌려졌다. 범죄피해자의 가족들은 자신의 남편이나 가족이 살해당한 것보다 그들이 Wuornos와 매춘행위를 한 것에 대해서 더 분노를 느끼기도 했다. 사회적으로 점잖은 체면의 사람들도 그녀와 매춘행위를 하였기 때문이다. 일부 사람들은 지금도 Wuornos의 주장처럼 그녀가 자신을 성폭행하려는 남자들로부터 스스로를 방어하기 위해서 죽인 것이라고 믿고 있다. 즉 그녀의 행위는 정당방위로서 처벌을 받지 않았어야 한다고 주장을 하고 있다.[207]

3. Wuornos의 어릴 때 가정환경

Wuornos는 1956년 2월 29일에 Michigan 주의 Rochester에서 Leo Pittman과 Diane Pratt 사이에서 태어났다. 그녀의 아버지 Pittman은 14세 때 그녀의 어머니 Pratt와 결혼을 하였다.[208] Wuornos의 엄마는 그녀가 태어나기 두 달 전에 남편을 상대로 이혼소송을 제기한 상태였다.

그녀의 아버지는 아동성추행을 일삼는 사람이었다. Wuornos는 자신의 아버지를 본 적이 없었다. 그 이유는 그녀가 때어나기 전에 이미 아버지는 7세 남자아이를 성추행한 혐의로 감옥에 갔기 때문이다.[209] 그런 그녀의 아버지는 1969년에 감옥에서 목을 매 자살을 하였다. 이런 상황에서 그녀의 엄마는 1960년에 Wuornos를 외조부에게 맡겼다. 외조부 Lauri Wuornos는 자신이 외할아버지라는 사실을 외손녀 Wuornos에게 이야기를 하지 않았다. 아마도 자신들이 친부모가 아니라는 것을 손녀가 알면 충격을 받을 것 같기 때문이었을 것이다. 그러나 그녀가 외할아버지한테 간 이후에도 어린 Wuornos의 삶은 평탄하지 않았다. 외할아버지 Lauri

는 술주정뱅이로서 어린 Wuornos를 심하게 다루었다. 어린 그녀의 옷을 벗기고 채찍으로 때리는 일도 종종 있었다.[210] 나중에 경찰에 체포된 Wuornos의 주장에 의하면 할아버지는 자신을 성적으로도 학대를 하였다고 한다.[211]

이런 불행한 가정에서 태어난 Wuornos는 어릴 적부터 여러 명의 남성과 성관계를 가졌다. 그녀는 그것을 통해서 돈을 벌수 있다는 것을 알았다.[212] 그녀가 15살이 되던 해에는 임신을 하였다. 그녀는 그것이 자신보다 한 살 많은 친오빠 Keith로부터 강간을 당하여서 생긴 아이라고 주장을 하였다. 그 주장이 사실인지는 확인 된 바는 없다. 그녀는 태어난 아기의 양육권을 포기하고 다른 사람에게 양자로 주었다.

그녀의 불행은 계속되었다. 외할머니 Britta는 간질병으로 사망을 하였다. 그 뿐만 아니라, Wuornos의 오빠 Keith는 21살이 되던 해에 식도암으로 세상을 떠났다. 그리고 할아버지 Lauri Wuornos는 몇 년 후에 자살을 하였다. 이런 와중에서 그녀를 제대로 돌봐 줄 사람이 없게 되자, Wuornos는 가출을 하여 Michigan 주를 떠나 Florida 주로 향하였다.[213]

4. 초기의 범죄행위

Wuornos는 불우한 가정환경을 배경으로 살인자가 되기 전에 이미 일치감치 범죄의 세계에 빠져들어 갔다. 그녀는 1974년 5월 27일에 Colorado 주에서 음주운전, 풍기문란, 그리고 무단으로 권총을 발사한 혐의로 경찰에 체포가 되었다. 1976년에는 히치하이킹(hitchhiking)[H]을 하였다. 그

[H] 지나가는 차를 길거리에서 손을 들어 얻어 타는 행위를 말한다. 낯선 사람을 태워주는 과정에서 여러 가지 범죄사건이 발생하기도 한다.

녀는 자신을 차에 태어준 것을 인연으로 요트클럽의 회장인 70세의 Lewis Fell과 1976년에 결혼을 하였다. 그녀의 나이는 당시 20세였다.[214]

이렇게 좋게 새로운 출발을 할 수 있는 기회를 포기하고 그녀는 난폭한 모습을 보이기 시작을 하였다. 우선 그녀는 자신의 남편 Lewis Fell의 지팡이를 뺏어서 그의 머리를 내리쳤다. Fell은 이 사실을 경찰에 신고를 하였다. 그 결과 그녀는 남편에게 접근을 금지하는 '접근금지명령'(Restraining Order)을 받았다.[215] 그녀는 주변의 술집에 가서 자주 싸움을 하기도 하였다. 그 결과 그녀는 1976년 7월 14일 Michigan주에서 폭행과 소란행위를 한 이유로 경찰에 체포가 되었다. 그 주된 이유는 그녀가 바텐더의 머리를 향해서 당구공을 집어던졌기 때문이다. 위와 같은 문제들이 계속이 되어 1976년 7월 21일 그녀는 결혼한 지 한 달 만에 파경을 맞이하게 되었다.[216] 그녀의 난폭한 행동은 결혼파경의 이후에도 계속이 되었다. 그녀는 1981년 5월 20일 Florida주의 Clearwater라는 곳에서 주유소를 대상으로 무장 강도짓을 하다가 경찰에 잡히기도 하였다. 그 결과 그녀는 1982년 5월 4일부터 1983년 6월 30일까지 교도소에 수감이 되었다.

그녀의 범죄행위는 그칠 줄을 몰랐다. 1984년 5월 1일에는 가짜수표를 은행에서 현금으로 바꾸려다가 체포가 되었다. 또한 그녀는 1985년 11월 30일에는 권총과 총알을 훔친 용의자로 지목이 되었다.[217] 그녀는 그 후 1986년 1월 4일에는 차량절도 혐의, 공무집행방해, 그리고 가짜 신분증을 제시한 혐의를 받았다. Wuornos는 경찰에 체포되자 자기의 이름 대신에 이모의 이름을 경찰에 제시를 하였다. 그녀가 훔친 차에는 38구경 권총과 총알 1박스가 발견이 되었다.

1986년 한 남성이 Wuornos가 자신을 총으로 위협하여 $200을 달라고 했다고 경찰에 신고를 하였다. 22구경권총과 총알이 그녀의 차량 조수석의 의자 밑에서 발견이 되었다. 이 당시 Wuornos는 호텔의 청소부로 일하는 Tyria Moore를 게이 바(gay bar)①에서 만나서 알게 되었다. Wuornos는 자신이 매춘으로 번 돈으로 Moore의 생계를 도와주었다. 그들은 싸구려 여인숙을 전전하면서 살았다. 왜냐하면 Wuornos는 이미 늙고 달아서 매춘부로서의 가치는 보잘 것이 없는 상태였기 때문이었다. 경찰은 1987년 7월 4일부터 Wuornos와 Moore가 함께 맥주병으로 다른 사람을 공격한 사건과 관련하여 그들을 조사를 하였다.218) 한편 Wuornos는 1988년 3월 12일에는 Florida 주의 Daytona Beach 시에서 버스 운전사를 폭행하여서 경찰에 체포가 되었다. 그녀는 버스 운전사가 자신을 버스 밖으로 밀쳐내려했기 때문에 운전사를 폭행하였다고 주장을 하였다.219)

5. 범죄행위의 분석

Wuornos는 아주 어린 시절부터 부모가 없이 조부모 밑에서 자라났다. 아버지는 아동성추행자로 교도소에 수감되었다가 자살을 하였고, 엄마는 자신을 할머니에게 맡기고 도망을 가버렸다. 이렇게 사랑을 받지 못하고 자란 그녀는 부모와 세상에 대한 증오심을 키워갔을 것으로 생각이 된다. 불행하게도 그녀는 조부모로부터도 큰 관심을 받지 못하고 자라난 것으로 보인다. 오히려 할아버지는 그녀를 신체적 및 정신적으로 학대를 하였다.

Wuornos는 일찍이 자신의 몸을 팔면 용돈을 벌수 있다는 것을 알고 주변의 소년 또는 어른들과 성관계를 가지기를 시작을 하였다. 아마도 남성 고객으로부터 성폭행도 여러 차례 경험을 하였을 것으로 추측해 볼 수 있

① 동성연애자들이 주로 모이는 술집을 말한다.

다. 이것은 실제의 연구를 보아도 증명이 된다. 연구 결과에 의하면 평균적으로 매춘부들이 일반 여성에 비해서 성폭행을 당할 가능성이 훨씬 높다.[220) 이런 과정들을 거치면서 Wuornos는 자신의 아버지를 포함해서 남성들에 대한 증오심을 키워갔을 것으로 분석이 된다. 아니 세상 사람들 모두에 대한 증오심이 생겼을 것으로 보인다. 이것은 그녀가 소위 말하는 반사회적 성격장애(antisocial personality)를 형성한 동기로 볼 수 있다.

Wuornos는 한 순간에 연쇄살인범이 된 것이 아니고 살인을 하기 전에 이미 크고 작은 다양한 범죄를 저질렀다. 그가 살인자로 변할 수 있는 소지는 이미 오래전부터 형성되었다고 볼 수 있다. 그녀는 남성들이 자신을 강간하려고 해서 그들을 살해를 하였다고 자신을 변명을 하고 있다. 이것은 소위 범죄학의 '범죄합리화이론'과도 일맥상통하는 것이다. 즉 Wuornos는 자신이 죽인 남자들이 강간범이라 죽임을 당해도 마땅하다고 자신을 변명하였던 것이다. 즉 사람은 자신의 잘못을 항상 누군가에게 돌리는 습관이 있다.

남자들과의 정상적인 사랑의 관계에 실패한 Wuornos는 자신을 사랑해주는 레즈비언 Moore를 만나게 된다. Wuornos는 그 둘 사이에서 남편의 역할을 하였다. 즉 경제적인 문제는 자신이 나서서 해결하려고 하였다. 그러나 그녀는 이미 퇴계가 된 인기가 없는 매춘부에 불과했다. 그녀는 수입이 별로 없었던 것이다. 그래서 Moore하고의 관계를 지속하기 위해서는 돈이 필요했던 것이다. 그 방법 중에 하나가 남자고객들을 상대로 강도짓을 하여 돈이나 물품을 빼앗은 것이었다. 그리고는 증거를 남기지 않기 위해 피해자를 살해한 것으로 보인다.

로빈 후드로 추앙받았던 겁 없는 은행 강도: John Dillinger
(1903. 6. 22 - 1934. 7. 22)

John Dillinger는 미국이 대공황으로 큰 경제적인 위기에 처했던 시절에 활동했던 은행 강도단의 두목이었다. 그는 기관총을 이용하여 은행 강도짓을 대담하게 감행을 하였다. 대공황 기간 동안 미국사람들은 별로 은행을 좋아하지 않았다. 그 이유는 미국사람들은 은행이 대공황을 일으킨 주범이라고 생각을 하였기 때문이다. John Dillinger는 은행 강도를 하면서 사람들이 집을 사고 나서 갚지 못하는 융자받은 기록까지 죄다 없애 버렸다. 그래서 그는 일반 시민들로부터 마치 로빈 후드와 같이 영웅시되기까지 하였다. 더욱이 John Dillinger는 미남형으로 생겨서 많은 여자들의 관심을 받았다. 그에 관한 이야기는 2009년 「공공의 적」(퍼블릭 에너미, Public Enemy)이란 영화로 만들어져서 개봉이 되기도 하였다. John Dillinger는 FBI나 기타 경찰의 포위망을 오랫동안 교묘하게 피하며 도주하는데 성공을 하였다. 심지어 성형수술을 하고 약품을 이용하여 자신의 손가락 지문을 없애려고 시도를 하였다.

1. 은행 강도 과정

젊었을 때의 Dillinger의 모습

Dillinger는 1929년 7월에 처음 가석방을 신청을 하였지만 기각이 되었다.[J] 자신의 가석방 신청이 기각이 되자, Dillinger는 Michigan City 교도소로 자신을 이송해 줄 것을 교도소 측에 탄원을 하였다. Michigan City 교도소는 현재 Dillinger가 있는 교도소보다 더 중한 범죄자들을 수용하는 곳이었다. 그래서 교도소장은 그가

[J] 미국은 가석방 위원회 (parole board)가 재소자의 죄질과 복역성적 등 여러 가지를 종합적으로 판단하여 가석방 여부를 결정한다. 가석방위원회는 교도소 직원이 아니라, 덕망이 있는 일반 민간인으로 구성이 된다. 주마다 3명에서 10명 정도의 위원들을 두고 있다. 주마다 다르지만, 급료가 없이 일하는 자원봉사자가 많다.

왜 애써 그리로 가려고 하는지에 대해서 의아해 했다. 그러나 Dillinger는 그곳에 더 좋은 교도소 야구팀이 있어서 그곳으로 옮기고 싶다고 핑계를 대었다. 그가 Michigan City 교도소로 옮기려는 진짜 이유는 그곳에 자기와 같이 교도소 생활을 하였던 친구 Pierpont와 Van Meter가 있었기 때문이었다. 그 결과 Dillinger는 Michigan City 교도소로 옮겨가게 되었다.

Michigan City 교도소에서 다시 Pierpont를 만난 Dillinger는 그와 함께 나중에 교도소를 탈옥하여 은행 강도를 할 계획을 세웠다. 첫 번째는 은행의 구조를 아는 것이었다. 즉 은행 금고가 어디에 있고 누가 그곳의 열쇠를 가지고 있는가? 하는 것이었다. 다음 단계는 서로 임무를 분담하는 것이었다. 특별히 중요한 것은 일을 아주 빠른 시간에 해치우고 은행에서 빠져 나와야 한다는 것이다. 마지막 단계는 도주로를 사전에 정해 놓고 빨리 달릴 수 있는 좋은 차를 이용해서 현장을 빠져나오는 것이었다.[221]

교도소 안에서 은행 강도를 함께 모의한 이들은 다음과 같다. 그들은 Ohio 주 출신의 44세의 베테랑 은행 강도 Fat Charley Makely, 터프하고 머리가 좋은 34세의 John Red Hamilton, 그리고 한 번 은행 강도를 하다가 잡힌 젊은 남자 Russell Clark, 그 이외에도 Dillinger와 나중에 합류한 Dietrich 등이었다.[222]

은행 강도를 공모한 그들에게는 아직도 교도소 복역 잔여기간이 너무 많이 남았다. 그들은 더 이상 기다릴 수가 없었다. 그들이 선택할 수 있는 길은 탈옥을 하는 것 밖에 없었다. 그들은 탈옥을 할 수 있는 다른 방법은 없다고 보았다. 유일한 길은 교도관을 돈으로 매수하고, 필요한 총을 구하여 교도관을 위협해서 탈옥하는 것이었다. 그런 다음에는 탈옥 후에 잠시 동안 잠수할 장소를 구하는 것이었다.

은행 강도를 공모한 그들은 Dillinger에게 "네가 먼저 형기를 마치고 출옥을 하니 출옥한 다음에 자신들의 탈옥을 도와 달라"고 하였다. 그러면 나중에 은행 강도를 할 때 Dillinger에게 은행 강도에 필요한 여러 가지 정보와 기술을 알려주겠다고 약속을 했다. 즉 은행 강도를 하기 좋은 은행들의 이름과 위치를 알려주겠다는 것이었다. 그리고 그들은 턴 돈을 감추는 방법도 가르쳐 주겠다고 했다.[223)]

1933년 5월 22일 드디어 Dillinger는 가석방을 받고 교도소 밖으로 나올 수 있었다. 고향으로 돌아온 그는 자신의 계모가 사망한 사실을 알게 되었다.[224)]그리고 주일 교회예배에 참석한 후에 아버지에게 앞으로는 새사람이 되겠다고 약속을 하였다. 그러나 그것은 그가 지키지 못할 약속이었다. 가석방이 된지 얼마가 지나지 않아서 Dillinger는 교도소 동료 Pierpont가 미리 알려준 주소로 Williman Shaw와 Paul Parker를 찾아갔다. 그들은 '하얀 모자 갱'(White Cap Gang)의 단원들이었다. Dillinger는 그들과 함께 강도짓을 하면서 돌아 다녔다.

첫 번째는 슈퍼마켓이 목표였다. 그러나 그들은 거기서 겨우 $100밖에 건질 수가 없었다. 그래 가지고는 Dillinger가 자신의 동료들을 탈옥시킬 방법이 없었다. 그래서 그들은 돈을 더 만들기 위하여 은행을 목표물로 삼았다. 그들은 Ohio 주에 있는 New Carlisle National 은행을 털었다. 그 결과 그들은 운이 좋게도 $10,000을 건질 수가 있었다.

Dillinger는 그러나 자신과 일하는 Shaw와 Parker가 별로 솜씨가 좋지 않다는 것을 알게 되었다. 그래서 Pierpont가 준 명단 중에서 다른 인물들을 찾아보기로 하였다. Dillinger는 Harry Copeland를 새로이 일원으로 삼았다. 그들은 7월 17일 작은 Commercial 은행을 찾아갔다. Dillinger는 은행여직원에게 지점장을 만나고 싶다는 말을 하였다. 여직원이 지점장은 지금 없다고 하자, 그는 총을 꺼내서 여직원을 겨누었다. Dillinger는 은행 창구 안쪽으로 뛰어 넘어 들어가서 $3,500을 챙겨서 나왔다.

Dillinger가 교도소에 있을 때 교도소 동료 중 한 명이 자신의 누이동생에 대해서 자랑을 하였다. 자신의 동생이 예쁘다는 것이었다. 그녀의 이름은 Mary Longnaker였다. 그녀는 당시 23살이었고, 자신의 남편과 이혼수속을 밟는 중이었다. Dillinger는 그녀를 찾아가기로 하였다. Dillinger는 그녀를 만나서 그녀의 오빠를 탈옥시킬 계획을 이야기를 하였다. 그러기 위해서는 그녀의 도움이 필요하다는 사실도 전했다.

Dillinger는 그녀를 보자마자 한눈에 반해 버렸다. 그리고는 그녀가 자신의 남편과 이혼하는데 필요한 모든 비용을 대겠다고 말하였다. 그리고 이혼 후에는 자신과 같이 살자고 제안을 하였다.

그런 가운데 Indiana 주의 주립경찰의 Matt Leach는 새로 활약하는 은행 강도가 John Dillinger라는 것을 알게 되었다. Matt Leach 경감은 당장 Dillinger를 잡기로 결심을 하였다. 1933년 9월 Leach 경감은 Dillinger가 묵고 있는 아파트의 주소를 알아내었다. 그러나 Dillinger는 거기에 없었다.

경찰이 헤매고 있는 사이에 Dillinger와 Harry Copeland는 계속해서 은행 강도를 했다. 그것은 교도관들을 매수하여 동료들을 탈옥시키기 위해 필요한 돈을 모으기 위한 것이었다. 그는 Indianapolis 시에 있는 은행 State Bank of Massachusetts Avenue로 가서 부지점장을 만나서 돈을 내놓으라고 협박을 하였다. Dillinger는 카우보이모자를 푹 눌러 쓴

Matt Leach 경감

상태였다. 이번에는 $25,000을 챙길 수가 있었다. 이제 Dillinger는 자신의 교도소 동료들을 구할 수 있는 충분한 돈을 모았다.[225)]

Dillinger는 Pierpont의 여자 친구들을 이용하였다. 그들은 Pearl Elliott와 Mary Kinder였다. 그들은 교도관에게 뇌물을 주어서 매수를 하였다. 그리고 일당들이 탈옥 후에 잠수하면서 한 동안 머무를 수 있는 아파트를 마련해 두었다. 한편 Dillinger는 탈옥에 필요한 총을 구입했다. Dillinger는 총을 포장하여 교도소 담장 너머로 던졌다. 그러나 재수가 없어서 다른 죄수가 먼저 그 총을 발견하여 교도관에게 전달을 하였다. 교도소장은 애매하게도 다른 한 죄수를 의심하여 그를 독방에 가두었다.

Pierpont는 자신의 여자친구 Pearl을 통해서 총을 다른 방법으로 반입시키도록 Dillinger에게 지시를 하였다. 그것은 총을 상자 안에 숨겨서 교도소 안의 셔츠를 만드는 공장에 몰래 반입하는 방법이었다. 모든 준비가 다 되었다. 그들의 탈옥은 9월 25일로 계획이 되었다.

그런 와중에 Dillinger는 경찰에 체포가 되었다. 9월 22일 Dillinger의 여자친구 Mary가 사는 집의 주인이 Dillinger가 나타나자마자 그를 경찰에 신고를 하였기 때문이다. 집주인은 이미 경찰에게 신신당부를 받은 상태이었기 때문에 바로 신고를 한 것이었다.

Dillinger는 경찰에 체포가 되었지만, 교도소 안에서는 일이 계획대로 순조롭게 진행이 되었다. Dillinger가 보낸 총이 상자에 담긴 채로 교도소 안의 셔츠 공장에 전달이 되었다. 전달을 받은 사람은 공장의 십장으로 일하던 Dillinger 일당 중의 하나인 Dietrich이었다. 그 상자 안에는 세 자루의 총이 들어 있었다. 그들은 최초에는 9월 25일에 탈옥을 하기로 계획을 세웠었다. 그러나 지체하였다가 자칫 자기들의 계획이 사전에 탄로가 날 것을 우려하였다. 그래서 그들은 지체가 없이 다음 날 바로 탈옥을 실행에 옮기기로 하였다.

　새로 부임한 교도소장은 교도소 안에서 무슨 일이 일어나고 있는 지 전혀 감을 잡지 못했다. 부교도소장은 무엇인가가 진행되고 있다는 감을 잡고 있었으나 그것이 얼마나 빨리 일어날지는 알지 못하고 있었다. 10명의 일당은 셔츠 공장에서 모였다. 총은 Pierpont, Makley, 그리

Dillinger와 여자친구 Mary Longnaker

고 Hamilton에게 주어졌다. 다른 일당은 가짜 총을 가졌다. 이들 중에 한 명이 셔츠공장의 책임자의 어깨를 총으로 위협을 하였다. 그러는 사이에 다른 죄수들은 공장 밖으로 빠져 나갔다.

　그들은 밖으로 나가자마자 교도관 한 명을 볼모로 잡았다. 그리고는 다른 짓을 하면 바로 총으로 쏴 죽이겠다고 협박을 하였다. 그들은 교도소 정문에 다가갔다. 그리고 정문에서 경비를 서고 있는 교도관을 협박을 하였다. 교도소장 Kunkel은 누군가가 "탈옥이다!"라고 외치는 소리를 들었다. 그 소리를 듣고 그는 밖으로 나가려고 하였다. 그러나 그 순간 Pierpont가 그의 가슴을 향하여 총을 겨누고 있었다. 교도소장은 자기 목숨을 내놓고 탈주를 막기보다는 차라리 그들이 도주하는 것을 지켜볼 수밖에 없었다.226)

　그들 중 3명은 교도관의 차를 훔쳐 타고 Chicago를 향해서 달아났다. 나머지 6명은 교도소 주변에 있던 차를 뺏어서 타고 Indianapolis로 향했다.

　그들은 Matt Leach가 설치에 놓은 검문검색 망에 걸릴 뻔하였다. 그러나 그들은 무사히 그것을 뚫고 미리 계획한 Ohio 주의 Hamilton에 도착을 하는데 성공을 하였다. 탈주하는 도중에 Mary Longnaker의 오빠인 Jim Jenkins는 지역의 한 깡패에 의해 살해가 되었다. Pierpont와 그의

Dillinger의 동료범인
Pierpont

일당은 Dayton 유치장에 수감되어 있는 Dillinger를 구하고 싶었다. 그러나 그러기 위해서는 돈과 총이 더 필요하였다.

그들은 우선 돈이 더 필요하였다. 그들은 Makely의 제안에 따라 그의 고향인 Ohio 주의 St. Marys에 있는 작은 은행을 털기로 했다. Pierpont는 은행여직원에게 지도를 가지고 가서 길을 묻는 척을 했다. 그러나 지도 밑에는 총이 숨겨져 있었다. 그것을 안 은행여직원은 꼼짝 못하고 돈을 내줄 수밖에 없었다. 그들은 그 작은 은행에서 $11,000이라는 예상 밖에 큰 소득을 얻을 수 있었다. 그것은 Dillinger를 유치장에서 구해 내기에 충분한 돈이었다.

Pierpont는 Evelyn Billie Frechette라는 젊은 여자를 Dillinger가 머무르고 있는 교도소 안으로 보냈다. 그녀는 자신을 Dillinger의 여동생이라고 교도관을 속이고 그와의 면회를 허락을 받았다. 일당은 그녀로 하여금 유치장 안의 구조를 미리 알아보도록 시켰다.

그러나 일당은 더 기다리다가는 혹시 누군가가 자신들의 계획을 눈치를 챌 것을 우려하였다. 그래서 그들은 자신들의 계획을 바로 실행하기로 하였다. Ed Shouse는 유치장 주변에서 망을 보기로 하였다. 한편 Harry Copeland는 차안에서 기다리기로 하였다. 그리고 John Hamilton은 유치장에서 좀 멀리 떨어진 곳에서 망을 보기로 했다. 그런 와중에 Pierpont, Makely, 그리고 Clark은 총으로 무장을 한 채 유치장으로 접근을 하였다. 보안관 Sarber는 유치장 근처에 자신의 관사가 있었다. 그는 자기 부인과 저녁 식사를 마친 다음에 사무실로 와서 부하들과 이야기를 하고 있었다.

Pierpont 일당은 사무실에 있는 보안관에게 자신들은 Michigan City 교도소에서 온 교도관들인데 Dillinger를 보기 위해 왔다고 말했다. 보안관은 그들에게 당신들의 신분증을 보여 달라고 했다. 그에 대해서 Pierpont 일당은 총을 보여 주면서 이것이 자신들의 신분증이라고 하면서 그를 위협을 하였다.[227] 이에 대해서 보안관은 너희들이 그렇게는 할 수 없다고 하였다. 그러면서 동시에 자신

Dillinger와 Evelyn Billie Frechette의 다정한 한 때

의 책상의 서랍에서 총을 꺼내려고 하였다. 다급해진 Pierpont는 그를 향해 총을 두 번 발사를 하였다. 한 발의 총알은 그의 배를 관통하고 나머지 하나는 허벅지에 꽂혔다. 그는 바로 바닥에 고꾸라졌다.

쓰러진 보안관에게 감방 열쇠를 달라고 하였다. 그러나 그는 열쇠는 주지 않고 자꾸 일어나려고만 하였다. Makely는 자신의 총의 손잡이를 이용하여 보안관의 머리를 세게 내리쳤다. 보안관의 부인은 겁이 나서 바로 감방 열쇠를 Pierpont에게 건네주었다. Pierpont는 감방 문을 열고 Dillinger에게 총을 주었다. 그리고는 그들은 함께 유치장을 빠져 나와서 밖에 대기하고 있던 차를 타고 달아났다.

총에 맞은 보안관은 "어머니! 저는 어머니를 남겨두고 먼저 저 세상에 가야할 것 같습니다."라고 말한 후에 사망을 하였다.

Dillinger를 유치장에서 탈옥시킨 일당은 Chicago로 옮겨가서 세기에서 가장 조직적이고 치밀한 은행 강도를 계획을 하였다. 무엇보다도 그들에게 필요한 것은 사람들을 제압할 수 있는 강력한 총이었다. 그들은 고성능의 총기를 가지고 있는 곳이 경찰서라는 것을 잘 알고 있었다. 그리고는 그들은 과감하게도 경찰서를 습격하여 무기들을 탈취하기로 하였다. Dillinger와 그의 공범 Homer Van Meter는 사전에 경찰서 안을 정찰하기로 하였다. 그들은 경찰서에 구경을 온 일반인들로 가장을 하였다. 그

리고 한 경찰관에게 만약 Dillinger와 같은 갱단이 경찰서를 습격하면 어떤 무기를 사용하겠느냐고 물었다. 경찰관은 자신들이 보유한 최첨단 무기들을 그들에게 자랑하듯이 보여주었다.[228]

그런 방법으로 Dillinger 일당들은 경찰이 소유한 무기들이 무엇인지를 미리 파악을 하였다. 동시에 경찰서의 내부구조를 치밀하게 관찰을 하였다. 그들은 그것을 바탕으로 습격계획을 세웠다. Pierpont와 Dillinger는 1933년 10월 22일 당직 경찰관을 제압하고 무기고를 털었다. 그들이 탈취한 것은 기관단총, 산탄총, 탄약, 그리고 방탄조끼 등이었다.[229]

경찰은 이 소식을 듣고 무척 광분을 하였다. 그들을 쫓고 있었던 Matt Leach 경감은 당시에 Pierpont 갱이라고 신문에 보도된 것을 알고 있었다. 그래서 그는 그것을 역이용하기로 하였다. 즉 Pierpont와 Dillinger 사이를 갈라놓기로 한 것이다. Leach 경감은 신문기자와 짜고서 일부러 Pierpont 갱이라는 말 대신에 Dillinger 갱이라는 말을 신문에 게재를 하였다.

그러나 위와 같은 신문기사를 접한 Pierpont는 아무런 동요를 하지 않았다. 하지만 Dillinger는 내심 이런 기사를 자랑스럽게 생각을 했다. 그리고는 앞으로 두목이 될 꿈을 끼우고 있었다. Pierpont가 범행계획과 실행에 있어서 중요한 역할을 하였다. 그렇지만 그 당시에는 뚜렷한 두목은 없었다. 그래서 범행계획을 세울 때는 서로 자신들의 의견을 주저하지 않고 이야기를 하였다.

그들은 10월 23일 그들의 범행계획을 실행에 옮기기로 하였다. 그들의 목표물은 Indiana주에 있는 Central National 은행이었다. Hamilton이 밖에서 망을 보는 사이에, Pierpont, Makley, 그리고 Dillinger는 은행 안으로 들어갔다. 은행 안에서는 Pierpont와 Makley가 총을 사람들에게 겨누고 있는 사이에, Dillinger는 은행창구 안으로 뛰어 넘어 들어가서 현금을 털었다. 그들은 운이 좋게도 총 $75,000의 거금을 거머쥘 수가 있었다. Dillinger는 경찰을 놀리는 것을 즐겼다. 그는 자신의 여자친구 Mary Longaker와 어디에 데이트 하러 갈 때에 주변에 경찰관이 있으면 같이 기념사진

*Dillinger의 동료범인
Hamilton*

을 찍자고 했다. 만약 경찰관이 그가 지명수배중인 중범죄자라는 것을 알았다면 크게 놀랐을 것이다.

11월 15일 Dillinger와 그의 동료범죄자 Billie는 병원의 의사한테 갔다. 그러다가 그들의 신분이 들통이 나서 경찰에 잡힐 뻔하였다. 그러나 Dillinger는 탁월한 운전솜씨를 자랑하면서 경찰을 따돌렸다. 그래서 그들은 겨우 감옥에 가는 신세를 면하였다.

Dillinger 일당은 이제는 Wisconsin 주로 이동을 하였다. 그들은 대담하게도 은행을 습격할 때 자신들이 경보장치를 파는 사람이라고 은행직원을 속이고서 은행 안으로 들어가 경보장치를 해체를 시키기도 하였다.230) 그리고는 그곳에 있는 American Bank and Trust In Rachine 은행을 목표물로 삼았다. 옷을 깔끔하게 차려입고 잘 생긴 Pierpont는 은행 안으로 유유히 걸어서 들어갔다. Pierpont는 포스터를 은행 안의 유리창에 부착을 하였다. 그 이유는 자신들이 은행을 털 때 밖에서 잘 보이지 않도록 하기 위한 것이었다. 은행직원은 그런 장면을 목격을 하였지만 별다른 신경을 쓰지는 않았다.

Dillinger, Makely 그리고 Hamilton은 은행창구 직원인 Harold Graham에게 갔다. 일당 중 한 명이 돈을 내놓으라고 하자, Graham은 처음에는 농담인 줄 알았다. 이번에는 Makley가 좀 더 강하게 돈을 당장

내 놓으라고 소리를 쳤다. 그랬더니 Graham은 갑자기 몸을 움직이기 시작을 했다. Makley는 Graham을 향해 총을 발사를 하였다. 총알은 그의 팔꿈치를 맞추었다. 그는 부상을 입었음에도 불구하고 경찰에 연결된 비상벨을 눌렀다.231)

두 명의 경찰은 얼마 후에 은행에 도착을 하였다. 그 경찰들은 은행 강도가 안에 있을 것이라고는 전혀 예상을 하지 못했다. 그저 평소에 흔히 있었던 것처럼 비상벨이 잘못 울린 것이라고 생각을 하였다. 경찰이 은행 안으로 들어오자마자 Pierpont는 Makley에게 경찰에게 본때를 보여주라고 명령을 하였다. Makley는 기관단총을 경찰관들에게 무차별하게 발사를 하였다.

은행 안은 삽시간에 공포에 사로잡히게 되었다. 그리고 은행밖에는 구경꾼들이 모여들고 더 많은 경찰들이 출동을 하기 시작을 하였다. Dillinger 일당은 은행창구 여직원인 Patzke와 지점장을 인질로 잡았다. 그리고는 자신들의 차가 있는 곳으로 그들을 끌고 갔다. 미리 준비해 둔 도주차량에 도착하자마자 그들은 인질을 그대로 놔두고 도주를 하였다.

도주에 성공한 Dillinger 일당은 당분간 Chicago에서 잠적을 하였다. 그런 다음에 그들은 해수욕장이 있는 Florida 주의 Daytona Beach에 크리스마스와 연말연시를 즐기러갔다. 그러던 중에 일당 중 한 명이 자신의 차를 정비소에 맡겼다. 이 정보를 사전에 입수한 Chicago 경찰관들이 그들이 차를 찾으러 올 때까지 기다렸다. 그러나 Dillinger의 일당 중 하나인 Hamilton은 경찰이 총을 꺼내기 전에 자신이 먼저 총을 꺼내서 발사를 하였다. 경찰관은 총상을 심하게 입었다.

Chicago 경찰은 이래서는 안 되겠다고 생각을 하였다. 그래서 Chicago 경찰은 Dillinger 일당을 검거하기 위한 특별체포조를 결성을 하였다. 그들의 팀장은 John Stege 경감이었다. 그들은 Dillinger 일당이 어느 모텔에 머물고 있다는 정보를 입수하고 그들을 급습하여 모두 사살을 하였다. 경찰은 자신들이 Dillinger 일당을 일망타진을 하였다고 자축을 하였다. 그러나 나중에 사망한 그들의 지문을 검사한 결과 그들은 Dillinger 일당이 아닌 것으로 드러났다.

Dillinger 일당 중 하나인 Billie는 자신의 본거지인 Wisconsin으로 돌아가도록 명령을 받았다. 경찰은 그들의 본 거지인 미국의 중서부를 중심으로 그들을 찾으려고 혈안이 되어 있었다. 그래서 Pierpont는 자신들의 본거지로 돌아가기를 포기를 하였다. 대신에 Arizona로 도피하기로 결심을 하였다. Billie는 Wisconsin에 가 있었기 때문에 일당 중 Dillinger와 Hamilton은 그를 데리러 그가 있는 Wisconsin으로 가기로 되어 있었다. Dillinger와 Hamilton은 Wisconsin으로 가는 중에 한 번 더 은행을 털기로 하였다. 그러나 그것은 다소 무모한 짓이었다. 그 이유는 은행 강도를 하는 과정에서 Hamilton은 부상을 입었다. 한편 Dillinger는 경찰을 총으로 쏴서 죽여야 했다.

다른 곳에서도 상황은 별로 좋지 못했다. 1월 23일 Makely와 Clark이 묵고 있던 호텔에 불이 났다. 소방관이 화재를 진압하러 호텔 방안으로 들어갔다가 가방 안에 들어 있는 무기들을 우연히 발견을 하였다. Dillinger 일당은 자신들이 가지고 있던 무기는 모두 방안에 그대로 놓아두고 탈출을 해야 했다. 그들은 소방차의 사다리를 타고 불난 호텔에서 탈출을 하였기 때문에 소방관들은 그들의 인상착의를 모두 기억을 하고 있었다. 소방관들은 이런 사실을 경찰에 즉시 신고를 하였다.[232] 그런 와중에 Dillinger와 Billie는 나머지 일당이 있는 Arizona 주의 Tucson에서 합류를 하였다. 다음 날 Arizona 경찰은 그들 일당을 포위하고 그들을 일시

에 체포하는 쾌거를 거두었다.233)

경찰이 Dillinger 일당을 일망타진 하였다는 것을 안 언론들은 그들의 체포소식을 사진과 함께 대대적으로 보도를 하였다. 한편 3개주의 경찰들은 서로 그들을 데려가려고 실랑이를 버렸다. 결론적으로는 Dillinger는 Matt Leach 경감에 의해서 비행기를 타고 Indiana로 가게 되었다. 나머지 Pierpont, Makley, 그리고 Clark은 기차로 Ohio로 갔다. 그 이유는 그들이 그곳에서 보안관 Jess Sarber를 살해를 하였기 때문이었다.234)

체포된 Dillinger가 Midway 공항에 도착했을 때 Chicago 경찰의 Dillinger 체포 전담반원 전원이 그를 맞이하였다. Dillinger는 두 명의 경찰관과 수갑으로 연결된 채 Indiana에 있는 Crown Point 교도소로 후송이 되었다. 길거리에는 수많은 인파들이 그들 보기 위해서 나와 있었다.235)

Dillinger에 대한 재판이 시작이 되었을 때 법정 안은 수많은 기자들로 붐볐다. 체포가 되지 않은 나머지 일당이 Dillinger를 구출하기 위해 법원을 습격을 할 지 모른다는 소문이 퍼졌다. 이 때문에 법원에 대한 경비는 한 층 강화가 되었다.

Dillinger가 수감이 되어 있는 교도소에서는 역사에 남을 만한 사건이 발생을 한다. Dillinger가 다시 탈주를 시도한 것이다. 그는 나무로 만든 가짜 총으로 교도관을 위협을 하였다.236) 이어서 그는 교도소장까지 위협하여 그가 가지고 있는 기관단총을 뺏었다. 무기를 가진 Dillinger는 다시 감방으로 가서 죄수 중에서 자기와 같이 나갈 사람이 있느냐고 물어 보았다. 그랬더니 흑인인 Herbert Youngblood가 같이 나가겠다고 했다. 그는 살인 혐의로 재판을 받고 있던 중이었다. 그는 사형도 받을 수 있는 상황이었다. 그래서 그는 선택의 여지가 없었다. Dillinger는 Youngblood에게 기관단총을 주었다.[237]

그들은 교도소의 뒤쪽에 있는 차량정비소로 향했다. 차량정비소로 가는 중에 교도소 주방에 들렀다. Youngblood가 교도소 주방장과 부엌의 일꾼들을 총으로 겨누었다. 그 중에는 교도소장의 장모도 있었다. 그러는 사이에 Dillinger는 탈주에 사용할 차를 찾았다. Dillinger는 차량정비소 직원에게 어떤 차가 가장 빠른 차냐고 물었다. 그랬더니 그는 보안관의 차가 가장 빠르다고 대답을 하였다.[238]

Dillinger와 Youngblood는 교도관 Blunk와 차량정비원을 잠시 인질로 삼았다. Dillinger는 Blunk에게 보안관의 차를 운전하도록 지시를 하였다. 일단 안전한 지역까지 빠져나온 Dillinger는 그 두 명의 인질에게 4불을 주면서 다시 돌아가도록 했다. Dillinger는 그들에게 내가 당신들의 수고를 잊지 않겠다는 인사까지 하면서 그들을 조롱을 하였다.

그러나 한 가지 Dillinger가 실수를 한 것이 있었다. 그는 훔친 보안관의 차를 타고 Indiana주에서 다른 주인 Illinois 주의 주경계선을 넘은 것이다. 이것은 연방법을 위반한 것이었다. 즉 중범죄를 저지르고 한 주에서 다른 주로 이동을 하면 연방수사기관이 수사를 할 권리를 가지게 되어 있는 것이다. 이렇게 됨으로써 FBI가 개입할 수 있는 빌미를 제공하게 된 것이다.[239]

탈주에 성공한 Dillinger는 곧바로 Chicago로 갔다. 다시 은행 강도짓을 위해서 갱단을 조직하기 위한 것이었다. 그는 옛날의 범행동료인 John Hamilton과 Homer Van Meter를 불러들였다. 그 이외에도 새로운 단원으로서 Lester Gillis가 합류를 하였다. 그러나 Gillis는 키가 작은 젊은 사람으로서 성질이 무척 급했다. 그는 사람을 죽이는 것을 재미로 여기는 자였다.

Van Meter는 다른 두 명을 더 데리고 왔다. 한 명은 Eddie Green으로서 경험이 많은 은행 강도였다. 다른 한 명은 Tommy Carroll로서 아주 정확한 총잡이였다. 그들은 Dillinger가 탈옥을 한 후 얼마가 되지 않아서 새로운 은행 강도를 모의를 하였다. 은행을 고르는 것은 Green이 맡았다. 그래서 그들은 1934년 3월 6일 South Dakota주에 있는 Security National Bank and Trust in Sioux Falls 은행을 털기로 하였다. 다른 동료들이 은행에서 돈을 털고 나오는 중이었다. 그런 사이에 천하의 총잡이 Tommy Caroll은 밖에서 기관단총을 가지고 경찰과 대치를 하고 있었다. 이 장면을 목격한 시민들은 이것이 마치 무슨 영화를 촬영하고 있는 것으로 착각할 정도였다. 그 이유는 범행 전날 한 남자가 이 도시에 찾아 왔다. 그리고는 이곳에서 은행 강도를 주제로 한 영화를 만들 계획이라고 여러 사람들에게 떠들었기 때문이었다. 사실 그 남자는 범인들 중에 한 명 인 Van Meter였다.[240]

Dillinger는 은행을 털고 나서 차를 타고 도주하는 동안에 갑자기 차를 세웠다. 그리고는 자신이 미리 준비한 못을 길에다가 잔뜩 뿌렸다. 그것은 경찰들의 추적을 방해하기 위한 수단이었다. 그것은 효과가 있었다. 경찰은 길에 뿌려진 못 때문에 제대로 그들을 추적을 할 수가 없었다. 그래서 일당은 무사히 현장을 빠져 나올 수 있었다.

한편 재판을 받고 있었던 Pierpont와 Makley는 사형선고를 받고 전기 의자에서 죽어야 할 운명이 되었다. 한편 Clark은 무기형을 받았다.

다시 Dillinger 일당의 이야기로 돌아가 본다. Dillinger 일당은 Iowa 주에 있는 First National Bank of Mason City를 습격하기로 하였다. 그 은행은 $240,000의 현금을 보유하고 있는 것으로 알려졌다. Van Meter, Green, 그리고 Hamilton은 총을 지점장 Willis Bagley에게 겨

누었다. 은행 경비원 Tom Walter는 이 장면을 목격을 하였다. 그는 즉시 자신이 가지고 있던 가스총을 Green의 등에다 발사를 하였다.

Dillinger가 범행에
사용했던 여러 가지 무기들

일당은 한 사람을 인질로 잡고서 그를 방패처럼 이용을 하였다. 그리고는 모두 바닥에 엎어지라고 소리를 질렀다. 그런 다음에 총을 무차별하게 발사를 하였다. 그 총은 은행경비원 Tom Walter를 향해 발사가 되었다. 한편 Hamilton은 은행창구 직원인 Harry Fisher에게 금고 안에 있는 돈을 내 놓으라고 했다. 그러나 Fisher는 자기가 키를 가지고 있지 않아서 열수가 없다고 하였다. 밖에서 인질들을 일렬로 세워놓고 방패막이로 사용하고 있던 Dillinger는 시간이 너무 지체가 된다고 생각하였다. 그래서 안에 있는 동료들에게 빨리 서두르라고 재촉을 하였다.[241]

일단 Hamilton은 자신의 기대에는 훨씬 못 미치지만 $20,000 정도를 챙길 수가 있었다. 그들은 인간을 방패로 삼아서 도주를 하기 시작을 하였다. 경찰이 그들을 추적을 하였다. 그러나 그 차안에는 무고한 시민들이 범인들과 섞여 있었기 때문에 총을 발사할 수가 없었다. 결국 경찰은 추적을 포기할 수밖에 없었다.

Minnesota주의 St. Paul시에 있던 FBI 요원은 Dillinger처럼 보이는 남자가 어느 곳에 묶고 있다는 첩보를 입수를 하였다. 그 남자는 스스로를 Carl Hellman이라고 부르고 다녔다. 또한 그가 같이 데리고 다니는 여자는 Dillinger의 여자 친구 Billie Frechette와 무척 닮았다는 것이었다. FBI 요원은 그들이 묶고 있다는 아파트를 확인을 하기 위하여 갔다. 문을 노크했더니 한 젊은 여자가 문을 열었다. 그녀는 자신의 남편인 Carl이 자고 있는데 가서 깨우겠다고 대답을 하였다.

그녀는 곧바로 Dillinger에게 가서 남자들이 당신을 찾는다고 알려주었다. Dillinger는 급히 옷을 차려 입고 기관단총을 챙겼다. 밑에 층에 있던 Van Meter는 이 장면을 목격하자마자 밖에서 기다리고 있던 FBI 요원에게 다가갔다. 그리고는 안에 있는 자신의 친구는 세수 비누를 파는 세일즈맨이라고 설명을 하였다. 그리고는 그는 그 증거로 자신의 친구의 차에 실려 있는 비누들을 보여주겠다고 했다. 확인을 하고 싶으면 자신을 따라오라고 했다. FBI 요원 중 한 명이 그를 따랐다. 둘이 1층으로 내려오자마자 Van Meter는 권총을 꺼내서 FBI 요원에게 겨누었다. FBI요원은 재빨리 문을 열고 몸을 피했다. 밖으로 그를 따라간 Van Meter와 FBI 요원은 서로 총격전을 벌였다.[242]

Dillinger의 동료 Van Meter

Van Meter와 FBI요원이 총격전을 벌이고 있는 사이에 Dillinger와 그의 여자친구 Billie는 차에 올라탔다. 그리고는 FBI 요원들을 향하여 기관단총을 발사를 하였다. 이런 과정에서 Dillinger는 다리에 총상을 입게 되었다. 한편 Van Meter는 다른 사람의 트럭을 뺏어서 탔다. 그리고는 Minneapolis에 있는 Green의 아파트로 도망을 하였다.

당시 FBI의 국장으로 있던 Hoover는 자신의 부하 중에서 가장 우수한 사람을 St. Paul 시로 보냈다. 그리고는 그에게 Dillinger를 하루속히 체포하도록 명령을 하였다. FBI는 우선 Dillinger 일당이 은신해 있을 만한 장소를 물색을 하였다. 그러던 중에 한 집을 발견을 하였다. FBI요원들은 잠복을 하면서 일당이 나타나기만을 기다렸다. 얼마 후에 한 여성 드디어 그곳에 나타났다. FBI요원은 그 여인에게 무슨 일로 그곳에 가느냐고 물었다. 그녀는 누가 자신의 집을 며칠만 빌려 쓰겠다고 해서 그곳을 청소하러 가는 중이라고 답변을 하였다.[243]

FBI요원들은 얼마를 더 기다렸다가 일당 중 한 명인 Green이 나타나는 것을 보았다. FBI요원은 그에게 순순히 투항할 것을 명령했다. 자신이 무기를 소지하고 있지 않고 있음에도 불구하고, Green은 순순히 투항하기를 거부했다. 그 결과 그는 FBI요원들이 발사한 총에 맞았다. 그는 심한 고통 중에 있었다. FBI는 그에게 진통제 주사를 놔주는 조건으로 그에게서 동료 범인들의 행방에 관한 정보를 얻었다. 그러나 그는 얼마 후에 상처가 감염이 되어 사망을 하였다.

Dillinger는 4월 5일 자신의 아버지가 있는 Mooreville 농장에 자신의 애인 Billie와 함께 찾아갔다. 아버지는 갑작스럽게 아들이 나타나자 놀랐다. 그리고는 아들에게 FBI가 너를 찾고 있으니 조심하라고 당부를 하였다. Dillinger는 이미 알고 있다고 답변을 하였다. 그런 후에 Dillinger는 경찰에 의해 총상을 당한 자신의 상처가 다 치료가 될 때까지 잠시 거기서 머물렀다.[244]

Dillinger와 그의 여자 친구는 Chicago로 다시 돌아왔다. 그들은 은신할 곳을 찾았다. 그리고는 Dillinger는 자신의 친구 한명에게 애인과 같이 갈 테니 방을 하나 마련해 놓으라고 하였다. 그러나 그 친구는 Dillinger를 배신하였다. 그리고는 경찰에 Dillinger가 어느 여관에 나타날 것이라는 정보를 주었다.

Dillinger는 그 여관으로 가기 전에 자신의 여자친구 Billie를 보내서 정탐해 보라고 시켰다. 아니나 다를까 FBI요원들은 Billie가 나타나자마자 그녀를 체포를 하였다.[245] 이 장면을 떨어져서 지켜보고 있던 Dillinger는 차를 돌려서 현장에서 빠져나갔다. 이제 이것으로 Dillinger와 Billie는 더 이상 서로 다시 볼 수 없는 처지가 되었다.

Dillinger는 4월 12일 Van Meter와 연락을 하였다. 그리고는 Indiana 경찰서를 습격하여 권총 2정과 4개의 방탄조끼를 탈취를 하였다. 그런 후에 Dillinger 일당은 4월 20일 Chicago를 떠났다. 그리고는 그들은 Wisconsin 주의 북쪽에 있는 작은 휴양소 Little Bohemia로 향했다.

2. Little Bomemia에서 벌인 FBI요원과의 총격전

FBI의 Dillinger 체포 전담반의 책임자는 FBI의 Chicago 분소에서 일하던 Melvin Purvis였다. Purvis는 자그마한 체구를 가졌지만 영리한 사람이었다. 하지만 Dillinger는 FBI가 파 놓은 함정을 교묘하게 피해서 도망을 하였다. 도주를 계속하던 Dillinger와 그의 일당은 잠시 동안 몸을 숨길 데가 필요하였다. 그래서 그들은 Wisconsin 주에 있는 한 여름 휴양소를 선택을 하였다. 그 휴양소의 주인은 불법 주류 제조자나 갱들과 친하게 지내는 사람인 Emil Wanaka이었다.[K]246)

1934년 4월 Dillinger와 그의 일당은 자신들의 여자 친구들을 대동하고서 그 휴양소에 나타났다. 휴양소는 아직 비수기인 지라 한가하였다. Dillinger 일당은 휴양소 주인인 Emil Wanatka와 술도 마시고 카드놀이도 하면서 시간을 보냈다. 그러던 중에 휴양소 주인 Wanatka는 그들이 재킷 안으로 가슴에 총을 차고 있는 것을 우연히 보게 되었다. 그래서 주인은 Dillinger 일당이 범인들 일 것이란 의심을 하게 되었다. 그렇게 생

[K] 미국은 한 때 술을 사회악의 근본으로 보고 술의 제조와 소비를 전면 금지하는 법을 제정하였다. 그러나 이 법은 오히려 불법으로 술을 만들면서 돈을 버는 마피아와 같은 범죄조직의 활동을 활발히 하는 결과를 낳았다. 이로 인하여 마피아에 의한 무차별한 살인이 자행이 되었다.

각을 하니 그는 자신과 가족들에게 혹시 무슨 일이 일어 날까봐 갑자기 공포에 질리기 시작을 하였다.

다음에 Dillinger를 보게 된 Wanatka는 그를 안심시키기 위하여 노력을 하였다. 이와 마찬가지로 Dillinger도 Wanatka에게 자신들에 대해서 걱정을 하지 말라고 말을 하였다. 자신들은 단지 며칠을 쉬고 갈 것이라고 말을 하였다. 그리고 자신들이 갈 때는 돈을 충분히 주겠다고 주인에게 말을 했다.247)

휴양소에 전화가 올 때마다 Dillinger 일당은 전화를 엿들었다. 그리고 주인 Wanatka는 차가 그 휴양소에 들어 올 때마다 누가탄 차인지를 일일이 Dillinger 일당에게 설명을 해야 했다. Wanatka는 FBI의 Chicago 지역 담당자의 명의로 몰래 편지를 썼다. 그리고는 자신의 부인인 Nan에게 주었다. Nan은 남편이 준 편지를 자신의 치마 춤에 몰래 숨겨서 밖으로 가지고 나갔다. Nan은 일당들에게 자신의 조카의 생일 파티에 간다는 핑계를 대고 휴양소에서 빠져 나올 수 있었다.

그러나 차를 타고 가던 Nan은 누군가가 자신의 차를 미행하고 있다는 사실을 알아 차렸다. 그것은 바로 Dillinger의 부하 중에 한 명이었다. 그러나 그녀는 침착하게 자신의 오빠의 집으로 들어가서 남편이 준 편지를 몰래 전달을 하였다. 그리고 그의 오빠는 그 편지를 안전하게 우편으로 발송할 수가 있었다.

FBI의 Chicago 지역 책임자였던 Melvin Purvis는 Dillinger 일당이 휴양소에 은신해 있다는 소식을 들었다. 그는 FBI 국장인 Hoover에게 지체 없이 이 소식을 보고를 하였다. 그리고 Purvis는 증원 팀을 요청을 하였다. 증원 팀은 Dillinger 일당이 머무르고 있는 Wisconsin 주의 휴양소에서 가장 가까운 공항에서 Purvis 일원과 합류하기로 하였다.248)

FBI 요원들이 휴양소를 향하고 있는 동안 Dillinger 일당은 이제 다른 곳으로 이동할 준비를 하였다. 무엇보다 그들은 다른 곳으로 이동을 하기 전에 든든히 배를 채워두고 싶었다. 그 때가 바로 일요일 오후였다. Dillinger는 위층에서 지도를 보면서 자신들이 도주할 루트를 미리 살펴보고 있었다.

Dillinger는 식사이외에도 휴양소를 떠나기 전에 총알을 충분히 확보해 두고 싶었다. 그래서 자신의 부하인 Pat Reilly와 그의 여자친구를 St. Paul시에 보내어 총알을 사오도록 시켰다. 그리고는 Dillinger는 차 두 대를 집 밖에서 보이지 않도록 차고 안에 깊숙이 숨겨두었다.

FBI 요원들은 원래는 다음 날 새벽 4시에 Dillinger 일당을 습격하기로 계획을 세웠다. 그러나 FBI요원들은 Dillinger 일당이 일요일 오후에 휴양소에서 떠나려고 한다는 정보를 새로이 입수를 하였다. 그래서 다음 날 새벽에 습격할 계획을 바꾸어 도착하자마자 그들을 체포하기로 하였다. FBI 요원들이 공항에 도착한 것은 일요일 저녁 6시였다. 3명의 요원은 방탄조끼를 입고 앞문으로 들어가고 나머지 5명은 왼쪽 문으로 들어갈 계획이었다. 또 다른 5명은 오른 쪽 문으로 간다는 작전이었다. 네 번째 문은 호수로 통하고 있었다. 그래서 FBI 요원들은 Dillinger 일당들이 그쪽으로는 도망을 갈 수가 없다고 판단을 하였다. 그렇기 때문에 Purvis는 요원들을 그쪽으로는 배치를 하지 않았다. 그러나 그것은 Purvis의 중대한 판단의 실수였다.[249]

FBI의 습격계획은 겉으로 보기에는 좋아 보였다. 그러나 그들의 계획은 몇 가지 실수가 있었다. 첫째, Wanatka의 휴양소에는 2마리의 개가 있었다. 그래서 FBI 요원들이 습격할 때 개들이 짖었다. 또한 호수 쪽에는 FBI요원들의 판단과는 달리 둑이 있어서 범인들이 몸을 숨기고 도망갈 수가 있었다. 한편 휴양소 건물의 왼쪽에는 도랑이 있어서 범인들이 거기로도 몸을 숨기고 도망갈 수가 있었던 것이었다.

FBI 요원들이 현장에 도착했을 때 개들은 열심히 짖어대기 시작을 하였다. 그래서 FBI 요원들은 자신들의 기습작전이 실패한 줄을 알고 마음이 급해지기 시작을 하였다. 그러나 실제로는 개들이 평소에도 자주 짖어 대서 Dillinger 일당은 개가 짖어대는 소리에 별다르게 신경을 쓰지 않았다.

휴양소 건물 안의 술집에 있던 손님 3명은 술을 다 마시고 집으로 돌아가기 위해서 밖으로 나왔다. 그들의 이름은 John Hoffman, John Morris, 그리고 Eugene Boiseneau이었다. 그들은 휴양소 건물을 나와서 자신들의 차로 향했다. Hoffman이 자신의 차의 시동을 거는 순간 FBI요원은 Dillinger 일당이 도주하는 줄로 알았다. 그래서 FBI 요원들은 그 차의 바퀴를 총으로 쏴서 그들을 막으려고 하였다. 그러나 너무 긴장한 FBI 요원들은 차가 아니라 그들의 몸을 향해 총을 난사를 하였다. 그 결과 Hoffman은 영문도 모르게 FBI가 쏜 총에 맞았다. 그는 피를 흘리면서 숲속으로 몸을 급히 피했다. 한편 Morris는 총소리에 놀라서 황급히 건물 안으로 다시 들어가서 몸을 숨겼다. 하지만 세 번째 손님이었던 Boiseneau는 FBI가 쏜 총을 맞고 그 자리에서 즉사를 하였다.[250]

Dillinger 일당은 FBI의 총격에 대항해서 휴양소 건물 안에서 응사를 하였다. Dillinger는 만일의 사태에 대비해 이미 도주할 루트를 정해 놓았다. Dillinger와 그들의 부하 Homer Van Meter, John "Red" Hamilton, 그리고 Tommy Carroll 등이 미리 정해놓은 루트를 통해서 침착하게 현장을 유유히 빠져나갔다. 그들은 호수 쪽의 둑 뒤에 몸을 숨긴 채로 현장을 빠져 나갔던 것이다.

FBI 요원들은 한쪽은 하수구의 깊은 웅덩이였고 반대쪽은 날카로운 철

조망 철책에 가로 막혀 움쩍 달싹하지 못하는 신세가 되었다. 한편 휴양소 건물 안으로 피신한 술집 손님 John Morris는 전화기를 붙잡았다. 그리고는 전화 교환수에게 전화를 걸었다. 그런 다음에 그는 휴양소 안의 모든 사람들이 총에 맞고 쓰러져 있다고 이야기를 하였다.

Dillinger의 일당 중에 Nelson과 Koerner, 그리고 휴양소 주인 Wanatka는 건물 안에서 나와서 우연하게도 같은 차에 타게 되었다. 그때 FBI요원 W. Carter Baum과 J. C. Newman이 탄 차가 도착을 하였다. 이와 동시에 그 지역 경찰관 Carl Christensen이 탄 차도 현장에 도착을 하였다. 이들이 나타난 것을 본 Dillinger의 부하 Nelson은 자신의 차에서 나왔다. 그리고는 그는 FBI요원이 탄 차 앞으로 다가갔다. 그런 다음에 그는 총을 꺼내서 그들에게 겨누었다.[251]

Nelson은 FBI 요원들에게 차에서 나오도록 명령을 하였다. 그리고는 그는 "나는 너희들이 방탄복을 입고 있는 것을 안다. 그래서 나는 너희들의 머리나 다리를 쏜다."고 하였다. 그리고는 Nelson은 FBI요원 Newman의 머리를 향하여 총을 쏘았다. Newman은 총에 맞았지만 죽지는 않았다. 그러나 옆에 있던 Baum은 불행하게도 현장에서 사망을 하였다. 지방 경찰관 Chistensen도 몸에 여덟 발의 총알을 맞았으나 운이 좋게 죽지는 않았다.[252]

FBI로서 그 날은 최악의 날이었다. 언론은 FBI의 실수를 맹비난하기 시작을 하였다. Dillinger를 코앞에서 놓친 FBI의 체면은 말이 아니었다. FBI는 무고한 시민 한 명을 오인하여 사살을 하였다. 뿐만 아니라, 다른 두 명에게는 심한 부상을 입혔다. 그런가 하면 FBI 요원 한 명은 Dillinger의 부하에 의해 살해를 당하고 다른 두 명은 부상을 당하였다.[253]

Little Bohemia란 휴양소에서 FBI요원들과 총격전을 벌인 Dillinger

일당은 몇 개의 방향으로 나누어 도주를 하였다. Dillinger, Hamilton, 그리고 Van Meter는 차를 이용하여 St. Paul 시 방향으로 도주를 하였다. 그러던 중 그들은 FBI요원들과 경찰관들이 St. Paul 시에서 그들을 기다리고 있다는 라디오뉴스를 들었다. 그래서 그들은 방향을 바꾸어서 다시 Chicago로 향하였다. 그들은 Chicago로 가는 도중에 잠시 St. Paul 시의 남쪽 시골길에서 차를 세웠다. 그리고는 그들은 피곤한 몸을 달래기 위해서 잠시 눈을 붙였다.

그러던 중에 그 지역 경찰관에게 발견이 되어 집중적인 공격을 받았다. 경찰들은 Dillinger 일당의 악명을 이미 알고 있었다. 그래서 경찰들은 이번에는 실수를 하지 않기 위해서 고성능 총을 가지고 왔다. 한 번은 경찰이 쏜 총이 Dillinger 일당의 차의 트렁크를 관통을 한 후에 Hamilton의 등에 꽂혔다. 그 후 Hamilton의 행방에 대해서는 여러 가지 설이 있다. 그 중에 하나는 그가 병원을 향하다가 죽었다는 것이다. 또 다른 하나는 그가 다행히 목숨을 건져서 살아 있다는 것이다. 나중에 밝혀진 것이지만 그는 경찰과의 총격사건이 발생한 후 1년 후에 묘지에 묻힌 것으로 확인이 되었다.

Dillinger 일당은 4월말에 다시 Chicago로 향했다. 그들은 빨간색 트럭을 구입했다. 이제 그들은 과거의 실수를 교훈을 삼아서 트럭 안에서 서로 교대하면서 눈을 붙였다. 즉 한 사람이 잠을 잘 때 다른 한 사람은 망을 봤다. 이쯤에서 그들은 Tommy Caroll과 합류를 하였다. Tommy Caroll은 전에 그들과 활동하던 동료 범죄자였다.

Dillinger는 계속해서 트럭에서 잠을 잤다. 그러나 그들의 변호인인 Piquette가 그들이 살만한 안전한 은신처를 제공을 하였다. 그들은 관광객들을 위한 캠핑 장소에 가서 잠을 잤다. 많은 사람들은 Piquette에게 찾아와서 자발적으로 Dillinger에게 은신처를 제공을 하겠다고 했다. 그들은 중범죄자를 은익을 시켜주면 2년의 감옥형을 받을 수도 있다는 것을 알고 있었다. 그러나 그들이 그렇게 한 이유는 위험부담보다는 돈을 벌 수 있기 때문이었다. 그 당시는 대공황으로 경제사정이 무척 좋지 않은 때였던 것이다.

위와 같은 사람 중에 한 사람은 하룻밤에 50불을 주면 Dillinger를 은신시켜 주겠다고 했다. 그는 당장 돈이 절실히 필요하였다. 그는 범죄세계에서 뼈가 굵은 사람이었다. 그리고 Piquette하고는 20년이 넘는 친분관계를 유지하고 있었다.

이런 와중에 Dillinger는 자신의 신분을 감추기 위해서 성형수술을 하기를 원했다. 그는 성형수술의사 두 명을 섭외하여 몰래 성형수술을 받았다. 의사들은 Dillinger의 이마에서 점 3개와 입술위의 흉터를 제거를 하였다. 그리고 볼에 있는 살을 좀 더 땡땡하게 당겼다. 다른 성형도 추가가 되었다. Dillinger는 수술결과에 만족을 하였다. 그는 전혀 다른 사람처럼 보였기 때문이다.

Van Meter도 Dillinger의 제안에 따라 성형수술을 받았으나 별로 만족하지 않았다. 그래서 성형의사를 죽여 버리겠다고 협박을 하였다. 이를 무마시키기 위해서 성형의사는 가짜 출생증명서를 Dillinger와 Van Meter에게 만들어 주었다.

성형수술로 받은 상처가 아문 다음에 Dillinger는 Chicago 지역의 프로야구 경기도 구경하고 극장에 가서 갱영화도 보았다. 그 이외에도 여자들과 데이트도 즐겼다. 때로는 매춘부들을 불러서 잠을 잤다. 한편 Dillinger는 자신의 신분을 감추기 위해서 머리를 검은색으로 염색하고 수염을 길렀다. 그 밖에도 안경을 착용을 하였다.

Dillinger는 뉴스를 통해서 자신의 동료 Tommy Caroll이 경찰에 의해서 사살이 되었다는 소식을 듣고 잠시 슬픔에 잠겼다. 그리하여 Little Bohemia에서 탈출한 6명중에 이제 절반인 3명만이 살아남았다. 다른 동료인 "Baby Face" Nelson은 Illinois주의 어느 지역에 몸을 숨겼다. 그는 안전을 위해서 한 곳에서 이틀 밤을 연속해서 지내는 일을 피했다.[254]

Dillinger가 Chicago에 은신해 있는 동안에 그가 거기에 있다는 소문이 미국 전역에 퍼지기 시작을 했다. 그런 때 Dillinger의 변호인이었던 Piquette에게 대단한 미모를 가진 한 여인이 찾아왔다. 그녀는 자신은 Dillinger와 아는 사이로 그를 만나고 싶다고 하였다. 그러나 Piquette는 그녀가 FBI요원일 것이라고 의심을 하였다. 그래서 Dillinger의 은신처를 알려주지 않았다.

하루는 사형선고를 받은 Pierpont의 어머니가 Piquette를 찾아왔다. 그녀는 자신의 아들이 Dillinger에게 전해주라고 부탁한 편지를 가지고 왔다. 그 내용은 Dillinger에게 자신을 감옥에서 탈옥시켜 달라는 것이었다. 만약 자기를 구해주지 못할 거면 지옥에서 만나자고 썼다.

1934년 6월 22일 FBI는 Dillinger를 '제일의 공공의 적'으로 발표를 하였다. 그래서 FBI는 그를 체포하는 사람에게는 $10,000을, 그리고 그의 체포에 결정적인 제보를 제공하는 사람에게는 $5,000의 현상금을 주겠다고 발표를 하였다. 이 돈은 경제공황으로 어려웠던 당시에 꽤 큰 액수의 돈이었다.[255]

Dillinger는 1934년 6월 30일 그의 인생에 있어서 마지막으로 은행 강도를 시도하게 된다. 그들은 Indiana 주의 South Bend에 있는 Merchant's National 은행을 습격을 하였다. 이번의 은행 강도짓은 그가 했던 것 중에서 가장 많은 사람들의 피를 흘린 것으로 기록이 되었다.[256]

여러 가지 설이 있지만, 당시 은행 강도에는 최소 4명이 동원된 것으로 알려졌다. 일당 중에 한 명이 은행 안으로 들어가서 기관단총을 발사하면서 사람들을 공포로 몰아넣었다. 은행 밖에서 순찰 중이던 경찰관 Howard Wagner는 은행 안에서 나는 총소리를 들었다. 그는 자신이 차고 있던 총을 꺼내들고 은행 안으로 들어갔다. 그리고는 Wagner 경관은 Van Meter를 향하여 총을 발사를 하였다. 그러나 Van Meter는 이에 대해서 응사를 하였고, 그 경찰관은 불행하게도 그 자리에서 순직을 하였다.

한편 은행 옆에 있는 금은보석방에 있다가 총소리를 들은 주인은 자신이 가지고 있던 총을 가지고 나왔다. 그리고는 은행 강도 일당 중의 하나인 Nelson을 향하여 총을 발사를 하였다. 그러나 Nelson은 방탄조끼를 입고 있었기 때문에 무사할 수 있었다. 이렇게 되자 Nelson은 흥분을 하여 총을 마구 갈겨대다가 2명의 행인을 다치게 만들었다. 이러는 와중에 한 16살짜리 소년이 Nelson의 등에 올라탔다. 그 소년은 Nelson이 무고한 사람들에게 총질을 하는 것을 막으려고 했던 것이다. 일당들은 내심 South Bend 지역 사람들은 상당히 다르다고 생각을 하였다. 즉 그들은 겁이 없었다.

Nelson은 한 사람으로부터는 총에 의한 공격을 당하였다. 그리고 다른 한편으로는 소년에 의해서 목이 졸리는 상황이었다. 그는 소년을 흔들다가 은행 유리창에 던져버렸다. 그리고는 그는 총을 그 소년의 손에 발사를 하였다. 그 총알은 적중을 하였다.

Dillinger와 그 일당은 인질을 데리고 은행 밖으로 빠져나오려고 하였다. 그러는 중에 경찰과 시민들은 그들 일당을 향해

Dillinger에 달린 현상금 포스터

서 총을 발사를 하였다. 심지어는 부상을 당한 사람들도 목숨을 아끼지 않고 일당들과 총격전을 벌였다. 그 이유는 그들 시민들은 Dillinger 일당에게 걸린 보상금을 타기 위해서였다. 그 중에 한 사람은 Van Meter의 머리에 총알을 맞혔다. Van Meter는 쓰러졌다. Dillinger는 부상당한 Van Meter를 도주차량이 있는 곳까지 끌고 갔다.[257]

구사일생으로 현장을 빠져나온 일당은 미리 정해 놓은 은신처로 향했다. 이들은 이번 은행 강도로 모은 돈을 한 사람이 $4,800씩 나누어 가졌다. Van Meter는 총상을 입었지만 목숨은 겨우 건질 수가 있었다. 그를 맞춘 것은 22구경의 소형구경의 권총이었다. 총알은 그의 머리를 관통을 하였다. 그는 자신이 그 동안 알고 지내던 Dr. Cassidy에게 부탁해서 치료를 받았다.

3. Dillinger를 사살한 과정

나중에 Dillinger는 Biograph 극장에서 사살이 되었다. Dillinger를 사살하는데 중요한 역할을 한 사람은 Chicago 경찰의 Martin Zarkovich와 Anna Sage였다. Sage는 루마니아 태생으로서 미국에 이민을 온 여성이었다. 그는 미국에 이민을 와서 아들 하나를 낳았다. 나중에 그녀는 자신과 아들의 생계를 위해서 매춘부로 일했다. 그리고 좀 더 나이가 들어서 그녀는 포주로서 일을 하였다.

Chicago 경찰의 Martin Zarkovich와 Anna Sage의 관계에 대해서는 여러 가지 설이 있다. 그 둘이서 서로 직업적인 관계로 만난 것인지, 아니면 서로 연애를 한 사이인지는 확실하지 않다. 다만 Zarkovich 경관의 부인이 남편과 이혼을 법원에 신청을 하면서 이혼하는 사유의 하나로 Sage

의 이름을 들었다. 이것으로 미루어 볼 때 Zarkovich 경관과 Anna는 단순히 직업적인 관계만은 아닌 것 같다.

Dillinger는 1934년 7월 4일부터 Anna Sage의 아파트로 들어와서 살기를 시작을 하였다.[258] Anna Sage는 Polly Hamilton이라는 아가씨를 매춘부로 두고 있었다. 그런데 Dillinger는 Polly Hamilton과 자주 만나는 사이가 되었다. 그들은 Anna Sage의 집에서 주로 만났다. 그러다가

Dillinger 사건을 담당했던 검사의 모습(앞줄 가운데). 그 옆이 범인 Dillinger가 검사의 어깨에 손을 올려놓고 여유 만만한 모습을 보이고 있다.

Dillinger의 체포에 결정적으로 협조를 한 포주 Sage

그들은 가끔씩 주변에 있는 극장에 같이 영화를 보러 가기도 하였다.[259]

7월 중순에 Martin Zarkovich와 Anna Sage는 Dillinger에게 달려 있는 $15,000 짜리 보상금을 타기 위한 자신들의 계획을 실행에 옮기기로 하였다. 그러나 Anna는 보상금보다는 다른 문제를 해결하는데 더 관심이 있었다. 그녀는 미국에서 모국인 루마니아로 추방을 당할 위기에 처해 있던 것이었다.[260] 그 이유는 그녀가 매춘사업을 하는 것이 이민국에 알려졌기 때문이었다.[261] 그녀의 목표는 일단 Dillinger를 체포하는데 경찰에 협조하는 것이었다. 그런 다음에 그것을 이유로 해서 자신이 미국에 계속 남을 수 있도록 이민국에 탄원을 하려고 했던 것이다.

Zarkovich와 Sage는 FBI요원 Purvis와 연락을 취하면서 Dillinger를 체포할 계

획을 세웠다. Sage는 몰래 Purvis에게 전화를 걸어 지금 Dillinger가 자기와 같이 있는데, 조금 후에 Biograph극장이나 Marbro극장으로 향한다고 귀띔을 해주었다.262) 두 극장 중에 어느 극장으로 Dillinger가 향할지는 모르는 상황이었다. FBI요원 Purvis는 그 중에 Biograph 극장에서 잠복을 하기로 결정을 하였다. 자신의 직감에 의존한 결정이었다.

Purvis는 Biograph 극장의 주변에 세워놓은 차안에 앉아서 Dillinger 일행이 나타나기를 기다리고 있었다. 그러던 중 저녁 8시 15분에 그들 세 명의 모습이 Biograph 극장에서 보였다. Dillinger는 극장표를 샀다. 그는 재킷을 입고 있지 않았다. 그것은 그가 몸 안에 무기를 많이 숨기지 않았다는 증거이다. Purvis는 일이 쉬워질 것이라고 생각을 하여 안심을 하였다. Sage는 경찰들이 자신을 잘 알아 볼 수 있도록 오렌지색 옷을 입고 나타났다. 그 옷은 극장 안에서 붉은 빛으로 보였다. 그래서 그녀의 별명이 '붉은 옷을 입은 여인'이 되었다.263)

Purvis도 극장표를 사서 안으로 들어갔다. 그리고 Dillinger 일행을 찾아서 그들의 뒷자리에 앉으려고 하였다. 그러나 어두움 속에서 Dillinger 일당을 찾는데 실패를 하였다. Purvis는 대신에 극장의 남쪽 문에서 영화가 끝나고 Dillinger가 나오기를 기다렸다. Purvis가 자신의 담배에 불을 붙이는 순간이 Dillinger가 극장 문을 나선다는 신호였다.264) 이것은 그가 미리 다른 경찰들과 작전을 짜 놓은 것이었다. 그와 동시에 Dillinger 체포 작전이 이루어질 계획이었다. 이것은 극장 안에서 체포 작전을 할 경우에 총격전으로 인해 발생할지도 모르는 무고한 시민들의 희생을 막기 위한 것이었다.265)

Dillinger가 사살되었던
Biograph 극장

영화는 모두 2시간 4분 동안 상영이 되었다. 밖에 기온이 섭씨 35도를 오르내리는 무더운 날씨였다. 재킷을 입은 경찰관들은 Dillinger가 극장에서 나올 때까지 2시간이 넘게 기다리느라고 모두 땀에 흠뻑 적어 있었다. 그러는 와중에 FBI요원 Purvis의 행동을 이상하게 여긴 극장직원이 경찰을 불렀다. 신고를 받고 현장에 경찰들이 출동을 하였다. 잠복 중이던 경찰관은 현장에 출동한 경찰관들에게 자신들이 현재 잠복근무 중이라고 설명을 하였다. 그리고는 잠복 경찰관들은 출동한 경찰에게 빨리 순찰차를 빼라고 지시를 했다.[266]

Dillinger의 시체를 호기심을 가지고 살펴보는 일반사람들

그러던 중에 Purvis는 Dillinger와 Hamilton, 그리고 Sage가 극장을 나오는 것을 확인을 하였다. 그는 즉시 담배에 불을 붙여서 다른 경찰관들에게 Dillinger가 극장에서 나오고 있다는 신호를 보냈다. 그리고는 다른 경찰관들과 함께 Dillinger를 한 순간에 포위를 하였다. Purvis는 Dillinger에게 너를 체포한다고 말을 하였다. Dillinger는 이 소리를 듣자마자 도망가면서 주머니에서 무엇을 꺼내려고 하였다. 그것은 아마도 자신이 가지고 있던 권총을 꺼내려는 것으로 보였다. FBI는 Dillinger가 가지고 있던 것이 38구경권총이라고 기록을 하고 있다.[267] 경찰관들은 즉각 그를 향해 총을 발사를 하였다. Dillinger는 경찰이 쏜 총을 맞고 그 자리에서 숨을 거두었다.

Dillinger는 앞뒤에서 총을 맞았다. 뒤에서 날라 온 두 발의 총탄은 그의 왼쪽 눈 근처를 맞추었다. 세 번째 총알은 그의 목을 관통한 후에 오른쪽 눈 근처로 관통을 하였다. 그것이 치명상이 되어서 사망한 것으로 보였다.

사살이 되어 병원으로 옮겨진 Dillinger의 시체를 보기 위해서 수많은 사람들이 몰려들었다. 나중에 시체는 Dillinger의 아버지에게 넘겨져 그의 고향에서 장례식이 치러졌다. 그리고 그의 시체는 Indiana주의 In-dianapolis시에 위치해 있는 Crown Hill 공동묘지에 안치가 되었다.[268]

한편 Homer Van Meter는 8월 23일에 St. Paul 시의 경찰에 의해서, 그리고 "Baby Face" Nelson은 FBI에 의해서 11월 27일에 각각 사살이 되었다. Dillinger를 사살하는데 결정적인 역할을 한 FBI요원 Purvis는 1935년 7월 FBI를 떠났다.[269] 그리고 나중에는 권총으로 자살하는 길을 선택을 하였다. 그리고 East Chicago 경찰의 Martin Zarkovich 경사는 나중에 East Chicago 경찰서의 서장까지 승진을 하였다.[270]

세간에는 극장에서 총을 맞은 것이 Dillinger가 아니라는 소문이 무성하게 퍼졌다. 그 이유 중에 하나는 그가 얼굴에 성형수술을 하였기 때문이다. 그래서 사살된 남자가 진짜 Dillinger인지 분별하는 것이 쉽지 않았다. 그리고 경찰이 Dillinger가 극장에 갔을 때 소지하고 있었다고 주장한 총은 나중에 발견이 되지 않았다. 그래서 경찰이 Dillinger가 아닌 무고한 사람을 죽인 것이 아닌지를 의심하는 소리들이 계속해서 들렸다.

4. John Dillinger의 성장과정

John Dillinger는 중산층들이 거주하는 조용한 지역에서 1903년 6월 22일에 출생을 하였다. 그의 아버지 John Wilson Dillinger는 교회에 나가는 사람이었다. 그는 자신의 아들을 엄격하게 키우려고 노력을 하였다.[271] 그렇게 아들을 엄격하게 교육시키려는 아버지의 노력에도 불구하고, 그의 아들 John Dillinger는 어릴 적부터 문제 소년이었다.

어린 John Dillinger의 엄마는 불행하게도 그가 3살이 되던 해에 중풍으로 쓰러져 사망을 하였다. 그래서 Dillinger의 16살짜리 누나가 그의 엄마 역할을 대신하였다. 그러나 그의 누나가 얼마 후에 결혼을 하고 집에서 나갔다. 그러면서부터 Dillinger를 엄마처럼 돌보아 줄 사람이 없었다.[272]

Dillinger의 어린 시절

Dillinger가 9세가 되던 해에 그의 아버지는 젊은 여자하고 재혼을 하였다. 처음에는 Dillinger가 새엄마를 경계를 하였다. 그러나 나중에는 Dillinger는 새엄마를 좋아하게 되었다.[273]

Dillinger는 소년 갱단의 두목이 되었다. 그들은 그 지역을 지나가는 수송열차에서 석탄을 훔쳐다가 팔았다.[274] 그러던 중에 그는 경찰에 잡혀서 소년법원에서 재판을 받았다. 그러나 Dillinger는 다른 아이들과는 달리 상당히 대담하게 행동을 하였다. 그는 재판정에서 모자를 삐딱하게 쓰고 양팔을 낀 채로 주변을 유심하게 관찰을 하였다. 입에는 껌을 씹고 있었다. 판사는 Dillinger에게 법정에서 껌을 뱉고 모자를 벗도록 명령을 하였다. 그랬더니 Dillinger는 판사의 말이 귀찮다는 듯이 껌을 뱉어서 모자 꼭대기에 붙였다.

Dillinger의 아버지는 자꾸 문제를 일으키는 아들을 꾸짖었다. 그러나 그러면 그럴수록 그의 비행의 정도는 점점 더 심해져갔다. Dillinger가

고등학교 시절의
Dillinger

13살이 되던 해에는 주변에 있는 한 소녀를 납치했다. 그리고는 그는 자신의 친구와 번갈아 가면서 그녀를 겁탈을 하였다.

Dillinger는 그의 아버지의 만류에도 불구하고 16살 때 학교를 그만두고 공장에 취직을 하였다. 그러나 그는 그 일이 너무나 지루하고 재미가 없어졌다.

그래서 얼마가 지나지 않아서 그는 그 일을 그만두고 말았다. 그 후에 그는 자동차 수리공으로 일을 하였다. 그러는 동안 그는 밤늦게까지 밖에서 머물렀다. 주로 여자들하고 많은 시간을 보내서면 향락을 즐겼다.[275]

그러던 중에 Dillinger의 아버지는 자신이 운영하던 식료품점과 자신이 소유한 몇 개의 집들을 정리를 하였다. 그리고는 시골에 농장을 사서 그리로 이사를 갔다. 물론 Dillinger를 비롯하여 모든 식구들을 데리고 갔다.[276] Dillinger는 아버지의 농장이 있는 지역의 고등학교에 입학을 하였다. 그러나 그는 제대로 적응을 하지 못하고 거의 모든 과목에서 낙제를 하였다. 그는 학교 공부에 전혀 흥미를 느끼고 있지 않았던 것이다. 그리고 얼마 있다가 Dillinger는 학교를 그만 두었다.[277]

그 후에 그는 아버지의 집을 떠나서 다른 지역으로 이사를 갔다. Dillinger는 그곳에 가서도 당구장과 술집을 들락거리면서 여러 여자들과 희희낙락하면서 허송세월을 하였다. 그 중에 한 여자는 자기의 삼촌이 데려다 키우던 양녀였다. 그들 둘이는 결혼까지 하려고 하였다. 그러나 삼촌의 강력한 반대에 부딪쳐 결혼을 하지는 못했다.[278]

Dillinger는 학교에서 제대로 적응을 하지는 못했지만, 그는 서부활극 이야기에는 관심을 가졌다. 그래서 무법시대의 서부에 있었던 영웅들 이야기에 심취해 있었다. 그 중에 Jesse James라는 인물을 제일 좋아하였다. Jesse James는 부자들로부터 돈을 뺏어서 가난한 사람들에게 나누어 주었던 사람이었다. 마치 그는 로빈 후드 같은 사람으로서 Dillinger의 눈에는 아주 대단한 영웅으로 비춰졌다. 특히 그가 여자들이나 아이들에게 친절하게 대한 것에도 매료가 되었다.

Dillinger는 여자들의 뒤꽁무니를 쫓아다니기에 바빴다. 그는 Indiana 주의 Martinsville에서 시간을 보내고 있었다. 그러나 여자들이 그를 잘 상대를 해주지 않았다. 그런 그는 할 수 없이 매춘부들을 상대하기 시작을 하였다. 그러다가 그는 결국 성병에 걸리고 말았다.

이즈음에 Dillinger와 그의 아버지의 관계는 점점 더 악화가 되었다. Dillinger의 아버지는 아들의 방탕한 생활을 좋아하지 않았다. 아버지는 아들 Dillinger가 자신의 차를 운전하지 못하도록 하였다. 이에 화가 난 Dillinger는 교회에 가서 한 차를 훔쳐 타고 시내를 배회를 하였다. 이것을 보고 수상하게 여긴 경찰이 검문을 하였다. 그러나 그는 경찰이 한 눈을 파는 사이에 도망을 쳤다. 이제 Dillinger는 아버지에게로 돌아갈 수도 없는 입장이었다. 그래서 그는 다음날 급히 해군에 자원을 하였다.

Dillinger는 해군의 기초훈련을 무사히 마쳤으나 엄격한 군대 생활은 그의 적성에 맞지 않았다. 그는 탈영을 하기로 결심을 하였다. 그래서 군함이 정박해 있는 사이에 몰래 군함에서 내려서 도망을 하였다. 그리고는 자신의 고향으로 향했다. 그는 군대생활을 겨우 5개월도 채우지 못한 것이다.[279)]

1924년은 Dillinger에게 여러 가지 일이 일어난 해였다. 그는 결혼을 하였고, 닭을 훔쳤으며, 지역의 야구선수로 활약을 했으며, 그리고 강도 짓을 하고 감옥에 가기도 하였다. 그는 그 해 16살짜리 Beryl Hovias를 만나서 결혼을 하였다. 그러나 결혼 후 얼마가 되지 않아서 Dillinger는 41마리의 닭을 훔친 혐의로 체포가 되었다. Dillinger의 아버지는 아들을 감옥에 가지 않도록 선처해 줄 것을 경찰에 부탁을 하였다. 아버지 덕분에 Dillinger는 겨우 감옥에 가는 신세는 면했다. 그러나 그는 아버지의 집에서 나와서 처갓집이 있는 곳으로 이사를 하였다. 그는 그곳에서 소파 만드는 공장에 취직을 하였다.[280)]

Dillinger는 새로 이사를 간 동네에서 동호인 야구를 열심히 했다. 그는 야구를 하면서 심판의 역할을 하던 Singleton이란 남자와 가깝게 지냈다. 그러던 어느 날 그들은 강도짓을 공모를 하였다. 지역 식품점 주인이 퇴근하는 길목을 기다렸다가 돈을 뺏으려는 계획이었다. Dillinger는 32구경 권총을 준비하였다. 그는 총을 손수건으로 가렸다. 그리고는 퇴근하고 나오는 식료품 주인의 머리를 권총으로 내리쳤다. 그러나 식료품점 주인은 강력하게 저항을 했다. 그는 Dillinger의 총을 잡고 완강히 버틴 것이었다. 이에 당황한 Dillinger는 권총을 그에게 발사를 하였다.[281]

Dillinger는 그 식료품점 주인이 자신이 쏜 총에 맞은 것으로 생각을 하고 도망을 갔다. 그리고 그를 기다리고 있기로 한 Singleton을 찾았다. 그러나 그는 기다리기로 한 장소에 나타나지 않았다. 도망갈 수가 없게 된 Dillinger는 강도혐의로 경찰에 체포가 되었다. 그런 그는 판사로부터 10년에서 20년까지의 교도소 형을 선고를 받았다.[282] Dillinger는 21세에 그의 인생에 있어서 처음으로 교도소에 들어가게 된 것이다. 그는 교도소 소장을 보자마자 난 여기 있는 동안 탈주하는 것 말고는 다른 아무 문제도 일으키지 않겠다. 그러니 아무 걱정하지 말라고 협박에 가까운 말을 하였다.[283]

교도소에 들어 간지 채 한 달이 되기도 전에 그는 탈주를 시도하였으나 실패를 하였다. 이런 이유 때문에 그는 6개월의 형이 더 추가가 되었다. 두 번째의 탈주는 공범 Singleton의 재판에 참석하고 돌아오는 길에 시도를 하였으나 이 역시 실패로 돌아갔다. 5주가 지나서 다시 세 번째의 탈주를 시도하였으나 그마저도 실패를 하였다. 이 이유로 다시 6개월이 더 추가가 되었다.[284]

그 밖에도 Dillinger는 교도소 안에서 수많은 문제들을 일으켰다. 교도소 안에서 도박을 하고, 다른 죄수들과 싸우고, 면도칼을 소지하고, 몰래 음식물을 반입하고, 그리고 교도관들과 싸우는 등 많은 문제들을 일으켰다. 이런 문제들을 계속 일으키자 그의 교도소 복역기간은 자꾸 늘어만 갔다. 그리고 독방에 들어가는 날이 많아졌다.

Dillinger는 교도소 안에서 다른 범죄자 몇 명과 친하게 지냈다. 그들은 Harry Pierpont와 Homer Van Meter였다. Pierpont는 은행 강도를 하다가 그곳에 들어왔고, Van Meter는 기차 손님들을 상대로 소매치기를 하다가 교도소 신세를 지게 된 것이었다.[285]

Dillinger의 부인 Beryl은 남편이 교도소에서 나오기만을 무작정 기다리기에는 나이가 너무 젊었다. 그녀는 남편과 이혼소송을 하였다. 결국 Dillinger는 이혼을 당하게 된 것이었다.[286] 이 소식을 들은 Dillinger는 더욱 외로움을 느꼈다. 그는 교도소 안에 있는 학교에 등록하여 열심히 공부를 하였다.

5. Dillinger의 범죄행위의 배경

Dillinger는 일찌감치 엄마를 여의고 홀아버지 밑에서 자랐다. 그는 어려서부터 여자를 좋아하였고, 또 범죄의 세계에 깊이 빠졌다. 그의 아버지는 그런 그를 못마땅하게 여겼다. 아버지로부터도 일찍부터 인정을 받지 못한 것이다.

Dillinger가 은행 강도와 살인범이 된 것은 몇 가지 그의 과거 흔적에서 찾아볼 수 있다. 먼저는 시대적인 상황이다. 1930년대 당시 미국은 대공황으로 경제가 무척 어려운 시기였다. 사람들은 은행을 경제공황으로 몰고 간 주범이라고 생각을 하였다. 많은 사람들은 은행가들을 미워하였다. 이런 와중에 Dillinger는 로빈 후드처럼 부자들의 돈을 뺏어서 가난한 사람들에게 나누워 주었던 과거의 무법자들을 존경하게 되었다. 그래서 Dillinger는 그런 사람들에 관련된 책을 많이 읽었다. 그리고는 자신도 총잡이가 되어 그렇게 되는 꿈을 가지게 되었다.

그래서 은행 강도를 할 때에도 은행 것만 건드리고 고객이 소지한 돈은 손을 대지 않았다. 즉 Dillinger는 자신의 범행을 은연중에 합리화하려는 마음을 가졌던 것이다. 그리고 그 당시는 마피아를 비롯한 갱단들의 활동이 아주 활발한 시기였다. 경찰들은 아주 적은 월급밖에 받지 못했다. 이로 인하여 많은 경찰들이 조직폭력과 연관이 되어 있었다. 즉 경찰들은 조직폭력배들에게 뇌물을 받으면서 그들의 범행을 눈을 감아주었다. 심지어 Dillinger는 교도소 직원도 돈으로 매수하여 탈옥을 하였다.

한 마디로 말하면 대공황은 조직폭력과 은행 강도들이 설치기에 좋은 환경을 제공을 했다. Dillinger는 대담하게 경찰서를 습격하여 무기고를 털고 교도소를 공격하여 동료죄수들을 탈주시키는 등의 행동을 보였다. 이것은 그의 성격자체가 대담하고 스케일이 크다는 것을 반증하는 것이다. 이와 같은 그의 성격도 계속해서 대담한 은행 강도를 벌이는데 이바지하였을 것이다. 이런 것은 아무나 따라서 하기가 어려운 것이다.

또 한 가지 주목할 것은 Dillinger가 처음부터 은행 강도 수법을 안 것이 아니라는 사실이다. Dillinger는 교도소 안에서 Pierpont를 비롯한 은행 강도들을 만나면서부터 본격적으로 은행 강도에 관심을 가지게 되었다. 그리고 그들과 함께 탈옥을 한 이후부터 그들에게서 은행 강도에 필요한 구체적인 수법을 배우게 되었다. 즉 은행 강도는 아무나 할 수 있는 것이 아니다. 어떤 은행을 대상으로 어떤 방법으로 할 것인지는 전문적인 은행 강도가 아니면 하기가 어려운 것이다. 특히 Dillinger 일당은 구체적으로 서로 임무를 나누어서 치밀하게 은행 강도짓을 하였다.

선한 자선사업가와 연쇄살인범의 두 얼굴을 가진 사나이: John Wayne Gacy, Jr.
(1942. 3. 17 - 1994. 5. 10)

John Wayne Gacy, Jr.는 자수성가한 존경받는 사업가이자, 동시에 어려운 이웃을 도와주는 자선 사업가였다. John Wayne Gacy, Jr.는 유능한 사업가로서 주변사람들로부터 많은 존경을 받았다. 그는 어려운 이웃을 위해서 자신의 재산을 나누어주기도 했다. 때로는 소외된 어린이들을 즐겁게 해주기 위해서 빼빼로 옷을 입고서 광대흉내를 내는 일도 마다하지 않았다. Gacy를 아는 사람들은 그가 친절하고 점잖은 신사로 기억을 하였다. 그는 또한 성실하고 가정에 충실한 사람으로 칭찬을 받았다. 그러나 그의 숨은 사생활은 동성연애자였다. 그는 동시에 다른 남성을 연쇄살인을 하고 사체와 성관계를 가진 짐승 같은 사람이었다. 그 이외에도 Gacy는 동성연애 상대를 죽이고 그들의 시신을 자신의 집 지하실에 수집해서 보관 하는 등 엽기적인 행각을 여러 차례 버렸다.

1. 살인행위의 과정

John Wayne Gacy, Jr.

John Wayne Gacy, Jr.의 사생활에는 남들이 모르는 비밀이 있었다. 그는 동성연애자였던 것이다. 주변사람들은 그가 젊은 남자와 같이 있는 것을 자주 목격을 하였다. 그는 자신이 운영하는 패스트푸드점에서 일하는 남자 종업원들과 성관계를 가진 것이었다. 그러던 중 1968년 봄에 Gacy는 10대 소년과 성관계를 가진 혐의로 재판을 받게 되었다.[287]

그 10대 소년인 Mark Miller는 법정에서 Gacy가 자신을 그의 집으로 유인을 해서 성폭행을 하였다고 주장을 하였다. 그 때 자신은 손이 묶인 상태였다고 했다. Miller의 그런 주장에 대해서 Gacy는 완강히 부인을 하

였다. Gacy는 오히려 Miller가 용돈을 벌기 위해서 자신을 유혹했다고 주장을 하였다.[288]

위의 재판이 끝난 후 4개월이 지난 다음에 Gacy는 다른 소년을 돈을 주고 고용을 하였다. 그리고는 그는 그 소년에게 자신을 경찰에 신고한 Miller를 폭행하도록 사주를 하였다. Gacy로부터 고용된 소년은 Miller를 차에 태워 숲속으로 데려고 갔다. 그런 다음에 그의 눈을 천으로 가리고 그를 두들겨 패었다. 그러나 Miller는 그에 대해서 저항을 해서 겨우 현장에서 달아날 수 있었다. 도망에 성공한 Miller는 바로 경찰에 신고를 했고, 경찰은 그를 폭행한 소년을 체포를 했다. 그 소년은 Gacy가 Miller를 폭행하도록 자신을 고용했다고 경찰에 진술을 하였다.[289]

한편 Gacy는 자신이 Miller를 성폭행한 사실을 법정에서 인정을 하였다. 그리고는 담당판사로부터 10년의 교도소형을 선고를 받았다. 그때가 Gacy가 26세가 되는 해였다. 그가 교도소에 가자마다 그의 부인은 남편과 이혼을 했다. 자신의 남편이 동성연애자이고 다른 소년을 성폭행을 한 것에 대해서 용서를 하지 못한 것이었다.[290]

Gacy는 스스로 모범수가 되기 위해서 노력을 하였다. 그는 모든 규칙을 잘 지켰으며 교도관들의 말을 잘 따랐다. 그 결과 그는 10년형 중에서 단지 18개월만 마친 다음에 가석방을 받았다. 그런 다음에 교도소에서 나올 수가 있었다. 그 때가 1970년 6월 18일이었다. 그는 가석방이 되자마자 다시 고향인 Chicago로 돌아갔다. Gacy는 Chicago로 돌아오자 정상적인 생활로 다시 돌아가려고 노력을 하였다. 한 가지 그에게 아쉬운 것은 그가 교도소에 있는 동안 자신의 아버지가 돌아가신 것이었다. 그는 자신이 아버지의 임종을 지켜보지 못한 것에 대해서 못내 아쉬움을 금치 못했다. 아버지가 죽고 나서 Gacy는 어머니에게 돌아갔다. 그의 어머니는 식당을 운영하고 있었다. 그는 거기서 식당 주방장으로 다시 일을 시작을 하였다. 그는 주방장으로서 일을 하는 것에 흥미를 가지고 열심히 했다.[291]

Gacy는 이제는 엄마의 품을 떠나서 독립을 할 때가 되었다고 판단을 하였다. 그래서 어머니의 도움을 받아서 Chicago 교외에 집을 한 채 마련을 하였다. 그는 새로운 집에 대해 만족을 하였다. 그리고는 주변의 새로운 이웃들과 금방 친해지기 시작을 하였다. 특별히 Edward와 Lillie Grexa 부부와 친하게 지냈다. 같이 술도 마시고 포커도 하였다. 그들은 Gacy가 과거에 어떤 범죄를 저지른 사람인지를 전혀 알지를 못했다.[292]

Gacy는 어떤 어린 소년을 시외버스 정류장에서 데리고 자신의 집에 왔다. 그리고는 자신과 성관계를 강요한 혐의를 받았다. 그러나 피해 당사자인 소년이 법정에 나타나지 않아서 재판이 그 상태에서 그냥 종결이 되었다. Gacy는 다시 자유인이 되어서 사회생활을 하게 된 것이다.[293]

Gacy는 1972년 6월 1일 새로운 여성 Carole Hoff를 만났다. Hoff는 두 자녀를 둔 이혼녀였다. 그녀는 이혼 후에 외로운 상태이었다. 그래서 누군가 자신의 허전함을 채워줄 남자가 필요하였다.[294] 그녀는 Gacy가 아주 호의적이고 자상한 사람이라고 생각을 했다. 그래서 자신의 자녀들에게도 잘해줄 남자라고 믿었다. 그녀는 Gacy가 교도소에 갔다 온 사실은 알고 있었다. 그러나 그가 그 이후에 새사람이 되었다고 믿었다.

Gacy의 이웃인 Lillie Grexa는 Gacy의 집을 방문할 때마다 집안에서 고약한 냄새가 난다고 Gacy에게 이야기를 하였다. 아마 쥐가 마룻바닥 아래에서 죽은 것 같으니 그것을 처리하라고 권유를 하였다. 그러나 Gacy는 그 냄새는 마루 밑에 습기가 차서 그렇다고 하면서 그런 이야기를 무마시켰다. 사실 그 냄새는 시체가 썩으면서 나는 것이었다. 그는 죽은 남자들의 시체를 마룻바닥 밑에 묻어 놓고 있었던 것이었다. 그는 이런 사

실을 주변의 사람들에게 철저하게 숨기고 있었다.[295]

Gacy는 자신과 친한 주변의 사람들을 바비큐 파티에 초청을 하였다. 그 파티는 수백 명이 참석하는 대규모의 행사였다. Gacy는 주변사람들로부터 인정받는 사람이 되고 있었던 것이다. 그러나 그의 깊숙한 사생활의 비밀은 아무도 모르고 있었다.

1974년에 Gacy는 개인 사업을 시작을 하였다. 그것은 건물을 보수해 주는 것이었다. Gacy는 자신의 사업을 위해서 10대 소년들을 고용을 하였다. 주변 사람들한테는 노임을 절약하기 위해서 10대들을 고용한 것이라는 말을 하였다. 그러나 그가 10대 소년들을 고용한 진짜 이유는 그들을 이용하여 자신의 정욕을 채우기 위해서였다.[296]

Gacy의 부인 Carole은 Gacy와 1975년에 결별을 하였다. 그 이유는 그 시기에 Gacy가 자신의 부인과의 성생활을 거의 중단하였기 때문이다. 그리고 Gacy는 정서적으로도 상당히 불안정하였다. 그는 밤에는 집안에 잘 들어오지 않았다. 그는 밤에 밖을 잘 돌아 다녔다. 겨우 집에 있을 때는 집밖에서 알 수 없는 일을 하곤 하였다.[297]

Carole은 자신의 남편이 자신에 대해서 성적으로 전혀 관심이 없다는 것 이외에도 다른 이상한 점을 발견하였다. 그 이유는 자신의 집에서 성인 잡지들을 여러 개 발견을 하였다. 그런데 그 잡지에는 젊은 소년들의 나체 사진이 잔뜩 담겨져 있었다. 이에 대해서 부인이 묻자 Gacy는 자신은 여자보다 소년들에게 더 성적인 관심이 있다고 고백을 하였다. 그 결과 Carole은 법원에 이혼 소송을 제기를 하였다.[298] 그 결과 그들은 1976년 3월 2일 법적으로 완전히 이혼을 하였다.

이혼을 겪는 동안에도 Gacy는 자신의 정치적인 야심을 포기를 하지 않았다. 그는 언젠가는 정치가로서 성공할 것이라는 믿음을 가지고 있었다.

그는 정치가가 되기 위해서는 다른 사람들을 위한 자선사업과 봉사활동을 해야 한다는 것을 잘 알고 있었다. 그래서 그는 많은 사회단체에 가입해서 자원봉사 활동을 활발하게 하였다. 한 예로서 Gacy와 그의 회사원들은 민주당 당사를 청소하는 일을 자원봉사를 하였다. 또한 그는 광대차림을 하고 아이들을 즐겁게 해주었다. 예를 들면 그는 광대로 분장을 하고서 병원에 있는 아이들을 찾아가서 그들을 위로해 주었다.[299]

위와 같은 노력 덕분에 그는 자신이 살고 있는 시의 재무과장이 되었다. 그의 정치적 야심이 잘 이루어져 가는 듯하였다. 그러나 그가 어린 소년들과 동성연애를 벌인다는 소문이 돌았다. 그러면서 그의 정치생명도 오래가지 못했다.

Gacy는 그의 직원들 중에 하나인 Tony Antonucci를 자신의 집에 유인을 하였다. Gacy는 그 소년의 손에 수갑을 채우고 옷을 벗기려고 하였다. 그러나 그 소년은 미리 알아차리고 수갑을 허술하게 채워서 한 손이 빠져나올 수 있도록 하였다. 그리고는 그 소년은 Gacy와 몸싸움을 하여 위기에서 빠져나올 수 있었다. 그 소년은 Gacy한테 그런 일을 다시는 벌이지 않겠다는 약속을 받아냈다. 그리고는 그 소년은 Gacy의 회사에서 1년을 더 일을 하였다.[300]

하루는 Gacy 회사의 직원 중에 Johnny Butkovich라는 소년이 있었다. 차를 리모델링하는 것이 그의 취미였다. 그러나 17세 소년이 그런 취미생활을 유지하기 위해서는 자동차 부품을 사기 위한 돈이 필요하였다. 그는 Gacy회사에서 열심히 일을 하였다. 그러나 그는 2주째 월급을 받지 못했다. 화가 난 Butkovich는 자신의 친구 두 명을 데리고 Gacy의 집에 밀린 월급을 받으러 갔다.[301] 그러나 Gacy는 절대 월급을 줄 수 없다고 고집을 하였다. 어쩔 수 없다고 판단한 그들은 다시 자신들의 집으로 돌아갔다. 그러나 Butkovich는 그 후에 다시 세상에 보이지 않았다. 그는 나중에 Gacy에 의해서 살해를 당한 것이었다.[302]

또 다른 Gacy의 희생자는 Billy Carroll이었다. 그는 16세 때부터 10대 소년들을 성인 동성연애자들에게 매춘을 알선해 주었다. 그는 그런 방법으로 돈을 버는 사람이었다. 그런 Carroll은 1976년 6월 13일 자신의 집을 떠난 이후에 갑자기 종적을 감추었다.

위의 소년들 이외에도 수많은 소년들이 자취를 감추었는데 그들은 Gacy에 의해 성폭행을 당하고 살해되었던 것이다. 그들의 상당수는 Gacy회사에서 일하는 10대 소년들이었다.[303]

1978년 5월 22일 Jeffrey Ringall이란 남자는 Florida에서 몇 달 동안의 휴가를 마치고 자신의 집이 있는 Chicago로 돌아왔다. 그는 우선 평소에 잘 가던 술집에 들러서 한 잔을 하기로 하였다. 그는 술집으로 가던 중 트럭에서 내린 한 남자와 마주쳤다. 그는 대마초를 함께 피우지 않겠느냐고 제안을 했다. 자신도 대마초를 사용하던 경험이 있어서, 그는 그 남자의 제안에 흔쾌히 동의를 했다. 그러고는 그들은 함께 대마초를 피우기 위해서 안전한 장소로 이동을 하였다. 경찰이나 다른 사람에게 들키지 않기 위해서였다.[304]

그들은 차에 올라타서 대마초를 피우기 시작을 하였다. Ringall이 대마초를 거의 절반 정도 피웠을 때였다. 같이 있던 남자는 Ringall의 코를 마취약이 묻은 천으로 막아서 꼼짝 못하게 만들었다. Ringall은 정신을 잃었다. 그는 차로 어디론가 옮겨지고 있는 동안에 두 번 정도 잠시 의식이 들었다. 그는 길가의 사인들을 쳐다보았다. 그러면서 자신에게 무슨 일이 일어나고 있는지를 알기 위해 안간힘을 썼다. 그런 그의 모습을 본 수상한 남자는 Ringall의 코를 마취약이 묻은 천으로 다시 막았다. Ringall은 곧

바로 다시 의식을 잃었다.[305]

Ringall이 다시 정신을 차렸을 때 이상한 일이 자신의 눈앞에서 벌어지고 있었다. 그 덩치 큰 남자는 옷을 홀딱 벗은 상태로 자신의 앞에 서 있었다. 그는 고무로 만든 남성의 성기모양의 도구를 한 손에 들고 있었다. Ringall은 그 신원미상의 남자에 의해서 성폭행과 고문을 당하였다.[306] 그 수상한 남자는 그런 행동을 통해서 자신의 가학적인 충동을 만족을 시켰다.ⓛ

그는 다음 날 아침 다시 정신을 차렸다. 그는 Chicago의 Lincoln 공원에 옷이 입혀진 상태로 버려진 자신을 발견을 하였다. 그는 일어나자마자 바로 자신의 여자 친구에게 갔다. 그리고는 6일 동안 병원에 입원을 했다. 그리고는 수상한 남자에게 성폭행과 고문으로 입은 상처를 치료를 받았다.

병원에 있는 동안 Ringall은 자신이 성폭행과 고문을 당한 사실을 경찰에 신고를 하였다. 그러나 경찰은 Ringall에게서 범인에 대한 별다른 정보를 얻을 수 없었기 때문에 수사에 큰 어려움을 겪었다. Ringall은 외상과 화상을 입었다. 뿐만 아니라, 그는 과도하게 마취약을 흡입하여 심한 간 손상을 입었다. 그러나 무엇보다 치료하기 힘든 것은 그의 정신적인 충격이었다.[307]

위와 같이 지옥을 경험한 Ringall이었다. 그러나 그는 그 남자로부터 살인을 당하지 않고 살아남은 운이 좋은 사람이었다. Gacy에 의해서 성폭행을 당하고 살해당한 남성이 무려 30명이 넘었기 때문이었다. 살해당한 남성들은 거의 모두 Gacy의 집의 지하실이나 강에 매장이 되었다.

ⓛ 타인에게 고통을 주면서 성적인 만족을 얻는 변태성욕의 한 가지를 말한다.

2. 경찰의 수사과정

Robert Piest는 당시 15세의 소년이었다. 그는 자신의 엄마와 같이 약국에 갔었다. 그러던 중에 건설회사 사장과 잠시 자신의 일자리에 대해서 이야기를 한다고 약국 밖으로 나갔다. 그는 그런 다음에 갑자기 사라졌다. 그 소년의 엄마는 여기저기를 샅샅이 찾아보아도 자신의 아들은 보이지 않았다. 그는 경찰에 아들의 실종사실을 신고를 하였다. 경찰은 곧바로 수사를 시작하였다. 그리고 경찰은 Piest가 사라지기 전에 마지막으로 이야기를 나눈 사람이 Gacy라는 것을 알아냈다.[308] 경찰은 Gacy에게 경찰서에 출두할 것을 요구를 하였다. 경찰서에 출두한 Gacy는 자신은 Piest가 사라진 사실에 대해서 전혀 아는 바가 없다고 경찰에 진술을 하였다. 그리고는 그는 바로 다시 집으로 돌아갔다.

Kozenczak 경위는 Gacy의 과거의 범죄경력을 추적을 하였다. 그 결과 그가 소년들을 성추행한 혐의로 체포된 기록을 확인을 하였다.[309] 그것을 근거로 경찰은 법원으로부터 수색영장을 발부받아 Gacy의 집을 수색을 하였다. 경찰은 1978년 12월 13일에 본격적으로 Gacy의 집안을 수색을 하였다. 경찰이 도착하였을 당시 Gacy는 집에 없었다. 경찰이 그의 집을 수색을 하여 여러 가지 증거물들을 발견을 하였다. 그 중에는 대마초와 그것을 말아서 피기 위한 종이, 포르노 영화테이프, 날을 바꾸어서 사용할 수 있는 칼, 게이들을 위한 포르노 잡지, 수갑, 권총, 반지, 경찰 배지, 남성성기 모양의 여성용 자위기구, 주사기, 실종된 소년들의 것으로 보이는 옷가지, 그리고 나일론 로프 등이 발견이 되었다. 그 이외에도 경찰은 Gacy가 타고 다니던 트럭, 승합차, 그리고 승용차 등도 함께 압수를 하였다. Gacy의 차의 트렁크에서 발견된 머리카락은 실종된 Robert

Piest의 것으로 나중에 확인이 되었다.[310]

수색이 진행이 되는 동안 일부 경찰은 마루 밑바닥까지 들여다보았다. 고약한 냄새가 났으나, 더 이상 주의 깊게 살펴보지는 않았다. Gacy는 경찰이 자신의 집안을 수색하고 물건을 압수한 것에 대해서 화가 났다. 그는 곧 바로 자신의 변호사를 불렀다. 하지만 경찰은 Gacy를 체포할 만한 결정적인 단서를 찾지를 못했다. 그래서 경찰은 Gacy에게 Piest의 실종에 대해서 더 아는 것이 있는지를 다시 물어보았다. 그는 다시 그에 대해서 아는 것이 없다고 대답했다. 그러자 경찰은 그를 집으로 돌려보낼 수밖에 없었다.[311]

Gacy에 의해 살해된 소년들

경찰은 Gacy를 살인 혐의로 체포할 증거가 없었다. 그렇기 때문에 경찰은 할 수 없이 그를 일단 대마초 소지 혐의로 체포를 했다. 체포되기 전에 그는 주변 사람들에게 자신이 30여명의 소년들을 죽였다고 실토를 하였다. 그러나 그는 자신이 그들을 죽인 이유는 그들이 자신을 협박하여 돈을 뜯어내려고 했기 때문이라고 변명을 하였다.

몇 달 전에 Gacy에 의해서 성폭행을 당한 적이 있는 Ringall은 자신이 Gacy에게 납치되었을 때의 기억을 더듬었다. 그리고는 자신이 납치되었던 경로로 생각이 되는 고속도로의 출구에 차를 세웠다. 그리고는 자신을 납치하였던 차가 다시 나타나기를 기다렸다. 그러던 중 마침내 그는 Gacy의 차를 발견하고는 그 차를 추적을 하였다. 그리고는 그는 Gacy의 집 위치를 확인을 하여 두었다. 그는 Gacy의 집의 위치를 확인을 하고 그를 자신을 성폭행한 혐의로 고소를 하였다.[312]

경찰이 압수한 물건 중에서 Gacy의 혐의를 입증할 수 있는 결정적인 증거가 될 물건이 있었다. 그것은 바로 반지였다. 그 반지는 실종된 소년 중에서 John Szyc가 평소에 끼고 다니던 것이었다.[313] 경찰은 Piest 말고도 다른 세 명의 소년이 갑자기 이유를 알 수 없이 사라졌다는 것도 알게 되었다.

경찰은 Gacy의 집을 다시 수색을 하였다. 우선 경찰은 Gacy의 집 마루 밑을 파보기로 했다. 그 결과 경찰은 한 사람의 것으로 보이는 유골을 발견할 수가 있었다. 경찰은 그 지역을 담당하는 검시관 Robert Stein 박사를 불렀다. Stein박사는 현장에 도착하자마자 그 심한 냄새는 시체가 썩는 냄새임을 금방 알아차릴 수 있었다. 검시관은 Gacy의 집 주변을 고고학자가 하는 것처럼 몇 구역으로 나누었다. 그리고는 그는 구역별로 하나씩 시신의 발굴 작업을 하였다.[314]

Gacy는 1978년 12월 22일 경찰에 자신이 30여명이 넘는 사람을 죽였다는 것을 자백을 하였다. 그는 대부분의 시신을 자신의 집 마룻바닥 밑에 묻었다고 했다. 그는 상대방을 속여서 수갑을 차게 한 다음에 성폭행을 하였다고 진술을 하였다.[315] 그리고 그들이 비명을 지르는 것을 막기 위해서 입을 양말이나 속옷으로 틀어막았다. 그리고는 줄을 이용해 목을 졸라서 살해하는 방법을 썼다. Gacy는 소년들을 살해하고 난 다음에 몇 시간 동안 자신의 침실에 시신을 방치해 놓았다. 그러다가 나중에 마루 밑에 묻었다고 자백을 하였다.

경찰이 땅을 파기 시작한 첫날 두 구의 유골을 발견하였다. 하나는 John Butkovich의 것으로 차고 바닥에서 발견이 되었다. 다른 하나는 마루 밑에서 발견이 되었다. 땅을 파는 작업을 하면 할수록 더 많은 유골들이 발견이 되었다.[316] 어떤 유골은 아직도 입에 자신의 속옷이 물려있는 경우도 있었다. 어떤 유골들은 서로 뒤엉켜 있었다. 이런 점으로 미루어

Gacy의 집에서 시신의 발굴 작업을
하고 있는 경찰

보아 그들은 같은 시기에 살해되고 매장이 된 것으로 판단이 되었다. 그러나 나중에 알려진 것은 Gacy가 아주 많은 소년들을 죽이다보니 매장할 공간이 부족하였다. 그래서 그는 시체를 겹쳐서 땅에 묻은 것이었다.

12월 28일까지 경찰은 27명의 것으로 보이는 유골을 Gacy의 집에서 발견을 하였다. 또 다른 하나의 유골은 그 지역에 있는 강가에서 발견이 되었다. 경찰은 Gacy의 집에서 한 사람의 운전면허증을 발견을 하였다. 그것은 강가에 버려진 사람들 중 한 명의 것으로 확인이 되었다. 그래서 경찰은 그가 Gacy에 의해서 희생된 사람으로 의심을 하였다. 그러나 강가에서 발견된 사람은 그가 마지막이 아니었다. 또 다른 남자가 입에 속옷이 물린 상태로 살해가 되었다. Gacy는 자신의 집 마루 밑에 시체를 매장할 공간이 부족하였다. 그래서 그는 강가에 시체를 묻었다고 경찰에 진술을 하였다.

경찰은 다음해 2월까지 매장된 시체가 더 있을 것으로 생각을 하고 땅을 파는 작업을 계속하였다. 그러나 날씨가 너무 추워져서 더 이상 땅을 파는 것이 어려웠다. 그래서 경찰은 유골 발굴 작업을 잠시 중단하기로 결정을 하였다. 나중에 콘크리트 안을 파보니 그 안에 잘 보존된 시체가 발견이 되었다. 그런데 그는 어린 소년이 아니라, 결혼반지를 낀 성인 남자이었다. Gacy의 희생자는 더 이상 어린 소년들이나 동성연애자들에만 국한이 되지 않았다. 마지막으로 한 명의 유골이 더 발견이 되었다. 그 유골은 Gacy의 집 오락실에서 발견이 되었다. 그리하여 확인된 유골만 합쳐도 무려 32명이나 Gacy에 의해서 어이없게 성폭행을 당하고 살해를 당했

다. 경찰은 Gacy의 집에서 유골의 발굴 작업을 끝낸 다음에는 그 집을 허물었다.[317]

그러나 32명이 끝이 아니었다. 약국에서 실종된 Robert Piest의 유골이 발견이 되지 않았다. 경찰은 그를 찾으려는 노력을 포기하지 않고 계속하였다. 그 결과 1979년 4월에 그의 유골을 강가에서 찾을 수 있었다. 나중에 실시된 부검의 결과 Piest는 목이 휴지로 막혀서 질식사를 당하였다. 그의 가족들은 범인 Gacy와 그를 가석방시킨 Iowa주 가석방 위원회, 교정국, 그리고 Chicago 경찰을 상대로 총 85만 불에 상당하는 소송을 제기를 하였다. 가석방위원회와 교정국은 자신들의 임무를 제대로 수행하지 못해서 위험한 범죄자를 가석방을 시킨 실수를 했다는 이유 때문이었다. 한편 Piest의 부모들은 Gacy가 30명이나 넘는 사람을 죽일 때까지 그를 체포하지 못하였기 때문에 Chicago 경찰도 책임이 있다고 믿었다.

경찰은 유골의 치과진료 기록을 대조하여 그들의 신원을 일일이 확인을 하였다. 그러나 30명이 넘는 유골 중에서 아홉 명은 결국 신원을 확인할 수가 없었다.

3. 재판과정

John Wayne Gacy에 대한 재판이 1980년 2월 6일에 개시가 되었다. 검사는 Bob Egan이 담당을 하였다. 그는 배심원에게 Gacy에 의해 살해당한 Robert Piest가 얼마나 선량한 소년이었는지를 호소를 하였다. 그리고 그런 그가 어떻게 Gacy에 의해 무참하게 살해를 당했는지를 설명을 하였다. 그리고 검사는 Gacy가 Piest 말고도 32명의 젊은 남성을 더 죽였다는 점을 강조를 하였다.[318]

이에 대항하여 Gacy의 변호인으로 나선 Robert Motta는 Gacy는 정신이상자라고 주장을 하였다. 그래서 그가 저지른 범죄는 그가 충동적으로 저지른 것이라고 변론을 하였다. 즉 Gacy는 평소에는 온전하지만, 범행 당시에는 제정신이 아니었다는 것이다.[319] 그 검사측의 증인으로 법정에 선 사람들은 피살당한 소년들의 가족과 Gacy에 의한 살인을 구사일생으로 피한 소년들이었다. 살인을 겨우 모면한 소년들은 Gacy가 자신들을 어떻게 유인을 하였는지를 법정에서 증언을 하였다. 검찰 측 증인들은 그뿐만 아니라, Gacy의 이웃 사람들과 수사를 담당했던 경찰관들도 포함이 되었다. 그 이외에도 Gacy의 정신 상태를 분석한 심리학자들은 그가 정신이상자가 아니라고 증언을 하였다.

Gacy의 변호인은 2월 24일 재판 때 Gacy에 의해 성폭행을 당한 사람 중의 하나인 Jeffrey Ringall을 증인으로 채택을 하였다. 변호인은 Gacy가 자신을 제대로 통제할 수 없는 정신이상자라는 것을 보여주기 위해서 Ringall을 증인으로 채택을 한 것이었다. 그러나 Ringall은 자신이 어떻게 Gacy에 의해서 성폭행을 당했는지를 자세하게 증언을 하였다. 그는 증언의 과정에서 울고 구역질을 하는 등 극심한 스트레스 증상을 보였다.[320] 그 결과 그는 더 이상 증언을 할 수 없어서 법정에서 나갔다. 이것을 법정에서 지켜본 Gacy는 그래도 전혀 죄책감이 들지 않는 것처럼 무표정하였다.

Gacy의 엄마와 누나는 Gacy가 어렸을 적에 아버지에게 폭행을 당한 적이 여러 번 있다고 주장을 하였다. Gacy와 친했던 사람들은 Gacy가 자선사업에 앞장을 서고 항상 얼굴에 미소를 짓는 좋은 사람이라고 설명을 했다. Gacy의 이웃사람중의 하나인 Lillie Grexa는 자신의 증언 중에 Gacy는 "아주 똑똑한 사람"이라고 배심원들에게 설명을 하였다. 이것은

Gacy가 정신이상자라는 것을 보여주려고 했던 변호인에게는 오히려 역
효과가 나는 증언이었다.

감옥에 있을 때의 Gacy의 모습

Gacy의 변호인 측은 Gacy가 정신이상자라는 것을 증명하기 위해서 여
러 명의 심리학자들을 동원을 하였다. 그들은 Gacy가 정신분열증과 함께
다중성격장애 증상이 있다고 증언을 하였다.[321] 정신분열증은 현실과 상
상의 세계를 구별하지 못하는 심한 정신질환이다. 반면 다중성격장애는
한 사람이 여러 사람의 성격을 동시에 가지고 있는 것이다. Gacy의 경우
에는 선한 사람의 성격과 짐승과 같이 잔인한 성격을 동시에 가졌다는 것
이다. 그래서 아직도 많은 사람들이 Gacy가 연쇄살인범이라는 사실을 믿
지 못했던 것이다. 결론적으로 변호인 측이 내세운 심리학자들은 Gacy가
정신이상자라는 진단을 내놓았다.

이에 대해서 검사는 Gacy가 자신의 범행을 사전에 철저하게 계획을 하
였다는 점을 지적을 하였다. 그리고 그가 남들을 어떻게 자신의 범행에 이
용을 하고 그들을 조정을 하였는지를 배심원들에게 설득을 하였다.

배심원들은 2시간 정도의 토의 끝에 상당히 빠른 결정을 하였다. 그들
은 Gacy를 살인혐의의 유죄를 인정을 하였다. Gacy의 사형은 그가 유죄

판결을 받은 후 14년 만에 집행이 되었다.[322] Gacy는 1994년 5월 10일 Illinois 주에 있는 Stateville 교도소에서 사형집행을 당하였다. 방법은 독이 든 주사에 의한 것이었다. Gacy는 사형집행장에 들어가는 동안에도 자신의 죄에 대해서 전혀 뉘우치지 않았다. 오히려 주변에 있는 사람들에게 심한 저주를 퍼부었다.[323]

4. John Wayne Gacy의 성장과정

Gacy는 1942년 Chicago에서 아버지 John Wayne Gacy, Sr.와 어머니 Marion Elaine Robinson Gacy, Sr. 사이에서 1남 2녀 중 두 번째로 태어났다. John Gacy와 그의 두 형제들은 가톨릭 재단의 학교를 다녔다.[324]

Gacy는 중산층이 사는 동네에서 살았다. 그는 방과 후에는 아르바이트와 보이 스카우트 활동을 하면서 보냈다. Gacy는 엄마와 누나, 그리고 동생과는 원만한 관계를 가졌다. 그러나 그의 아버지는 술을 자주 마셨고, 자신의 부인을 폭행을 하였다. 또한 그는 자녀들에게는 욕을 자주 해댔다.[325] Gacy는 자신의 아버지와 좀 더 친하게 지내고 싶었다. 그러나 불행히도 Gacy는 아버지가 죽기까지 그런 기회를 가지지 못했다.

Gacy는 고3때 네 번이나 학교를 옮겨 다녔다. 그러다 그는 결국 학교를 졸업하지 못하고 중퇴를 하였다. 그는 학교를 중퇴한 후에 Las Vegas로 무작정 떠났다. 그는 죽은 시체를 관리하는 장의사 업체에서 잡일을 하면서 근근이 생활을 하였다. 그는 고등학교 졸업장이 없었기 때문에 제대로 된 직장에 취직을 하기가 힘이 들었던 것이다. 그는 세달 동안 장의사 업체에서 열심히 일을 해서 겨우 Chicago에 있는 자신의 집으로 돌아 올 여

비를 마련할 수가 있었다.326)

위와 같은 실패의 경험 때문인지 그는 대학교육을 받는 것이 필요하다고 생각을 하였다. 그는 1960년대 Las Vegas에서 Chicago로 돌아온 후, 상과대학에 들어가고 또 졸업을 하였다. 그는 세일즈맨으로서 아주 우수한 재능이 있었다. 그의 유창한 언변은 세일즈맨으로 성공하는데 큰 도움이 되었다. 그는 대학을 졸업하고 유명한 Nunn-Bush 신발회사에 취업을 하였다. 그는 그 회사에서 자신의 소질을 마음껏 발휘를 하였다.327)

이럴 즈음에 그의 체중은 자꾸 늘어만 갔고, 그의 심장질환은 악화가 되었다. 게다가 허리통증까지 심하였다. 그럼에도 불구하고 그는 자신의 일을 쉽게 포기하지 않고 열심히 하였다. 그는 Illinois주의 Springfield 시로 근무지를 옮긴 이후에도 열심히 일을 하였다.328)

그는 자신의 직장생활뿐만 아니라, 사회활동도 아주 열심히 하였다. 그는 여러 가지 사회단체에도 가입하여 활발한 활동을 하였다. 그 결과 그는 야망이 넘치는 남자로 평가를 받았다. 그러는 동안 Gacy는 자신의 동료 중 한 명인 Marlynn Myers와 결혼을 하였다. Myers의 아버지는 Iowa주에서 켄터키 프라이드치킨 점을 운영을 하였다. Gacy는 장인을 도와서 Iowa에서 함께 켄터키 프라이드치킨 점에서 일하기로

사회봉사활동의 하나로 광대 차림으로 아이들을 즐겁게 해주고 있는 Gacy의 이중적인 생활.

하였다. Gacy는 하루에 열 두 시간 이상 열심히 프라이드치킨 점에서 일을 하였다. 그는 언젠가는 자신도 패스트푸드점을 경영할 꿈을 꾸고 있었던 것이다.

그렇게 바쁜 가운데에서도 Gacy는 'Jaycees'와 같은 사회단체에 가

입을 하여서 여전히 정력적인 활동을 하였다. 그는 사회단체의 일을 마치 자기 일처럼 하였다. 그리고 새로운 일거리를 만들기에 주저하지 않았다. 그는 다른 사람들로부터 잘 한다는 칭찬을 받기를 원했다.329)

Gacy가 Iowa로 이주한 처음 몇 년 동안은 아주 행복한 시간을 보냈다. 그는 딸 하나 아들 하나를 낳았다. 그리고 교외에 아주 근사한 집도 얻었다. 그야말로 별로 부러울 것이 없는 삶이었다.

5. Gacy 범죄행위의 동기

Gacy는 어릴 적에 아버지와의 불화가 있었다. 그러나 그 정도의 문제는 성장기에 많은 아동들이 겪는 것이다. 그것 하나만으로 Gacy의 범죄행위의 원인을 찾기는 어렵다. Gacy는 유달리 남을 지배하려는 욕구가 강하였다. 그는 두 가지의 강한 욕구가 있었다. 하나는 성공적인 개인 사업가, 자선사업가, 그리고 정치인으로서 주변의 사람들에게 인정을 받는 것이었다. 그의 이런 동기는 남을 지배하려는 욕구의 표현이다. 심지어 그는 나중에 Illinois 주의 주지사가 될 것을 꿈을 꾸었다.

Gacy는 아마도 정상적인 사생활을 했더라면 그런 꿈을 다 이루었을 지도 모르겠다. 하지만 그의 불행은 자신에게는 위와 비슷한 동기로 비밀스런 사생활을 가지고 있었다. 그가 남을 지배하려는 욕구는 성행위의 하나가 되었다. 그가 왜 이성보다는 동성에 더 성적인 관심을 가지게 되었는지는 알 수가 없다. 하여튼 그는 젊은 소년을 유인을 하여서 수갑을 채우고 가학적인 성행위(고문)를 하였다. 그러면서 그는 자신의 성적인 만족을 추구를 하였다.Ⓜ

Ⓜ 이런 변태행위를 sadism이라고 한다. 즉 남에게 채찍질이나 다른 방법으로 고통을 주면

수갑이 채워진 상대는 전혀 저항할 수 없는 상태에서 Gacy의 성적 노리개가 되었다. Gacy는 저항할 수 없는 소년들을 자기 마음대로 지배할 수가 있었다. 한편으로 그것은 그가 자신의 욕심을 채우기 위해서 한 일이었다. 그러나 자신의 사회적 신분과 처벌의 두려움 때문에 피해자를 살려줄 수가 없었다. 즉 증인을 없애버릴 수밖에 없는 상황에 직면을 하였다. 그래서 그는 그들을 살해를 하는 길을 택했다. 그는 한 번 중독된 이런 행동을 스스로 멈출 수가 없었다. 마약에 중독이 된 사람처럼 그는 한 사람 한 사람 차례대로 살인의 행진을 계속했다. 그가 체포가 되지 않았다면 그는 살인을 계속했을 것이다.

Gacy의 이중적인 생활은 Robert Louis Stevenson의 소설 「지킬박사와 하이드」(Dr. Jekyil and Mr. Hyde, 1886) 를 연상을 시킨다. 낮에는 존경받는 지킬박사이지만, 밤만 되면 야수와 같은 하이드로 변하는 주인공 말이다. 어쩌면 우리 인간 누구에게나 이런 이중적인 면이 있는지도 모른다. 우리는 점잖은 신사처럼 행동하지만, 그 안에는 시기와 질투, 그리고 남을 지배하려는 강한 욕구가 동시에 살아 있는 것이다. Gacy의 경우에는 좀 극단적인 사례라는 차이 밖에는 없는 것이다. 사회학에서 기본 전제는 인간은 천사와 짐승의 중간적 존재라는 것이다. 우리는 때로는 천사처럼 행동을 하지만, 남이 보지 않는 곳에서는 짐승과 같이 악한 행동을 하는 것이다.

서 자신의 성적만족을 얻는 것이다.

밤의 스토커 연쇄살인범 :
Richard Ramirez(1960. 2. 29 -)

Richard Ramirez는 남의 침실을 침입하여 상대방 여성을 무참하게 살해한 것으로 악명이 높다. 감옥에 있는 Ramirez를 좋아하는 여성들이 그에게 많은 연애편지를 보냈다. 그리고 그는 그 중의 한 명의 여성과 교도소 안에서 결혼까지 하였다.

1. 연쇄살인의 과정

경찰에 체포된 이후에 촬영된 Ramirez의 모습

Ramirez의 첫 번째 희생자는 79세의 할머니 Jennie Vincow였다. 1984년 6월 28일 할머니는 날씨가 더워서 창문을 열어 놓은 상태로 잠을 잤다. Ramirez는 그 할머니 집의 방충망을 떼어내고 창문 안으로 기어 들어갔다. 그 근처에 살고 있던 할머니의 아들이 나중에 할머니를 방문을 하였다. 그러다가 우연히 그녀의 시체를 발견을 하였다. 그녀는 여러 차례 칼에 찔린 상태이었다. 그녀의 목은 깊게 칼에 잘려서 거의 목의 떨어져 나갈 정도의 상황이었다. 범인은 집안을 뒤져서 귀중품을 챙겨서 달아났다. 창문에서는 범인의 것으로 보이는 지문이 발견이 되었다.330) 경찰이 그 할머니 사체를 부검한 결과 그녀는 성폭행을 당한 흔적이 보였다. 아마도 범인은 그녀가 죽은 다음에 사체와 성관계를 한 것으로 보였다.331)

Peter Zazzara는 1985년 3월 27일 California에 있는 자신의 부모의 집에 도착을 하였다. 그의 아버지는 64세로서 한 때는 투자회사의 자문위원이었다. 그러나 지금은 피자가게를 운영하는 사람이었다. 그의 엄마는 44세로서 변호사였다.[332] 즉 그들은 모두 부유한 사람들이었다. Peter가 아버지 집의 문 앞에 있는 초인종을 몇 번을 눌렀다. 그런데 안에서는 아무런 인기척이 없었다. 이것을 이상하게 여긴 Peter는 가지고 있던 열쇠를 이용하여 문을 열고 안으로 들어갔다.

집안으로 들어간 Peter는 처참한 장면을 목격을 하였다. 그의 아버지는 머리에 총을 맞아서 즉사한 것으로 보였다. 그리고 그의 엄마는 침대에 누운 채 얼굴은 위를 향하고 숨겨있었다. 그녀의 옷은 완전히 벗겨진 상태이었다. 또한 눈은 완전히 후벼 파져 있었다. 그녀는 얼굴, 목, 복부 등에 무차별하게 칼에 찔렸다. 그녀의 가슴에는 T자 모양의 칼 자욱이 있었다.[333]

검식관이 그녀의 시체를 부검한 결과 그녀는 먼저 머리에 총을 맞았다. 그런 다음 나중에 살해범에 의해서 몸이 난자당한 것으로 보였다. 집안의 귀중품도 사라졌다. 이 사건의 범인은 Ramirez였다. 그는 이 사건이후에도 이와 유사한 방법으로 계속해서 살인을 저질렀다. 즉 Ramirez는 방해가 되는 남자를 먼저 살해를 하였다. 그런 다음에 여자를 상대로 범행을 저질렀던 것이었다.[334]

이 사건이 있은 후 6주 후에 Ramirez는 Harold Wu와 Jean Wu의 집에 침입을 하였다. 한밤중에 침입한 그는 먼저 66세의 남편 Harold를 총으로 싸서 죽였다. 그런 다음에는 63세의 그의 부인 Jean을 주먹으로 무참하게 때리면서 돈을 숨겨 놓은 곳을 대라고 협박을 하였다. Ramirez는 부인의 손을 뒤로 묶고 나서 집안에 있는 돈과 귀중품을 찾았다. Ramirez는 자신이 찾는 물건을 발견하고는 그것들을 챙겼다. 그리고 다시 침실로 돌아와서 부인을 강간을 한 이후에 현장을 떠났다.

머리에 총상을 입은 상태이었음에도 불구하고 Harold는 죽지 않았다. 그는 집안에 있는 전화기로 가서 경찰에 신고를 하였다. 그는 심한 부상을 입었기 때문에 전화를 하는 목적과 장소를 제대로 이야기를 하지를 못하였다. 그러나 경찰은 그의 전화번호를 역으로 추적을 하였다. 그렇게 해서 그의 집의 주소를 확인을 하였다. 응급전화를 받은 직원은 재빨리 경찰과 응급차를 현장에 급파를 하였다. Harold는 병원에 후송이 되었으나 병원에 도착하자마자 바로 사망을 하였다. 다행히 부인 Jean은 상처를 치료를 받아서 겨우 생명은 건졌다. 그러나 Jean은 범인의 인상착의를 제대로 설명하지를 못했다.[335]

41세의 Ruth Wilson은 5월 30일 한밤중에 누군가가 자신의 얼굴에 플래시 라이트를 비추는 것을 느꼈다. 그리고 그녀는 잠에서 깨었다. Ramirez는 Ruth의 집을 조용히 침입하여 그녀의 머리에 총을 겨누었던 것이다. Ramirez는 그녀를 자신의 침실에서 나와서 그녀의 12살짜리 아들의 방으로 옮기도록 명령을 하였다. 그는 부인의 아들의 방으로 가서 아들의 손을 묶고 그를 옷장에 가두었다. 부인이 범인의 얼굴을 쳐다보았다. 그러자 Ramirez는 부인에게 자신의 얼굴을 보지 말 것을 지시를 하였다. 그리고는 다시 쳐다보면 죽여 버리겠다고 협박을 하였다.[336]

Ruth Wilson 부인은 범인이 원하는 것이 돈과 귀중품인 줄만 알았다. 그래서 그에게 모든 귀중품을 다 넘겨주었다. Ramirez는 자신이 원하는 물건을 다 취한 후에는 Wilson부인의 손을 그녀의 팬티호스를 이용하여 뒤로 묶었다. 그런 후에 그는 부인의 핑크색 나이트가운을 찢고 그녀를 강간을 하였다.

Ramirez는 Wilson 부인에게 당신은 당신의 나이에 비해서 젊고 예쁘다. 그래서 다른 많은 여자들은 죽였지만 너만은 살려주겠다고 부인에게 이야기를 하였다.337) Ramirez는 부인과 부인의 아들을 끈으로 묶어 놓은 상태에서 현장을 떠났다. 부인의 아들은 나중에 손에 묶인 로프를 풀고서 경찰에 신고를 하였다. Wilson부인은 경찰에 범인은 키가 크고 머리가 긴 Mexico혈통의 남자라고 설명을 하였다.

Ramirez에 의한 강간 및 살인 행진이 계속이 되자, LA시는 순식간에 공포에 휩싸이게 되었다. 신문은 그에게 '밤의 스토커'라는 별명을 붙여주었다.

22세의 Maria Sophia Hernandez는 1985년 3월 17일 밤 11시 30분에 일을 마치고 집으로 돌아오는 길이었다. 그녀는 콘도를 빌려서 룸메이트인 34세의 Dayle Okazaki와 같이 살고 있었다. 그녀는 차고를 리모컨으로 열고 안으로 들어갔다. 그녀는 하루 종일 일을 했고 또 밥을 제대로 먹지 못했기 때문에 무척 피곤한 상태이었다. 그녀는 밥을 먹고 바로 쉬고 싶은 생각밖에는 없었다. 그녀가 차 안에서 나오자마자 누군가가 뒤에서 갑자기 소리 없이 나타났다. 그 남자는 키가 컸다. 그리고 그는 위와 아래 모두 검은색 옷을 입고 있었다. 그는 머리에는 진한 청색 모자를 깊이 눌러쓰고 있었다.338)

그 신원미상의 남자는 총을 Maria의 코앞에 겨누었다. 그녀는 제발 살려달라고 애원을 하였다. 그러나 범인은 냉정하게도 총의 방아쇠를 당겼다. 차고 안의 폐쇄된 공간에서 총소리는 무척 크게 들렸다. 그녀는 곧바로 차고 바닥에 쓰러졌다. 그녀는 의식은 있었지만 죽은척하고 움직이지 않았다. 범인은 그녀를 밟고 지나갔다. 그리고는 콘도 안으로 들어가는데 방해가 되었으므로 범인은 그녀의 몸을 발로 차서 밀었다. 그런 다음에 콘도의 문을 열고 안으로 들어갔다.339)

Maria는 죽은 듯이 가만히 있었다. 그녀의 손에는 피가 흘렸다. 자신의 손에는 그대로 차키가 쥐어 있었다. 그녀는 범인이 자신을 총으로 쐈을 때 반사적으로 손으로 막았다. 그러면서 총알이 손에 쥐고 있던 차키에 맞은 것이었다. Maria는 콘도 안에서 총소리가 들리자, 몸을 추슬러서 차고로 부터 발버둥을 치고 도망을 가려고 하였다. 그렇지만 곧바로 집문 앞에서 나오는 범인과 마주쳤다.

그러자 Maria는 자신의 차를 세워 놓은 쪽을 향해서 발걸음을 재촉을 하였다. 다행히 범인은 그녀를 쫓아오지 않았다. 범인은 총을 허리춤에 넣은 다음에 뛰어서 도망을 가기 시작을 하였다. Maria는 자신의 룸메이트가 무사한 지를 확인을 하기 위해서 콘도 안으로 들어갔다. Maria의 룸메이트는 부엌에서 총을 맞고 바닥에 쓰러져 있었다. 그녀는 온통 피범벅이 되어 있었다. 그녀의 블라우스는 반쯤 벗겨져서 가슴이 노출이 되어 있었다.340) 현장이 얼마나 잔인했는지 피가 이곳저곳 바닥과 벽에 묻어 있었다. Maria는 룸메이트가 아직 살아 있는지를 확인을 하였다. 그러나 그녀는 이미 숨을 거둔 후였다. Maria는 즉시 경찰에 신고를 하였다. 경찰이 현장을 수색을 하고 범인의 것으로 보이는 청색 모자를 발견을 하였다.

범인은 이곳에서의 자신의 범행에 만족을 하지 못했는지 같은 날 밤 다른 대상을 찾았다. Joseph Duenas라는 남자는 집안에 있다가 길에서 한 여자가 "살려주세요!"라고 외치는 소리를 들었다. 그래서 밖에 나가보니 한 여자가 길바닥에 쓰러져 있는 것이 보였다. 그래서 그는 경찰에 바로 신고를 하였다. 경찰이 현장에 도착해 보니, Chevrolet 차가 시동이 걸려 있는 채로 길가에 서있었다.341) 그러나 차안에는 아무도 보이지 않았다. 지나가던 경찰관은 이것을 수상히 여겨서 차 안을 자세히 살펴보았다. 기어는 후진에 놓여 있었지만 뒤의 차에 막혀서 움직이지 못하는 상황이었다. 차 바로 옆 바닥에는 의식을 잃은 한 여자가 발견이 되었다. 그녀는 대만 출신의 30세의 동양계 여성이었다. 그녀의 이름은 Tsia Lian Yu였다.342)

경찰관이 그녀를 좀 더 자세하게 살펴 본 결과 그녀의 스타킹이 찢어진 상태이었다. 그녀의 다리에는 심한 멍 자욱이 남아 있었다. 아직 맥박은 뛰고 있는 상태이었다. 경찰은 바로 구급차를 불렀다. 그러나 그녀는 불운하게도 얼마 있다가 사망을 하였다. 왜냐하면 머리에 심한 총상을 입었기 때문이다.

Ramirez의 범행은 1985년 봄에 절정을 이루었다. 5월 29일 83세의 Malvia Keller와 그의 여동생 80세의 Blanche Wolfe는 그들의 집에서 망치로 머리를 맞아서 살해가 된 채 발견이 되었다. Keller 할머니의 안쪽 허벅지에는 립스틱으로 그려진 사탄을 상징하는 오각형 모양의 별이 있었다.343) Ramirez는 Malvia Keller 할머니를 강간하려고 한 흔적이 보였다. 그들은 공격을 받은 지 이틀 후에 발견이 되었다. Malvia는 이미 사망을 하였으나, 그의 여동생 Blanche는 다행히 목숨이 붙어 있었다.

Ramirez는 상대방 여성의 나이를 가리지 않고 자신의 욕심을 채워나 갔다. 다음 그의 범행대상은 6살짜리 어린 소녀였다. 그 소녀의 시신은 6월 27일에 발견이 되었다. 다음 날에는 32세의 Patty Elaine Higgins가 강간 및 살해를 당한 채 발견이 되었다. 이 사건 후 5일이 지난 다음에는 75세의 Mary Louise Cannon이 같은 방법으로 살해를 당하였다.344)

7월 5일에는 16세짜리 Deidre Palmer가 Ramirez에 의해서 비참하게 성폭행을 당했다. 그리고 7월 7일에는 61세의 Joyce Lucille Nelson가 둔기에 수차례 맞아서 살해가 되었다. Ramirez는 같은 날 63세의 간호사 Linda Fortuna의 집을 한 밤 중에 침입을 하였다. 총을 그녀의 머리에 겨누고 위협을 하였다. 그런 다음 그녀의 손을 뒤로 묶었다. 그리고는 그녀를 강간하려고 하였다. 하지만 그는 발기가 되지 않아서 강간을 하지를 못했다.[345] 그렇게 되자 그는 그녀를 죽이지 않고 현장을 빠져 나왔다.

위의 사건이 난후 2주도 채 지나지 않아서 또 끔찍한 살인사건이 일어났다. 이제 그는 LA의 다른 지역을 범행대상으로 삼았다. 그는 Maxson Kneiling 과 그의 부인의 집에 한 밤 중에 침입을 하였다. 그리고는 그 두 명을 총으로 살해를 하였다. 그들은 범인의 칼에 심하게 난자를 당했다. 남편 Kneilling은 칼에 하도 심하게 난자를 당하여 목이 간신히 몸에 붙어 있는 상태이었다.[346]

7월 20일에는 32세의 Chitat Assawahem과 그의 29세의 부인 Sakima가 Ramirez의 다음 목표물이 되었다. 그의 부인은 범인으로부터 오랄 섹스를 할 것을 강요를 당했다. 그녀는 심하게 맞았다. 그리고는 그들의 8살짜리 아들에게 항문에 강제로 섹스를 하였다. Ramirez는 부인을 묶어 놓은 상태로 그의 집을 떠났다.

8월 6일에는 38세의 Christopher와 그의 27세의 부인 Virginia Peterson을 범행대상으로 삼았다. Ramirez는 그 두 명의 머리를 총으로 쏘았다. 그러나 그 둘은 다행히 죽지를 않았다. 남편 Christopher는 Ramirez와 몸싸움을 벌였다.[347] 그리고 남편은 머리에 총을 맞은 상태에서도 달아난 범인을 추적하기 위해 집 밖에까지 그를 따라 나오기도 하였다.[348]

Ramirez는 8월 8일에는 35세의 Ahmed Zia와 그의 28세짜리 부인 Suu Kyi Zia를 대상으로 삼았다. Ramirez는 남편을 총으로 간단히 살해하고, 평소와 같이 부인을 대상으로 변태적인 자신의 성욕을 채웠다.

Ramirez의 범행은 점점 더 발생빈도가 잦아졌다. 범인은 쉴 틈도 없이 범행을 실행에 옮겼다. Ramirez는 머리가 좋은 관계로 지역도 옮겨가면서 범행대상을 물색하였다. 즉 경찰의 수사에 혼란을 주기 위해서 그렇게 한 것이었다.

Ramirez는 범행의 장소를 San Francisco로 옮겼다. 1985년 8월 18 일 60대 나이의 Peter Pan과 그의 부인 Barbara Pan은 자신의 침대에서 피에 흠뻑 적은 채로 발견이 되었다. 남편 Peter는 사망을 하였다. 부인은 살아남았지만 평생 불구로 지내야 하는 신세가 되었다. 그들의 집 벽에는 사탄을 상징하는 오각형 모양의 별이 립스틱으로 써져 있었다.[349]

이렇게 계속해서 살인이 벌어지고 있는 사이에 경찰은 범인을 찾는데 중요한 단서를 얻게 된다. 한 사람이 범인의 인상착의와 닮은 사람이 자신이 매니저로 일하는 여관에서 1년 반 동안 가끔 묵은 적이 있다는 것이었다. 매니저는 그 남자는 썩은 이빨 때문에 입에서 고약한 냄새가 났다고 진술을 하였다. 경찰은 그가 묵었었다는 방에 들어가 보았다. 그는 Pan씨 부부가 살해되던 날이어서 이미 여관에는 없는 상태이었다. 경찰이 Ramirez가 묵었던 여관방에 들어가 보니 그곳에는 사탄을 상징하는 육각형 모양의 별이 그려져 있었다. 그것으로 볼 때, 그가 연쇄살인범임이 확실시 되었다.[350]

또 다른 첩보 제공자는 자신이 어떤 젊은 사람으로부터 보석을 샀는데 그 사람의 인상착의가 범인과 닮았다는 것이었다. 나중에 그가 산 보석을 확인해보니 그것은 Pan씨 부부가 가지고 있던 것이었다.

이런 와중에도 Ramirez의 범행은 계속이 되었다. 그는 LA에서 차로 한 50분정도 떨어진 도시 Viejo에서 범행을 벌였다. 대상은 컴퓨터 엔지니어와 그의 약혼녀였다. 그들 들이는 막 잠이 든 참이었다. 약혼녀는 큰 총소리에 놀라서 잠에서 깨었다. 그녀는 자신의 약혼자를 찾았다. 그리고 그녀는 자신의 약혼자가 심하게 다친 것을 발견을 하였다. 범인 Ramirez

는 약혼녀에게 내가 누구인지 아냐고 물었다. 그는 자신이 신문에 오르내리고 있는 바로 그 '밤의 스토커'라고 그녀에게 겁을 주었다.[351] 그는 집안을 뒤졌지만 챙겨서 가져갈 만한 귀금속이 발견이 되지 않았다. 화가난 Ramirez는 그녀를 두 번이나 강간을 하였다.

돈이나 귀금속을 찾지 못해 화가 난 Ramirez에게 엔지니어의 약혼녀는 자신을 죽이지 말아달라고 애원을 하였다. 그녀는 목숨을 구걸하기 위해 자신의 약혼자가 돈을 저쪽 서랍에 두는 것을 보았다고 이야기를 하였다. Ramirez는 그 말이 진짜인지 사탄에게 맹세하라고 했다. 그녀는 사실이라고 대답했다. Ramirez는 "이 돈이 너의 목숨을 살렸다."고 하였다.[352]

Ramirez는 다시 그녀에게 자신을 위해 오럴섹스를 하도록 명령을 하였다. 그리고는 그녀를 비웃으면서 현장을 떠났다. 그녀는 재빨리 손을 풀고 집밖으로 나가서 범인이 타고 온 오렌지 색깔의 토요타 차를 기억해 두었다. 그리고는 경찰에 지체 없이 신고를 하였다.

2. 경찰의 수사과정

바로 앞의 사건이 일어난 곳 근처에서 자신의 오토바이를 수리하면서 시간을 보내고 있던 10대 소년이 있었다. 그는 자신의 동네에 나타난 수상한 오렌지 색깔의 차를 발견하고는 그 차의 번호판을 종이에 적어두었다. 그리고는 다음 날 아침에 경찰에 전화를 걸어서 그 번호를 알려주었다.[353]

경찰이 오렌지 색 차의 자동차등록 기록을 추적한 결과 그 차는 도난당한 차량이었다. 경찰은 오렌지색 도요타차를 찾는데 노력을 기울였다. 그 결과 차는 LA 한 지역에서 주차가 된 상태로 발견이 되었다. 경찰은 Ramirez가 그 차에 다시 나타나기를 바랬다. 하지만 경찰이 잠복하여 기다려도 그는 나타나지를 않았다. 아마도 그는 경찰이 그를 찾고 있는 줄을 알고 있었는지도 모른다.

이렇게 기다려도 범인이 나타나지 않자, 경찰은 차를 압수수색을 하여 그 안에서 지문을 채취를 하였다. 경찰이 그 지문을 분석한 결과 그 지문은 Richard Ramirez의 것으로 확인이 되었다. 또한 이 지문은 범죄를 당한 Pan씨의 집 유리창에서 발견된 것과도 일치를 하였다. 이제 경찰은 누가 범인인가를 알았다. 다음에 경찰이 할 일은 그를 찾아서 체포를 하는 일이었다.

자기 차를 버린 Ramirez는 또 다른 차를 훔치기로 결정을 하였다. 그래서 그가 선택한 지역이 자신과 같이 Mexico 계통의 사람들이 많이 사는 지역이었다. 그는 자신이 그곳으로 가면 같은 인종이라 크게 눈에 띄지 않을 것으로 생각을 하였다. 그러나 그가 하나 판단의 실수를 한 것이 있다. 그는 그 지역 사람들이 자신의 차에 대해서 얼마나 애착을 가지고 있는지를 몰랐다.

Ramirez는 집 앞에 세워져 있는 Ford회사제의 스포츠카 무스탕을 발견을 하였다. 그 차는 문이 잠기지 않았고, 키가 차 안에 그대로 꽂혀 있었다. 훔치기에는 아주 안성맞춤인 차였다. 그는 재빠르게 차에 올라탔다. 그리고는 시동을 걸었다. 그러나 그 차 밑에서는 차의 주인인 56세의 Faustino Pinion이 차를 고치는 중이었다. 누군가 자기 차의 시동을 거는 소리를 듣자마자 Pinion은 차의 밑에서 기어서 나왔다. 그리고는 그는 Ramirez의 목을 졸랐다.[354]

Ramirez는 자기가 총을 가지고 있다고 소리를 쳤다. 하지만 차 주인은 개의치 않고 Ramirez를 계속 공격을 하였다. Ramirez는 차에 기어를 넣고 도망을 가려고 하였다. 그러나 차 주인은 포기하지 않고 Ramirez를 막았다. 그 차는 담장에 부딪쳤다. Pinion은 차문을 열고 Ramirez를 차에서 끌어내었다.

Ramirez는 황급하게 도망을 갔다. 그러던 중에 그는 28세의 여성 Angelina de la Torres가 운전하는 차를 발견을 하였다. 그는 차 창문으로 머리를 들이 밀었다. 그리고는 그녀에게 차키를 자기에게 넘기지 않으면 죽여 버리겠다고 협박을 하였다. 그녀는 소리를 질렀다. 그 소리를 집 안에서 들은 그녀의 32세의 남편Manuel은 쇠파이프를 들고 나왔다.[355]

다른 또 한 사람의 이웃인 Jose Burgoin은 좀 전에 Pinion이 한 남자와 싸우는 장면을 보고 경찰에 신고를 하였다. 그리고는 각각 21세와 17살인 자신의 아들들을 불렀다. 그들의 이름은 Jaime와 Julio이었다. 그들은 한 마른 남자가 Torres와 차를 놓고 실랑이를 벌이는 장면을 목격을 하였다. Jaime는 그 남자를 보자마자, 그가 신문에서 본 연쇄살인범 '밤의 스토커'라고 소리를 쳤다.[356]

일단의 남자들은 그를 잡기 위해서 달려갔다. Ramirez는 자신의 목숨을 건지기 위해서 도망을 갔다. 쇠파이프를 들은 Manuel이 그의 뒤를 따랐다. 그리고 그의 뒷목을 쇠파이프로 내리쳤다. 그럼에도 불구하고 Ramirez가 계속 도망을 쳤다. Manuel은 그를 계속 따라 붙어서 이번에는 그의 등을 쇠파이프로 내리쳤다. Ramirez는 계속 도망을 쳤고, Manuel과 두 명의 젊은이들이 그를 추적했다.

도망을 가던 Ramirez는 갑자기 멈추어 서더니 뒤를 돌아보았다. 그리고는 자신을 쫓아오는 세 명의 남자들을 보면서 비웃었다. 그렇지만 그들은 기가죽지 않았다. 계속해서 그를 추적했고, 또 Ramirez는 도망을 갔다. 드디어 Manuel은 Ramirez의 뒤통수를 힘껏 내리쳤다. 이제 Ramirez는 땅바닥에 고꾸라졌다. 그리고 Jaimie와 Julio는 경찰이 올 때까지 그를 위에서 눌렀다. 이제 밤의 스토커인 Ramirez는 경찰에 체포되어 유치장에 처박히는 신세가 되었다.[357)

3. 재판과정

체포되는 것과 동시에 26살의 Ramirez는 14명에 대한 살인혐의 이외에도 강간 등 총 32개의 중범죄가 추가가 되었다. Ramirez는 법정에서 손바닥에 사탄을 추앙하는 글귀를 적어놓고 다른 사람들에게 보여주었다. Ramirez는 발에 체인이 묶인 채로 법정에 들어섰다. Ramirez를 좋아하는 여성 팬들까지 생겼다. 어떤 여성들은 그가 멋지게 생겼다고 생각을 하였던 것이다.[358)

*재판과정에서 자신의 감정을
드러내는 Ramirez*

Ramirez는 처음에 자신이 경찰에 잡혔을 때, "너희들이 밤의 스토커를 잡았다."고 하면서 자신의 범행을 시인을 하였다. 그러나 재판이 시작되고 나서는 그의 태도는 변했다. 그는 자신의 범행을 경찰에게 시인했다는 사실을 법원에서는 부인을 하였다.

San Francisco에 있는 검사는 거기에서 발생한 4건의 살인사건을 동시에 기소하기보다는 증거물이 많은 Pan씨의 살해사건에 초점을 맞추기로 하였다. 검사는 1,000여명에 가까운 증인을 확보를 했다. 사건관련 문서와 증거물도 수백 점에 달했다. 한편 재판에 소요되는 기간도 무려 2년 가까이가 소요될 것으로 보였다. 그에 소요되는 비용도 백만 불 정도가 되었다.

중요한 증거물 중에 하나는 Ramirez가 좋아하는 오각형 모양의 별이었다.

호송되는 중에 기자들에게 뿔이 두 개 달린 사탄 (악마)의 사인을 보여주고 있는 Ramirez

그는 그 모양을 자신의 차와 피해자의 허벅지 등 여러 곳에 남겨 놓았다.

배심원들은 드디어 Ramirez에게 유죄평결을 내렸다. 그리고는 그들은 사형을 언도 할 것을 판사에게 추천을 하였다. 그리고 1989년 11월 7일에 판사는 Ramirez에게 사형을 선고하였다.359) 이에 대해서 Ramirez는 "나는 죽음을 두려워하지 않는다. 나는 지옥에 사탄과 같이 있을 것이다."라고 이야기를 하였다. Ramirez에 대한 사형은 아직까지 집행은 되지 않았다. 그는 California 주에 있는 San Quentin 주립 교도소에서 사형수의 신분으로 사형의 집행을 기다리고 있다.360)

4. 교도소 안에서의 결혼

교도소 안에서의 결혼식 때 찍은 Ramirez와 그의 신부 Lioy

사형선고를 받고 교도소에 있던 Ramirez는 많은 여성들에게 연애편지를 받았다. 여성들은 Ramirez를 마치 유명한 연예인과 같이 취급을 하였다. 그의 여성 팬들은 그와 한 번 데이트를 하고 싶다고 했다. 심지어 그들끼리 Ramirez를 차지하려고 경쟁이 붙었다. 서로 Ramirez를 방문하여 그의 환심을 사기 위하여 노력을 하였다. 그 중에 한 명은 Doreen Lioy라는 41세의 숫처녀였다.361) 다른 여성이 그녀에게 만약에 네가 Ramirez를 포기하지 않으면 죽여 버리겠다고 협박을 하기도 하였다. 그녀는 대학을 졸업하고 잡지의 편집을 하고 있는 프리랜서였다. 그녀의 IQ는 152나 되는 머리가 좋은 여성이었다.362)

그들 둘은 Ramirez가 교도소에 있는 동안 서로 편지를 주고받았다. 그러는 사이에 Ramirez는 그녀에게 청혼을 하였고, Lioy는 그 청혼을 받아들였다. 그러나 Ramirez가 사형수의 신분이었기 때문에 그들의 결혼식은 금방 이루어 질 수 없었다.

그들의 결혼식은 1996년 10월 3일 California 주의 San Quentin 교도소의 면회실에서 이루어졌다. 그러나 그들은 신혼여행을 가거나 같이 첫날밤을 보내지는 못했다. 그 이유는 Ramirez가 사형수의 신분이었기 때문이다. 그리고 41세의 Lioy는 계속 숫처녀로 남아 있어야 했다.

Lioy는 결혼식을 위해서 자신에게는 금반지를, 그리고 그의 신랑인 Ramirez에게는 은반지를 준비를 하였다. 그 이유는 Ramirez가 "사탄주의자는 금반지를 끼지 않는다."고 말하였기 때문이다. 결혼식 직후에 Lioy는 자신이 꿈꾸던 일이 이루어져서 환성을 지르면서 좋아하였다.363)

5. Ramirez의 성장과정

Ramirez는 1960년 2월 29일 Texas주의 El Paso에서 5남매 중 막내로 태어났다. 그의 부모는 Mexico에서 이민을 온 노동자들이었다.364) 1978년 Ramirez는 자신의 고향인 Texas주의 El Paso를 떠나서 California주로 이사를 하였다. 그는 고1 때 학교를 그만두고 서서히 문제를 일으키기 시작을 하였다. 그는 일찍이 대마초를 상습적으로 흡연을 했다. 또한 구멍가게에서 파는 인스턴트 음식을 사먹으면서 생활을 하였

재판과정 중에 자신의 손에 있는 사탄의 상징인 오각형별을 보여주고 있는 Ramirez

다. 그는 설탕이 많이 든 음식을 어린 나이부터 많이 먹어서 이빨이 금방 썩기 시작을 하였다. 그래서 그의 입에서는 아주 고약한 악취가 났다.365) 그는 10살이 되면서 이상한 습관을 가지기 시작을 하였다. 그는 밤에 공동묘지에 가서 시간을 보내곤 하였다.366)

Ramirez는 또한 대마초 소지와 자동차 절도 혐의로 경찰에 체포되기도 하였다. 그러나 그의 아버지는 어린 Ramirez를 착한 아이였다고 기억을 했다. 그리고 그의 아버지는 자신의 아들이 언제부터 사탄을 추앙하게 되었는지 모른다고 했다.Ⓝ Ramirez는 사탄을 추앙하는 표시로 손이며 여러 곳에 사탄을 뜻하는 육각형 모양의 별표시를 부착하고 다녔다. Ramirez는 사탄주의자 록그룹들이 부른 노래를 특별히 좋아했다.367)

Ramirez의 인생에 있어서 큰 영향을 미친 것은 아마도 자신의 사촌형인 Mike가 월남전에서 돌아 온 이후부터일 것이다. Ramirez의 사촌형은

사탄(악마)의 상징으로 Ramirez가 평소에 좋아하던 오각형의 별모양

월남전 때 활약했던 미군 특수부대인 '그린베레'(Green Beret) 출신이었다. 그린베레는 용맹하고 동시에 아주 잔인한 부대로 소문이 나 있었다. Mike는 전쟁에서 돌아온 이후에 자신이 베트콩들을 잔인하게 고문하고 살해한 것을 만나는 사람들에게 자랑을 하였다. 그는 그것을 증명하기 위해서 자신이 적군을 무참하게 죽이고 난후에 찍은 사진들을 사람들에게 보여주었

Ⓝ 사탄을 추앙하는 사람들을 사탄주의자 (Satanists)라고 한다.

다. 거기에는 Ramirez도 포함이 되었다.[368]

Ramirez와 그의 사촌형 Mike는 하루 종일 같이 시간을 보냈다. 그들은 대마초를 같이 피면서 허송세월을 하였다. 이에 화가 난 Mike의 부인은 남편에게 이제는 제발 정신을 차리고 직장을 잡아서 돈을 벌어 오라고 바가지를 긁었다. 이에 열 받는 Mike는 자신의 부인을 잔인하게 살해를 하였다. 얼굴에 총을 겨냥을 하고 그대로 쏘아 버린 것이었다. Ramirez는 그 장면을 바로 옆에서 목격을 하였다.[369] 그리고 사촌형수의 피가 튀겨서 자신의 셔츠에 묻었다. 그러나 Ramirez의 사촌형은 재판과정에서 전쟁에서 받은 충격 때문에 저지른 범행이라는 것을 인정을 받았다. 그래서 그는 형량을 많이 감경을 받았다.

Ramirez는 대마초를 사기 위해서 절도를 일삼았다. 그래서 남의 집을 몰래 침입하여 물건을 훔치는 일을 여러 번을 반복을 하였다. 처음에는 주인에게 들키지 않기 위해서 재빠르게 물건을 훔쳐서 나왔다. 그러나 나중에는 점점 대담해져서 침입한 집에 머무르는 시간이 길어졌다. 그는 집주인이 침대에서 자는 것을 지켜보았다. 때로는 여주인의 속옷을 몰래 훔치기도 하였다.

Ramirez는 보고 즐기는 것만으로 만족할 수가 없었다. 그래서 그는 자신의 환상을 직접 세상에서 경험을 해 보고 싶었다.

6. Ramirez의 범죄행위의 원인분석

1980년대는 사탄주의자들에 대한 공포가 미국 전역을 휩쓴 시기였다. Ramirez는 그런 시대적 상황 속에서 스스로 사탄주의자임을 자칭하고 그렇게 행동한 사람이었다. 그는 자신의 범행이 악행임을 잘 알고 있었다. 오히려 자신이 스스로 사탄이라고 생각하고 그렇게 행동을 하였을 것이다. 이런 차원의 행동은 잔인한 범행을 거침없이 하게 만든다.

당시 사탄주의자임을 표방하면서 한 의식으로서 무고한 사람을 죽인 경우가 Ramirez 말고도 많이 있었다. 어떤 경우에는 사람을 사탄을 위한 제물로 죽인 사례도 있었다. 예를 들면 Robin Gecht라는 사람은 다른 세 명의 남자들을 부추겨서 사탄주의자로 만들었다. 그들은 18명의 여자들을 살해를 하였다. 그들은 여성을 죽이고 유방부분을 잘라내서 자신들의 변태적인 성행위의 만족을 위해서 이용을 하였다. 나중에는 여성의 신체부위를 사탄을 위한 예물로 올렸다. 그리고는 기독교에서 성만찬을 하듯이 여성의 신체부위를 나누어 먹었다.

결국 Ramirez의 살인행진은 당시 유행하던 사탄주의의 한 맥락에서 이해를 할 수 있는 것이다. 그는 범행 당시에 검은 옷을 입었다. 어떤 때는 사탄숭배의 의식의 하나로 피살자의 눈알을 후벼 파기도 하였다. 그리고 사탄의 상징인 오각형의 별을 피살자의 허벅지에 그려 넣기도 하였다.

범죄학에는 사회학습이론(Social Learning Theory)이라는 것이 있다. 그에 의하면 다른 일반 행위와 마찬 가기로 범죄도 다른 사람을 통해서 배우게 된다는 것이다. Ramirez의 인생에 있어서 중요한 영향을 준 사람은 그의 사촌형 Mike이었다. Mike는 자신이 월남 전쟁에서 죽인 적군의 시체를 자르는 등 장난을 친 사진을 보여주면서 자랑을 하였다. 사진 속에는 남자뿐만 아니라 Mike가 강간을 하고 살해한 옷이 벗겨진 여자들의 모습도 담겨있었다. Mike가 자신의 살인과 고문행위를 자랑한 것은 그 만큼 자신이 남의 생명을 좌지우지할 만한 힘이 있다는 것을 보여주기 위한 것이었다. Ramirez는 Mike와 어울릴 때 아직 13살의 사춘기의 어린 소년이었다. 그는 이제 한참 성적인 것에 눈이 떠지는 민감한 시기였다. 이런 와중에 사촌형 Mike의 월남전의 경험은 Ramirez에게 변태적인 성적 환상을 가지게 만들었다. Ramirez는 여성을 처참하게 짓밟는 것이 남성다움을 과시하는 것이란 잘못된 생각을 가지게 된 것이다. 그리고 그는 그 환상을 자신이 좀 더 자란 후에 실천에 옮겼다.

더욱이 Mike는 Ramirez 앞에서 자신의 부인을 총으로 쏘아 죽이는 충격적인 장면까지 보여주었다. Ramirez는 이런 사촌형의 모습이 무섭기보다는 오히려 멋있게 보였을지 모른다. 은연중에 Ramirez도 살인과 사체를 잔인하게 절단하는 행위가 자신의 환상을 만족시켜 줄 수 있는 것으로 배웠을 것이다.

Ramirez는 이미 일찍부터 남의 집에 침입을 하고 절도를 하였다. 그렇기 때문에 남의 집에 몰래 들어가는 것은 그에게 그리 어려운 일도 아니었다. 이런 주거침입절도 행위는 점점 더 대담해졌다. 그는 먹고 살기 위해 필요한 돈 이외에도 여자를 강간을 하고 죽이는 것이 더 재미가 있는 일이라고 생각을 한 것이다.

영화 「양들의 침묵」의 배경이 되었던 괴물 살인자: Ed Gein (1906. 8. 27 - 1984. 7. 26)

Ed Gein이 저지른 살인사건은 Alfred Hitchcock 감독의 영화 「사이코」(Psycho)와 「양들의 침묵」 (The Silence of Lambs)의 배경이 되었다. 영화 「사이코」(Psycho)는 심리추리 영화의 고전으로 알려질 만큼 유명한 작품이다. 영화 「양들의 침묵」(The Silence of Lambs) 역시 주인 공이 사람의 가죽을 벗겨서 뒤집어쓰는 장면이 나오는데 이것은 Ed Gein 사건에서 영감을 얻은 것이다.

Ed Gein의 모습

Ed Gein은 사람을 살해한 것으로만 그치지 않았다. 그는 사람을 죽인 다음에 사체의 가죽을 벗겨서 코트나 의자 등을 만드는 등 엽기적인 행각을 벌인 것으로 유명하다. 심지어는 사람의 가죽을 자신이 직접 뒤집어 써 보기도 하였다. Ed Gein사건이 또 악명이 높은 이유는 그가 공동묘지를 파헤쳐 시신을 꺼냈다는 점이다. 그는 시체를 꺼낸 다음에 그것을 가지고 자기가 하고 싶은 대로 했다. 심지어 사람의 머리를 잘라서 유리병 속에 담아서 보관을 하기도 하였다.

1. 살인행위의 과정

미국 Wisconsin주의 Plainfield시의 한 철물점에서 강도사건이 발생을 하였다. 그 집 철물점 여주인인 58세의 Bernice Worden은 강도사건이 발생한 현장에서 감쪽같이 사라져 버렸다. Worden 부인의 아들이 사냥에서 돌아와 보니 자신의 엄마가 감쪽같이 사라져 버렸다. 이상한 것은 가게 문이 활짝 열려 있는 상태이었다. 그렇기 때문에 그는 무엇인가가

Ed Gein

잘못되었다고 판단을 하였다. 그래서 경찰에 신고를 하였다.370) 경찰은 Ed Gein이란 사람을 그 지역의 한 철물점에서 발생한 강도사건의 유력한 용의자로 지목을 하였다. 경찰이 Ed Gein을 의심하게 된 것은 주인 Worden이 사라지기 전에 그가 철물점을 들른 마지막 손님이었기 때문이다. 그래서 경찰은 그의 집을 1957년 11월 17일에 수색을 하였다. Ed Gein은 외딴 지역의 농장에서 혼자 살고 있었다. 경찰이 Gein의 농장에 가 보니 그곳은 완전히 엉망진창이었다. 쓰레기가 이곳저곳에 아무렇게 뒤 동그라져 있었다. 음식물 쓰레기가 썩는 냄새가 집안에 고약하게 진동을 하였다. 어떻게 이런 곳에서 사람이 살 수 있는 지가 믿기지 않을 정도였다.371)

경찰관 Arthur Schley가 Gein의 집의 부엌으로 가보았다. 그곳 역시 발 디딜 틈이 없이 잡동사니 물건들이 여러 군데 팽개쳐져 있었다.372) 그가 플래시 라이트를 부엌에 비추어 보니 누군가가 사냥한 사슴이 천정에 매달려 있는 것 같이 보였다. 그러나 그는 그것을 좀 더 자세히 살펴보고 소스라치게 놀라지 않을 수 없었다. 그것은 사슴이 아니라 머리가 잘려나간 여성의 봄둥이였기 때문이었다. 시신의 배는 완전히 칼에 의해 갈라져서 그 안이 훤히 드려다 보일 정도였다. 그 시신은 바로 철물점의 사라진 여주인 Bernice Worden의 것이었다. 그는 Worden 부인의 내장과 머리

는 별도의 용기에 보관을 하고 있었다.[373]

Wisconsin주 Plainfield에 있는 Ed Gein의 집

　경찰이 더 자세히 집안을 수색해 보니 Bernice Worden만이 아니라, 신분미상의 다른 많은 여자들의 시신들이 발견이 되었다. 병 안에는 사람의 머리가 담겨 있었다. 한편 전기등의 덮개는 사람의 가죽으로 만들어져 있었다. 의자 역시 사람의 피부를 벗겨서 만들어졌다. Ed Gein은 심지어

Ed Gein의 집안의 거실

는 여성의 성기를 잘라서 신발상자에 보관을 하였고, 또 여성의 젖꼭지를 잘라서 벨트를 만들었다.[374] 사람의 코와 심장까지도 잘라내어 집안에 전시해 놓았다. 그 이외에도 사람의 피부를 벗겨서 옷을 만들어 놓기까지 하였다. 실로 끔찍한 장면이 현장에 있는 경찰관들의 눈앞에서 펼쳐지고 있었던 것이다.

2. 실종된 사람들

　1940년대와 1950년대를 거쳐서 Ed Gein이 살던 지역에서 몇 명이 실종

되는 사건이 있었다. 당시 경찰은 이 실종사건에 대한 실마리를 찾지 못하고 있었다. 첫 번째 사건은 8세 여아 Georgia Weckler였다. 1947년 5월 1일에 그녀는 학교에서 집으로 오던 길에 실종이 되었다. 그 지역에 사는 수백 명의 주민들이 주변 일대를 대대적으로 수색하였으나 그 아이를 찾는데 실패를 하였다.[375)]

경찰이 발견한 유일한 단서는 Georgia가 마지막으로 목격이 된 지점 근처에서 Ford 트럭의 타이어 자욱이 발견된 것이 고작이었다. 그래서 그 사건은 미제사건으로 남은 상태이었다. 그러나 나중에 Ed Gein에 의한 살인사건이 세상에 알려지면서 Ed Gein과 그 실종사건의 관련성이 다시 수사대상에 오르게 되었다.

Georgia의 실종 사건이 일어난 후 6년 후에 Wisconsin주의 La Crosse에서 15세의 소녀가 실종된 사건이 발생을 하였다. 그녀의 이름은 Evelyn Hartley로서 아이를 봐주는 아르바이트를 하던 소녀였다. 그녀의 아버지는 딸이 돌아올 시간이 되도 집으로 돌아오지 않자, 딸이 아르바이트를 하는 집으로 전화를 하였다. 그러나 아무도 전화를 받지 않았다. 무엇인가 잘못되었다고 생각한 그녀의 아버지는 곧바로 그 집으로 차를 몰고 갔다. 가보니 집 문이 다 잠겨있었다. 한 군데 열려 있는 곳이 있었는데, 그곳은 지하실로 통하는 문이었다. 그 문을 통해 안으로 들어가 보니, 안에 핏자국이 여기 저기 묻어 있었다.[376)]

소녀의 아버지는 지체 없이 이 사실을 경찰에 신고를 하였다. 경찰이 현장에 도착을 해서 살펴보았다. 그러던 중 경찰은 소녀의 것으로 보이는 핏자국이 집의 안쪽에서부터 집 밖으로 연결이 된 것을 확인을 하였다. 그 옆집에도 피 묻은 손자국과 발자국이 여러 군데 남아 있었다.

경찰과 지역주민들은 합동으로 그 지역 일대를 샅샅이 뒤졌다. 그러나 실종된 소녀의 흔적은 찾을 수가 없었다. 그 며칠 뒤에는 실종된 소녀의 피 묻은 옷가지들이 실종된 곳에서 조금 떨어진 고속도로 근처에서 발견이 되었다. 이제는 소녀가 살해되었을 가능성이 훨씬 높아진 것이다.

또 다른 원인을 알 수 없는 실종사건이 있었다. 그것은 두 명의 남자가 Plainfield시 지역에서 술을 간단히 마신 뒤 사냥을 간다며 나간 이후에 사라진 사건이었다. 그 두 명의 남자는 Victor Travis와 Ray Burgess였다. 역시 이번에도 대대적인 수색작전이 펼쳐졌지만, 그들은 물론이고 그들의 차도 발견을 하지 못했다.

그 이외에도 1954년 겨울 어느 날 술집 여주인이 사라진 사건이 있었다. 술집바닥에 핏자국이 있는 것으로 보아서 납치된 것이 분명하였다. 현장에서는 권총 탄알도 발견이 되었다. 이것은 그녀가 타인으로부터 공격을 당했다는 것을 입증하는 증거였다.

3. Ed Gein의 자백

엉망인 Gein의 집의 부엌

Ed Gein은 처음에는 자신의 범행사실을 완강히 부인을 하였다. 그러나 계속되는 경찰의 추궁에 의해서 그는 입을 열기를 시작을 하였다. 그는 자신이 Worden 부인을 살해하고 그녀의 철물점에서 돈을 훔친 사실을 털어놓았다. 그 후에 그녀의 시신을 절단한 것도 시인을 하였다. 그러나 그는 당시에 제정신이 아니어서 자세한 내용은 더 기억할 수가 없다고 했다. 그는 자신이 Worden 부인의 시신을 끌어서 자신의 Ford 트럭에다 실은 것밖에는 기억을 하지 못한다고 하였다.[377]

경찰은 Ed Gein의 집에서 철물점 여주인 Bernice Worden의 머리가 잘려나간 시신을 발견한 이후에 집중적으로 Ed Gein의 집을 수색하였다. 경찰은 다른 사람들의 것으로 보이는 유골을 Ed Gein의 집의 여러 곳에서 발견을 하였다. 경찰은 모두 10명의 여성의 것으로 보이는 유골들을 발견을 하였다. Ed Gein은 그 유골들은 자기가 공동묘지에 가서 파낸 것이라고 경찰에게 설명을 하였다. 그리고는 Ed Gein은 Worden 부인이외에는 다른 사람들은 죽이지 않았다고 주장을 하였다.

경찰은 이와 같은 Ed Gein의 주장을 확인하는 유일한 방법은 그가 파헤쳤다고 주장하는 묘지에 가서 직접 확인하는 것이었다. Ed Gein의 안내에 따라 무덤을 파보니 관 안에 시신이 모두 없어졌거나 신체의 일부분이 사라졌다. 공동묘지를 파본 후에 경찰은 Ed Gein이 Worden 부인이외의 다른 사람을 죽인 것은 확인을 할 수가 없었다.[378] 그가 파헤친 시체 중에는 자신의 엄마의 것도 있었다. Gein은 그런 다음에 자신의 엄마의 생식기를 잘라서 보관을 하였다.[379]

Ed Gein은 자신의 범행을 후회하고 뉘우치는 기색을 전혀 보이지 않았다. 자기가 공동묘지를 파헤쳐 시신을 꺼낸 것을 경찰에 이야기를 할 때에도 그런 행동에 대해서 전혀 부끄럽게 생각하고 있지 않는 것 같았다.

4. 언론의 집중적인 관심

Ed Gein 사건은 곧바로 전 세계 언론의 큰 관심거리가 되었다. 그래서 수많은 기자들이 Wisconsin주의 작은 동네 Plainfield에 모이게 되었다. 그와 동시에 Ed Gein은 갑자기 유명인사가 되었다. 어떤 사람은 Ed Gein의 농장을 마치 박물관처럼 취급해서 오는 사람마다 입장료를 받기도 했다. Ed Gein이 타던 Ford 트럭과 그의 소유물들은 고가에 경매에 붙여지기도 했다. Ed Gein의 차를 경매를 통해 산 사람은 사람들에게 돈을 받고 차를 보여주면서 돈을 벌었다.[380] 이런 움직임에 대해서 그 지역 주민들은 무척 못마땅하게 생각을 했다. 그런 가운데 Ed Gein의 농장은 원인을 알 수 없는 화재에 휘말려 모두 검은 재로 변하였다.

5. 재판과정

Ed Gein의 재판에서는 그의 정신이상 유무가 제일 먼저 떠오른 이슈였다. 판사는 Ed Gein이 심각한 정신질환을 가지고 있는 사람으로서 재판에 설 수 없다고 결정을 하였다.[381] 따라서 Ed Gein에 대한 재판은 진행될 수가 없었다.◎ 그를 진단한 심리학자나 정신과 의사들은 Ed Gein은 정신분열증 (schizophrenia)ℙ과 성도착증 환자라고 진단을 하였다. 그 결과 Ed Gein은 재판에 가는 대신에 정신병원에 입원을 하였다. 그러나 자신의 가족이 살해를 당하거나 또는 무덤이 훼손된 사람들은 이런 법원의 판결에 강한 불만을 표시를 했다. 그들은 한결같이 Ed Gein을 재판에 다시 회부하여 처벌을 받도록 해야 한다고 강력하게 주장을 하였다.

Ed Gein은 경찰에 체포된 후 10년 동안 정신병원에서 생활하면서 어느

◎ 미국에서는 피고인이 심한 정신질환이나 또는 연령이 너무 어려서 자신이 왜 재판정에 서고 또 재판의 내용이 어떤 것인지를 이해하기 어려운 상태이면 판사의 판단에 따라서 재판을 중단할 수가 있다.

ℙ 정신분열증은 정신병 중에서도 그 정도가 상당히 심각한 것으로써 실재의 세계와 상상의 세계를 구별하지 못한다. 정신분열증 환자의 특징은 환각과 환청의 증상을 보인다는 것이다. 이것은 정상적인 사람들이 듣고 보지 못하는 세계를 자신만이 가지고 있다는 것을 의미한다.

정도 제정신이 돌아왔다. 그래서 1968년 11월 7일에 정식재판이 시작이 되었다. 그러나 법원은 Ed Gein이 범행을 저질렀을 당시에 정신이상의 상태이었음을 이유로 무죄를 선고를 하였다.^Q 그 결과 Ed Gein은 다시 정신병원으로 돌아갔다.³⁸²⁾

61세가 된 Ed Gein의 모습 (오른 쪽).

Ed Gein은 정신병원으로 돌아간 이후에도 모범적인 생활을 하였다. 그는 병원의사나 간호사들을 잘 따랐다. Ed Gein은 정신병원을 편안하게 생각을 하고 자기가 배울 수 있는 것은 모두 배우려고 노력을 하였다. 음식도 하루세끼 빠뜨리지 않고 잘 먹었다. 그는 역시 평소와 같이 독서를 즐겼으며, 손으로 뭘 만드는 공작시간을 제일 좋아했다. 그렇게 정신병원 생활을 하던 그는 1984년 7월 26일 오래 전에 진단을 받았던 암으로 사망을 하였다. 그의 시신은 자신이 살던 Wisconsin주의 Plainfield의 공동묘지에 자신의 어머니와 함께 나란히 묻혔다.³⁸³⁾

6. Ed Gein의 성장과정

Ed Gein은 어머니 Augusta Gein과 아버지 George Gein 사이에서 1906년 8월 27일 미국 Wisconsin주 La Crosse에서 둘째 아들로 태어났다.³⁸⁴⁾ Ed Gein은 자신의 형 Henry 하고는 7살 차이가 났다. Ed Gein의

Ⓠ 미국은 범행이 사실이더라도 범인이 어떤 것이 옳고 그른지를 제대로 판단하지 못할 정도의 심한 정신이상이면 판사는 무죄를 선고를 할 수 있다. 이렇게 되면 범인은 교도소에 가는 대신에 정신병원에 입원하게 된다.

아버지는 무능력한 사람으로서 특별히 하는 일이 없이 술독에 빠져서 지내는 시간이 많았다. 대신에 Ed Gein의 엄마는 아주 철저한 기독교인이었다. 한편 그녀는 작은 규모의 자영업을 하면서 무능한 남편 대신에 가족의 생계를 이어갔다.385)

Ed Gein의 엄마는 아들들에게 타락한 세상에 물들지 말고, 특별히 여자들을 조심하라고 가르쳤다. 그 이유는 여자들은 모두 악하기 때문이라고 가르쳤다.386) 그래서 그녀는 사람들과 가까이 하지 말도록 아들들에게 교육을 시켰다. 그래서 자신의 아들들이 친구를 사귀는 것을 아주 싫어하였다. 그녀는 자신의 자식들이 도시의 나쁜 영향을 받을 것을 우려하여 개인 사업을 정리를 하였다. 그리고는 그녀의 가족은 시골의 외딴 농장을 사서 이사를 하였다. 그렇게 해서 이사를 온 것이 바로 Plainfield이었던 것이었다.

Ed Gein의 학교 성적은 보통이었다. 단지 읽기는 남보다 좀 더 잘하는 편이었다. Ed Gein은 특별히 탐험소설 같은 것을 좋아해서 그것들을 읽으면서 스스로 상상의 세계에 빠지곤 하였다. 학교친구들은 Ed Gein이 좀 여자애 같고 수줍음을 잘 타는 아이로 기억을 하였다. Ed Gein은 별달리 친구가 없었다. 그 이유는 그가 친구를 사귀려고 해도 어머니가 적극적으로 그렇게 하지 못하도록 만들었기 때문이다. 그런 엄마가 못 마땅한 점은 있었지만, Ed Gein은 엄마를 신처럼 생각하고 절대적으로 순종을 했다. 두 형제는 다른 사람들과 고립되어서 엄마하고만 많은 시간을 보내야 했다.387)

1940년에 자신들의 아버지가 사망을 하자, 그 두 형제는 가사를 돕기 위해서 열심히 일을 하였다. 그들이 한 것은 대부분 목수 일이었다. 그러나 Ed Gein은 간혹 어린 아이를 돌보는 일도 했다. 그는 그 일을 좋아했다. 그 이유는 어른들과는 정상적인 관계를 가지지 못했지만 아이들하고는 별 문제 없이 근방 친해질 수가 있었기 때문이다.

Ed Gein의 형 Henry는 순종적인 동생과는 달리 어머니에게 가끔 따지기도 하였다. Ed Gein은 이런 형의 모습을 못마땅해 했을 것이다. Henry는 일찍 사망을 하였으나 그 원인은 알 수가 없었다. 하루는 그들이 사는 농장에서 불이 났다. 두 형제는 불을 끄기 위해서 이리저리 뛰어 다녔다. Ed Gein의 말에 의하면 둘이서 불을 끄려던 중에 갑자기 형이 자신의 시야에서 사라져 버렸다고 했다. 그래서 경찰에 신고하게 되었다고 했다. 그런데 한 가지 이상한 일이 있다. 그것은 처음에는 형이 어디로 사라졌는지 모르겠다고 하던 Ed Gein이었다. 그러나 경찰이 형이 있었던 곳을 안내하라고 했더니 경찰을 형의 시신이 있는 곳으로 곧바로 데리고 갔다는 점이다. 그곳은 화재가 미치지 못한 곳이었다.[388] 이것은 Henry가 화재와 상관이 없이 사망을 하였을 수도 있다는 것을 시사해주는 것이다. 또한 Henry의 머리에서는 멍 자욱이 발견이 되었다. 그러나 이런 의심쩍은 일들이 있었음에도 불구하고, 경찰은 살인에 가능성을 두고 수사를 하지 않았다. 그리고는 그것을 단순사고로 쉽게 단정해 버렸다. 아무도 수줍음이 많고 얌전한 Ed Gein이 자신의 형을 죽였을 것이라고 생각을 하지 못했다.

이제 Ed Gein에게 남은 사람이라고는 엄마 밖에 없었다. 그러나 그런 엄마마저 몇 번 중풍으로 쓰러졌다. 그는 자신의 엄마가 중풍으로 누어있는 동안 그녀 옆에서 함께 잠을 잤다. 그러면서 이 세상에 가족이라고는 하나밖에 없는 엄마가 죽지 않기를 간절히 바랬다. 그러나 그의 소망은 허사가 되었다. 그의 엄마가 눈을 감은 것이었다.[389] 자신이 철저하게 의지해 왔던 엄마마저 없는 Ed Gein은 세상에 홀로 남게 되었다.

그는 엄마의 죽음이후에도 혼자 시골 농장에 남아서 허드렛일을 하면서 근근이 생계를 꾸려갔다. Ed Gein은 엄마가 쓰던 방은 그대로 놓아두고 대신 부엌과 부엌 옆의 조그만 방을 사용을 하였다. Ed Gein은 대부분의 시간을 탐험소설이나 탐정소설 등을 읽으면서 보냈다. 그가 읽은 책들 중에는 인간의 몸의 해부와 관련된 책들도 포함이 되어 있었다. 그러면서 그는 묘지를 파헤치고 사람을 해부하는 방법 등에 대해서 알게 되었다. 그러던 어느 날 부터는 밤마다 공동묘지를 방문하는 것이 그의 새로운 취미가 되었다.[390]

Ed Gein은 지방의 신문도 읽었는데 그가 좋아하는 기사는 부고기사였다. 그는 그것을 통해서 누가 죽었고 그가 어디에 묻히게 되는지를 알아냈다. Ed Gein은 이 정보를 바탕으로 최근에 장사가 되는 여성의 묘소를 골라서 파헤쳤다. 그리고는 그 시신을 자신의 농장으로 가져와서 가죽을 벗겨서 여러 가지 물건을 만들었다. 혹은 사체의 일부분을 떼어 내어 보관을 하기도 하였다. 그런 신체부위는 여성의 성기와 젖꼭지, 그리고 머리 등이 포함이 되었다.

생전 여자와 성관계를 해보지 못했던 Ed Gein은 사체를 통해서 여성의 몸을 탐구하였을 것으로 생각이 된다. 나중에 Ed Gein은 경찰에 자신은 사체와 성행위를 하지는 않았다고 진술을 하였다. 그러나 그는 사체의 피부를 벗겨서 자신이 뒤집어 써보기도 한 것은 인정을 하였다. 이것은 자신이 한번 여자처럼 되고 싶은 욕망이 있었기 때문에 한 행동으로 보였다.[391]

7. Ed Gein의 살인행위 원인분석

Ed Gein의 성장과정에서 한 가지 특징적인 것은 그가 엄마로부터 엄격한 기독교적인 가르침을 받았다는 것이다. 그의 엄마는 지나칠 정도로 자신의 아들들에게 금욕적인 생활을 가르쳤다. 특별히 여자는 사악하므로 멀리하라고 가르쳤다. 그녀는 자신의 자식들을 세상의 타락된 것에 물들지 않게 하기 위해서 사회로부터 고립을 시켰다. 심지어 학교에서조차 친구를 사귀지 못하게 하였다.

위와 같은 엄마의 교육은 Ed Gein이 정상적인 사회생활을 할 수 없게 만들었다. 그는 결국 극히 소심하고 수줍음을 잘 타는 아이가 되었다. 어른이 되어서도 이성과의 교제도 제대로 해보지 못했다. 그럼에도 불구하고 Ed Gein은 여성에 대한 호기심은 여전히 가지고 있었을 것이다.

Ed Gein은 자신의 엄마가 사망하고 나서는 외딴 농장에 홀로 남아서 고립된 생활을 해야 했다. 그는 점점 더 자신만의 세계에 빠졌다. 그는 탐험 및 탐정소설이나 인체의 해부에 관한 책에 관심을 보였다. 그는 그것을 실제 세계에서 실험하고 싶은 욕망을 가졌을 것이다.

그러던 그는 공동묘지에서 여성의 시신들을 꺼내어서 집에 가져왔다. 그는 시신의 여러 신체부위를 관찰하고, 만져보고, 또 잘라서 보관하기도 하였다. 심지어 사람의 가죽을 벗겨서 뒤집어 써보고, 그것으로 옷을 만들어 보기도 하였다. 이것이 Ed Gein의 유일한 취미생활이 된 것이다. 혼자 살고 있는 그로서는 그 누구하나 자신의 이런 기괴한 행동을 막을 사람은 없었다.

Ed Gein은 이성과의 정상적인 관계를 하지 못했다. 그는 이런 성적 좌절을 여성의 사체를 가지고 놀면서 대리 만족을 얻었을 가능성이 있다. 물론 그의 주장처럼 사체와 직접적인 성행위를 하지 않았을지는 모른다. 그러나 여성의 성기를 잘라서 운동화 상자에 보관한 행위를 볼 때 그가 여성의 신체에 호기심을 나타낸 것은 분명하다. 아마도 죽은 여성의 신체를 관찰하거나 만져봄으로써 성적인 만족을 얻었을 수도 있다. 그가 죽은 여성의 피부와 성기를 벗겨 자신의 몸에다 대본 것은 변태적인 성행위의 하나이다.

Ed Gein은 정상적인 성관계의 기회가 박탈되었을 때 죽은 시체를 가지고 그에 매료되는 심각한 변태적인 성욕을 보였다. 이것은 그가 여성의 시신만을 골라서 묘지에서 꺼낸 것에서 알 수 있다. 이것처럼 시신에 애착을 갖는 변태적인 행위는 다른 살인범 Jeffrey Dahmer나 John Wayne Gacy, Jr. 등의 사건에서도 발견할 수가 있다.[R]

다른 하나의 측면은 Ed Gein의 정신이상의 상태일 것이다. 만약 Ed Gein을 진단한 정신과 의사가 정확하다면, 그는 정신분열증으로 인하여 어떤 것이 현실이고 어떤 것이 상상의 세계인지를 구분하지 못했을 것이다. 아마도 탐정소설에 나온 이야기가 그에게는 현실의 세계가 된 것일 수가 있다. 쉽게 말하면 소설의 내용을 현실과 혼동을 한 것일 수가 있다.

[R] 영어로 사체를 가지고 여러 가지 성관계를 가지는 것은 영어로는 'necrophilia' 라고 한다.

지금까지 20세기에 미국과 영국에서 발생한 11개의 살인범죄 이야기들을 읽어본 독자들은 아마도 이구동성으로 그 범인들이 사람의 탈을 쓰고 어떻게 그런 짓을 할 수 있을까? 라는 의문을 가졌을 것이다. 그러나 오히려 사람이기에 그런 일을 할 수가 있는 것이다. 천사와 짐승의 두 가지 품성을 동시에 가진 인간이 어느 한 순간에 짐승과 같은 모습으로 변할 수 있는 가능성은 충분히 있다.

이 책의 11개의 범죄 사건들을 보면 각기 다른 동기와 배경 때문에 범죄를 저지른 것으로 보인다. 그러나 그 사건들 모두 어느 정도 범죄자가 된 원인의 공통점을 발견할 수가 있다. 그것은 아마도 인간이 남을 지배하고자 하는 마음 때문으로 보인다. 인간의 본성 중에 남을 자기 마음대로 지배하고 싶은 욕망이 내재되어 있는 것 같다. 때로는 남을 지배하는 방법은 성적인 것도 동원이 된다. 범인이 Bundy나 Ramirez와 같이 여자만을 상대하는 사람이건, 아니면 Dahmer나 Gacy와 같은 동성을 목표물로 하는 사람이건 간에 그들은 성을 남을 지배하는 도구로 사용을 하였다. 심지어 사체와 성관계를 하면서 남을 자기 마음대로 지배를 하려고 하였다.

위의 11개의 사건의 상당수가 성폭행이 포함이 되어 있다. 우리의 성(性)은 하나님이 주신 선물이다. 그러나 그것을 잘못 사용하였을 경우에는 큰 죄를 저지르게 된다. 그것은 인류의 역사를 통해서도 남녀, 혹은 동성 사이의 성문제 때문에 많은 살인사건이 일어나고 있다는 것에서 알 수 있다.

한국도 성범죄가 계속 사회적인 문제가 되고 있다. 특별히 어린이를 대상으로 한 성범죄 때문에 아이를 가진 부모들이 걱정이 많다. 그런 점에서 한국의 범죄도 미국이나 영국과 같은 선진국의 형태를 많이 따라가고 있다는 느낌을 받는다. 그러므로 한국도 지금 이 책에서 소개한 사건들을 거울삼아서 앞으로 범죄예방에 더 많은 노력을 기울여야 할 것이다. 이런 노력은 경찰만의 힘으로는 불가능하다. 학교, 가정, 그리고 경찰이 유기적인 관계를 가지고 공동으로 잘 대처를 해야 할 것이다. Columbine 고등학교의 총격사건은 학교, 가정, 그리고 경찰 사이의 의사소통이 얼마나 중요한지에 대한 교훈을 제시하고 있다.

1) Wikipedia, Jeffrey Dahmer http://en.wikipedia.org/wiki/Jeffrey_Dahmer

2) Fido, M.(2004). The Chronicle of Crime. London: Carlton Books.

3) serialkillercalendar.com, Jeffrey Dahmer, http://www.serialkillercalendar. com/ jeffreydahmer.html

4) Fido, M.(2004). The Chronicle of Crime. London: Carlton Books.

5) serialkillercalendar.com, Jeffrey Dahmer, http://www.serialkillercalendar.com/jeffreydahmer.html

6) Trutv.com, Crime Library, Jeffrey Dahmer

7) Wikipedia, Jeffrey Dahmer http://en.wikipedia.org/wiki/Jeffrey_Dahmer

8) Time.com, The Littile Flat of Horrors, http://www.time.com/time/magazine/ article/ 0,9171,973550,00.html

9) Fido, M.(2004). The Chronicle of Crime. London: Carlton Books.

10) Karisable.com, Jeffrey Dahmer, http://www.karisable.com/skazdahmer.htm

11) Fido, M.(2004). The Chronicle of Crime. London: Carlton Books.

12) Wikipedia, Jefrey Dahmer http://en.wikipedia.org/wiki/Jeffrey_Dahmer

13) Wikipedia, Jefrey Dahmer http://en.wikipedia.org/wiki/Jeffrey_Dahmer

14) Trutv.com, Crime Library, Jeffrey Dahmer

15) serialkillercalendar.com, Jeffrey Dahmer, http://www.serialkillercalendar.com/jeffreydahmer.html

16) Fido, M.(2004). The Chronicle of Crime. London: Carlton Books.

17) Time.com, The Littile Flat of Horrors, http://www.time.com/time/magazine/article/ 0,9171,973550,00.html

18) Karisable.com, Jeffrey Dahmer, http://www.karisable.com/skazdahmer.htm

19) A & E, Serial Killers: Profiling the Criminal Mind (video material)

20) Fido, M.(2004). The Chronicle of Crime. London: Carlton Books.

21) Tornadohills.com, Jeffrey Dahmer's Life, http://www.tornadohills.com/dahmer/life. htm

22) Tornadohills.com, Jeffrey Dahmer's Life, http://www.tornadohills.com/dahmer/life. htm

23) serialkillercalendar.com, Jeffrey Dahmer, http://www.serialkillercalendar.com/ jeffreydahmer.html

24) Trutv.com, Crime Library, Jeffrey Dahmer

25) About.com, Profile of Serial Killer Jeffrey Dahmer, http://crime.about.com/

od/serial/a/dahmer.htm

26) Tornadohills.com, Jeffrey Dahmer's Life, http://www.tornadohills.com/dahmer/life. htm

27) Wikipedia, Jeffrey Dahmer http://en.wikipedia.org/wiki/Jeffrey_Dahmer

28) Tornadohills.com, Jeffrey Dahmer's Life, http://www.tornadohills.com/dahmer/life. htm

29) serialkillercalendar.com, Jeffrey Dahmer, http://www.serialkillercalendar.com/ jeffreydahmer.html

30) Fido, M.(2004). The Chronicle of Crime. London: Carlton Books.

31) Tornadohills.com, Jeffrey Dahmer's Life, http://www.tornadohills.com/dahmer/life. htm

32) Karisable.com, Jeffrey Dahmer, http://www.karisable.com/skazdahmer.htm

33) Trutv.com, Crime Library, Ted Bundy

34) Wikipedia, Ted Bundy, http://en.wikipedia.org/wiki/Ted_Bundy

35) Fido, M.(2004). The Chronicle of Crime. London: Carlton Books.

36) hubpages.com, Ted Bundy 85, http://hubpages.com/hub/Ted_Bundy

37) Wikipedia, Ted Bundy, http://en.wikipedia.org/wiki/Ted_Bundy

38) Trutv.com, Crime Library, Ted Bundy

39) Trutv.com, Crime Library, Ted Bundy

40) Wikipedia, Ted Bundy, http://en.wikipedia.org/wiki/Ted_Bundy

41) Wikipedia, Ted Bundy, http://en.wikipedia.org/wiki/Ted_Bundy

42) Trutv.com, Crime Library, Ted Bundy

43) Wikipedia, Ted Bundy, http://en.wikipedia.org/wiki/Ted_Bundy

44) Trutv.com, Crime Library, Ted Bundy

45) crime mgazine.com, Ted Bundy http://www.crimemagazine.com/ted_bundy.htm

46) Trutv.com, Crime Library, Ted Bundy

47) Wikipedia, Ted Bundy, http://en.wikipedia.org/wiki/Ted_Bundy

48) Wikipedia, Ted Bundy, http://en.wikipedia.org/wiki/Ted_Bundy

49) Wikipedia, Ted Bundy, http://en.wikipedia.org/wiki/Ted_Bundy

50) Fido, M.(2004). The Chronicle of Crime. London: Carlton Books.

51) Trutv.com, Crime Library, Ted Bundy

52) hubpages.com, Ted Bundy 85, http://hubpages.com/hub/Ted_Bundy

53) Trutv.com, Crime Library, Ted Bundy

54) hubpages.com, Ted Bundy 85, http://hubpages.com/hub/Ted_Bundy

55) Fido, M.(2004). The Chronicle of Crime. London: Carlton Books.

56) Wikipedia, Ted Bundy, http://en.wikipedia.org/wiki/Ted_Bundy

57) Trutv.com, Crime Library, Ted Bundy

58) hubpages.com, Ted Bundy 85, http://hubpages.com/hub/Ted_Bundy

59) Wikipedia, Ted Bundy, http://en.wikipedia.org/wiki/Ted_Bundy

60) hubpages.com, Ted Bundy 85, http://hubpages.com/hub/Ted_Bundy

61) Wikipedia, Ted Bundy, http://en.wikipedia.org/wiki/Ted_Bundy

62) hubpages.com, Ted Bundy 85, http://hubpages.com/hub/Ted_Bundy

63) crime mgazine.com, Ted Bundy http://www.crimemagazine.com/ted_bundy.htm

64) hubpages.com, Ted Bundy 85, http://hubpages.com/hub/Ted_Bundy

65) hubpages.com, Ted Bundy 85, http://hubpages.com/hub/Ted_Bundy

66) About.com, Profile of Serial Killer Ted Bundy, http://crime.about.com/od/serial/p/tedbundy.htm

67) Wikipedia, Ted Bundy, http://en.wikipedia.org/wiki/Ted_Bundy

68) Wikipedia, Ted Bundy, http://en.wikipedia.org/wiki/Ted_Bundy

69) About.com, Profile of Serial Killer Ted Bundy, http://crime.about.com/od/serial/p/tedbundy.htm

70) Wikipedia, Ted Bundy, http://en.wikipedia.org/wiki/Ted_Bundy

71) crime mgazine.com, Ted Bundy http://www.crimemagazine.com/ted_bundy.htm

72) About.com, Profile of Serial Killer Ted Bundy, http://crime.about.com/od/serial/p/tedbundy.htm

73) About.com, Profile of Serial Killer Ted Bundy, http://crime.about.com/od/serial/p/tedbundy.htm

74) Trutv.com, Crime Library, Ted Bundy

75) crime mgazine.com, Ted Bundy http://www.crimemagazine.com/ted_bundy.htm

76) Trutv.com, Crime Library, Ted Bundy

77) Trutv.com, Crime Library, Ted Bundy

78) Trutv.com, Crime Library, Ted Bundy

79) hubpages.com, Ted Bundy 85, http://hubpages.com/hub/Ted_Bundy

80) crime mgazine.com, Ted Bundy http://www.crimemagazine.com/ted_bundy.htm

81) A & E, Serial Killers: Profiling the Criminal Mind (video material)

82) Wikipedia, Charles Manson, http://en.wikipedia.org/wiki/Charles_Manson

83) A & E, Serial Killers: Profiling the Criminal Mind (video material)

84) crime.about.com, Charles Manson, http://crime.about.com/od/murder/p/charlie-manson2.htm

85) Wikipedia, Charles Manson, http://en.wikipedia.org/wiki/Charles_Manson

86) Wikipedia, Charles Manson, http://en.wikipedia.org/wiki/Charles_Manson

87) Wikipedia, Charles Manson, http://en.wikipedia.org/wiki/Charles_Manson

88) Fido, M.(2004). The Chronicle of Crime. London: Carlton Books.

89) Fido, M.(2004). The Chronicle of Crime. London: Carlton Books.

90) Wikipedia, Charles Manson, http://en.wikipedia.org/wiki/Charles_Manson

91) A & E, Serial Killers: Profiling the Criminal Mind (video material)

92) Wikipedia, Charles Manson, http://en.wikipedia.org/wiki/Charles_Manson

93) Wikipedia, Charles Manson, http://en.wikipedia.org/wiki/Charles_Manson

94) carpenoctem.tv, Charles Manson, http://www.carpenoctem.tv/killers/manson.html

95) A & E, Serial Killers: Profiling the Criminal Mind (video material)

96) Wikipedia, Charles Manson, http://en.wikipedia.org/wiki/Charles_Manson

97) Wikipedia, Charles Manson, http://en.wikipedia.org/wiki/Charles_Manson

98) crime.about.com, Charles Manson, http://crime.about.com/od/murder/p/charlie-manson2.htm

99) history1900s.about.com, Charles Manson, http://history1900s.about.com/od/1960s/p/charlesmanson.htm

100) Wikipedia, Charles Manson, http://en.wikipedia.org/wiki/Charles_Manson

101) carpenoctem.tv, Charles Manson, http://www.carpenoctem.tv/killers/manson.html

102) carpenoctem.tv, Charles Manson, http://www.carpenoctem.tv/killers/manson.html

103) crime.about.com, Charles Manson, http://crime.about.com/od/murder/p/charlieman-son.htm

104) Wikipedia, Charles Manson, http://en.wikipedia.org/wiki/Charles_Manson

105) Wikipedia, Charles Manson, http://en.wikipedia.org/wiki/Charles_Manson

106) Wikipedia, Charles Manson, http://en.wikipedia.org/wiki/Charles_Manson

107) history1900s.about.com, Charles Manson, http://history1900s.about.com/od/1960s/p/charlesmanson.htm

108) Wikipedia, Charles Manson, http://en.wikipedia.org/wiki/Charles_Manson

109) Wikipedia, Charles Manson, http://en.wikipedia.org/wiki/Charles_Manson

110) Wikipedia, Charles Manson, http://en.wikipedia.org/wiki/Charles_Manson

111) Wikipedia, Charles Manson, http://en.wikipedia.org/wiki/Charles_Manson

112) Wikipedia, Charles Manson, http://en.wikipedia.org/wiki/Charles_Manson

113) Trutv.com, Crime Library, Charles Manson

114) history1900s.about.com, Charles Manson, http://history1900s.about.com/od/1960s/p/charlesmanson.htm

115) Wikipedia, Charles Manson, http://en.wikipedia.org/wiki/Charles_Manson

116) crime.about.com, Charles Manson, http://crime.about.com/od/murder/p/charliemanson2. htm

117) Trutv.com, Crime Library, Dr. Harold Shipman

118) Wikipedia, Dr. Harold Shipman, ,http://en.wikipedia.org/wiki/Harold_Shipman

119) Wikipedia, Dr. Harold Shipman, ,http://en.wikipedia.org/wiki/Harold_Shipman

120) Wikipedia, Dr. Harold Shipman, http://en.wikipedia.org/wiki/Harold_Shipman

121) Fido, M.(2004). The Chronicle of Crime. London: Carlton Books.

122) Trutv.com, Crime Library, Dr. Harold Shipman

123) ourcivilisation.com, harold Shipman, http://www.ourcivilisation.com/decline/shipman.htm

124) Trutv.com, Crime Library, Dr. Harold Shipman

125) Wikipedia, Dr. Harold Shipman, ,http://en.wikipedia.org/wiki/Harold_Shipman

126) Wikipedia, Dr. Harold Shipman, ,http://en.wikipedia.org/wiki/Harold_Shipman

127) Fido, M.(2004). The Chronicle of Crime. London: Carlton Books.

128) Trutv.com, Crime Library, Dr. Harold Shipman

129) Trutv.com, Crime Library, Dr. Harold Shipman

130) monstropedia.org, Dr. Harold Shipman, http://www.monstropedia.org/index.php?title= Harold_Shipman

131) Wikipedia, Dr. Harold Shipman, ,http://en.wikipedia.org/wiki/Harold_Shipman

132) Trutv.com, Crime Library, Dr. Harold Shipman

133) Wikipedia, Dr. Harold Shipman, ,http://en.wikipedia.org/wiki/Harold_Shipman

134)' murderuk.com, Harold Shipman, http://www.murderuk.com/serial_dr_harold_shipman.html

135) monstropedia.org, Dr. Harold Shipman, http://www.monstropedia.org/index.php?title= Harold_Shipman

136) murderuk.com, Harold Shipman, http://www.murderuk.com/serial_dr_harold_shipman.html

137) Wikipedia, Dr. Harold Shipman, ,http://en.wikipedia.org/wiki/Harold_Shipman

138) ourcivilisation.com, Harold Shipman, http://www.ourcivilisation.com/decline/shipman.htm

139) ourcivilisation.com, Harold Shipman, http://www.ourcivilisation.com/decline/shipman.htm

140) Wikipedia, Columbine High School Massacre, http://en.wikipedia.org/wiki/Columbine_High_School_massacre

141) history1900s.about.com, Columbine Massacre, http://history1900s.about.com/od/famouscrimesscandals/a/columbine.htm

142) history1900s.about.com, Columbine Massacre, http://history1900s.about.com/od/famouscrimesscandals/a/columbine.htm

143) Wikipedia, Columbine High School Massacre, http://en.wikipedia.org/wiki/Columbine_High_School_massacre

144) Wikipedia, Columbine High School Massacre, http://en.wikipedia.org/wiki/ Columbine_High_School_massacre

145) Wikipedia, Columbine High School Massacre, http://en.wikipedia.org/wiki/Columbine_High_School_massacre

146) Wikipedia, Columbine High School Massacre, http://en.wikipedia.org/wiki/Columbine_High_School_massacre

147) Jefferson County Sheriff's Office, Columbine High School Massacre, http://www.cnn.com/SPECIALS/2000/columbine.cd/Pages/DEPUTIES_TEXT.htm

148) Wikipedia, Columbine High School Massacre, http://en.wikipedia.org/wiki/Columbine_High_School_massacre

149) Jefferson County Sheriff's Office, Columbine High School Massacre, http://www.cnn.com/SPECIALS/2000/columbine.cd/Pages/DEPUTIES_TEXT.htm

150) Wikipedia, Columbine High School Massacre, http://en.wikipedia.org/wiki/Columbine_High_School_massacre

151) Wikipedia, Columbine High School Massacre, http://en.wikipedia.org/wiki/Columbine_High_School_massacre

152) Wikipedia, Columbine High School Massacre, http://en.wikipedia.org/wiki/Columbine_High_School_massacre

153) Wikipedia, Columbine High School Massacre, http://en.wikipedia.org/wiki/Columbine_High_School_massacre

154) Wikipedia, Columbine High School Massacre, http://en.wikipedia.org/wiki/Colum-

bine_High_School_massacre

155) Wikipedia, Columbine High School Massacre, http://en.wikipedia.org/wiki/Columbine_High_School_massacre

156) history1900s.about.com, Columbine Massacre, http://history1900s.about.com/od/famouscrimesscandals/a/columbine.htm

157) history1900s.about.com, Columbine Massacre, http://history1900s.about.com/od/famouscrimesscandals/a/columbine.htm

158) Wikipedia, Columbine High School Massacre, http://en.wikipedia.org/wiki/Columbine_High_School_massacre

159) history1900s.about.com, Columbine Massacre, http://history1900s.about.com/od/famouscrimesscandals/a/columbine.htm

160) history1900s.about.com, Columbine Massacre, http://history1900s.about.com/od/famouscrimesscandals/a/columbine.htm

161) A & E, Columbine: Understanding Why, Video material.

162) Trutv.com, Crime Library, Fred West and Rose West

163) Trutv.com, Crime Library, Fred West and Rose West

164) wikipedia.org, Fred West, http://en.wikipedia.org/wiki/Fred_West

165) Trutv.com, Crime Library, Fred West and Rose West

166) monstropedia.org, Fred West http://www.monstropedia.org/index.php?title=Fred_West

167) Trutv.com, Crime Library, Fred West and Rose West

168) monstropedia.org, Fred West http://www.monstropedia.org/index.php?title=Fred_West

169) monstropedia.org, Fred West http://www.monstropedia.org/index.php?title=Fred_West

170) Trutv.com, Crime Library, Fred West and Rose West

171) wikipedia.org, Rose West, http://en.wikipedia.org/wiki/Rose_West

172) wikipedia.org, Rose West, http://en.wikipedia.org/wiki/Rose_West

173) Trutv.com, Crime Library, Fred West and Rose West

174) wikipedia.org, Fred West, http://en.wikipedia.org/wiki/Fred_West

175) monstropedia.org, Fred West http://www.monstropedia.org/index.php?title=Fred_West

176) Trutv.com, Crime Library, Fred West and Rose West

177) Trutv.com, Crime Library, Fred West and Rose West

178) wikipedia.org, Fred West, http://en.wikipedia.org/wiki/Fred_West

179) Trutv.com, Crime Library, Fred West and Rose West

180) monstropedia.org, Fred West http://www.monstropedia.org/index.php?title=Fred_West

181) wikipedia.org, Fred West, http://en.wikipedia.org/wiki/Fred_West

182) Fido, M.(2004). The Chronicle of Crime. London: Carlton Books.

183) Trutv.com, Crime Library, Fred West and Rose West

184) wikipedia.org, Fred West, http://en.wikipedia.org/wiki/Fred_West

185) Fido, M.(2004). The Chronicle of Crime. London: Carlton Books.

186) wikipedia.org, Fred West, http://en.wikipedia.org/wiki/Fred_West

187) monstropedia.org, Fred West http://www.monstropedia.org/index.php?title=Fred_West

188) Trutv.com, Crime Library, Fred West and Rose West

189) wikipedia.org, Fred West, http://en.wikipedia.org/wiki/Fred_West

190) wikipedia.org, Aileen Carol Wuornos, http://en.wikipedia.org/wiki/Aileen_Wuornos

191) Trutv.com, Crime Library, Aileen Carol Wuornos

192) wikipedia.org, Aileen Carol Wuornos, http://en.wikipedia.org/wiki/Aileen_Wuornos

193) clarkprosecutor.org, Aileen Carol Wuornos http://www.clarkprosecutor.org/html/death/US/wuornos805.htm

194) Trutv.com, Crime Library, Aileen Carol Wuornos

195) Trutv.com, Crime Library, Aileen Carol Wuornos

196) clarkprosecutor.org, Aileen Carol Wuornos http://www.clarkprosecutor.org/html/death/US/wuornos805.htm

197) Trutv.com, Crime Library, Aileen Carol Wuornos

198) Trutv.com, Crime Library, Aileen Carol Wuornos

199) Trutv.com, Crime Library, Aileen Carol Wuornos

200) Trutv.com, Crime Library, Aileen Carol Wuornos

201) clarkprosecutor.org, Aileen Carol Wuornos http://www.clarkprosecutor.org/html/death/US/wuornos805.htm

202) clarkprosecutor.org, Aileen Carol Wuornos http://www.clarkprosecutor.org/html/death/US/wuornos805.htm

203) wikipedia.org, Aileen Carol Wuornos, http://en.wikipedia.org/wiki/Aileen_Wuornos

204) who2.com, http://www.who2.com/aileenwuornos.html

205) wikipedia.org, Aileen Carol Wuornos, http://en.wikipedia.org/wiki/Aileen_Wuornos

206) wikipedia.org, Aileen Carol Wuornos, http://en.wikipedia.org/wiki/Aileen_Wuornos

207) who2.com, Aileen Wuornoshttp://www.who2.com/aileenwuornos.html

208) wikipedia.org, Aileen Carol Wuornos, http://en.wikipedia.org/wiki/Aileen_Wuornos

209) wikipedia.org, Aileen Carol Wuornos, http://en.wikipedia.org/wiki/Aileen_Wuornos

210) karisable.com, Aileen Wuornos, http://www.karisable.com/skazwuornos.htm

211) rottentomatoes.com, Aileen Wuornos http://www.rottentomatoes.com/celebrity/aileen_wuornos/biography.php

212) Fido, M.(2004). The Chronicle of Crime. London: Carlton Books.

213) clarkprosecutor.org, Aileen Carol Wuornos http://www.clarkprosecutor.org/html/death/US/wuornos805.htm

214) wikipedia.org, Aileen Carol Wuornos, http://en.wikipedia.org/wiki/Aileen_Wuornos

215) wikipedia.org, Aileen Carol Wuornos, http://en.wikipedia.org/wiki/Aileen_Wuornos

216) wikipedia.org, Aileen Carol Wuornos, http://en.wikipedia.org/wiki/Fred_West

217) wikipedia.org, Aileen Carol Wuornos, http://en.wikipedia.org/wiki/Aileen_Wuornos

218) clarkprosecutor.org, Aileen Carol Wuornos http://www.clarkprosecutor.org/html/death/US/wuornos805.htm

219) wikipedia.org, Aileen Carol Wuornos, http://en.wikipedia.org/wiki/Aileen_Wuornos

220) clarkprosecutor.org, Aileen Carol Wuornos http://www.clarkprosecutor.org/html/death/US/wuornos805.htm

221) Trutv.com, Crime Library, John Dillinger

222) johndillingerhistoricalmuseum.4t.com, John Dillinger, http://www.johndillinger-historicalmuseum.4t.com/index.html

223) Bryan Burrough, 2004, Public Enemies, New York: Penguin Group.

224) wikipedia.org, John Dillinger http://en.wikipedia.org/wiki/John_Dillinger

225) Trutv.com, Crime Library, John Dillinger

226) Bryan Burrough, 2004, Public Enemies, New York: Penguin Group.

227) FBI, John Dillinger, http://www.fbi.gov/libref/historic/famcases/dillinger/dillinger.htm

228) Bryan Burrough, 2004, Public Enemies, New York: Penguin Group.

229) nndb.com, John Dillinger, http://www.nndb.com/people/939/000095654/

230) wikipedia.org, John Dillinger http://en.wikipedia.org/wiki/John_Dillinger

231) Trutv.com, Crime Library, John Dillinger

232) wikipedia.org, John Dillinger http://en.wikipedia.org/wiki/John_Dillinger

233) wikipedia.org, John Dillinger http://en.wikipedia.org/wiki/John_Dillinger

234) Bryan Burrough, 2004, Public Enemies, New York: Penguin Group.

235) pbs.org, John Dillinger, http://www.pbs.org/wgbh/amex/dillinger/peopleevents/p_dillinger.html

236) wikipedia.org, John Dillinger http://en.wikipedia.org/wiki/John_Dillinger

237) FBI, John Dillinger, http://www.fbi.gov/libref/historic/famcases/dillinger/dillinger.htm

238) Trutv.com, Crime Library, John Dillinger

239) FBI, John Dillinger, http://www.fbi.gov/libref/historic/famcases/dillinger/dillinger.htm

240) Bryan Burrough, 2004, Public Enemies, New York: Penguin Group.

241) Bryan Burrough, 2004, Public Enemies, New York: Penguin Group.

242) Trutv.com, Crime Library, John Dillinger

243) Bryan Burrough, 2004, Public Enemies, New York: Penguin Group.

244) wikipedia.org, John Dillinger http://en.wikipedia.org/wiki/John_Dillinger

245) FBI, John Dillinger, http://www.fbi.gov/libref/historic/famcases/dillinger/dillinger.htm

246) Bryan Burrough, 2004, Public Enemies, New York: Penguin Group.

247) wikipedia.org, John Dillinger http://en.wikipedia.org/wiki/John_Dillinger

248) Bryan Burrough, 2004, Public Enemies, New York: Penguin Group.

249) FBI, John Dillinger, http://www.fbi.gov/libref/historic/famcases/dillinger/dillinger.htm

250) Trutv.com, Crime Library, John Dillinger

251) Bryan Burrough, 2004, Public Enemies, New York: Penguin Group.

252) FBI, John Dillinger, http://www.fbi.gov/libref/historic/famcases/dillinger/dillinger.htm

253) Trutv.com, Crime Library, John Dillinger

254) Trutv.com, Crime Library, John Dillinger

255) pbs.org, John Dillinger, http://www.pbs.org/wgbh/amex/dillinger/peopleevents/p_dillinger.html

256) Trutv.com, Crime Library, John Dillinger

257) Trutv.com, Crime Library, John Dillinger

258) pbs.org, John Dillinger, http://www.pbs.org/wgbh/amex/dillinger/peopleevents/p_dillinger.html

259) Bryan Burrough, 2004, Public Enemies, New York: Penguin Group.

260) wikipedia.org, John Dillinger http://en.wikipedia.org/wiki/John_Dillinger

261) Fido, M.(2004). The Chronicle of Crime. London: Carlton Books.

262) FBI, John Dillinger, http://www.fbi.gov/libref/historic/famcases/dillinger/dillinger.htm

263) wikipedia.org, John Dillinger http://en.wikipedia.org/wiki/John_Dillinger

264) FBI, John Dillinger, http://www.fbi.gov/libref/historic/famcases/dillinger/dillinger.htm

265) wikipedia.org, John Dillinger http://en.wikipedia.org/wiki/John_Dillinger

266) Trutv.com, Crime Library, John Dillinger

267) Bryan Burrough, 2004, Public Enemies, New York: Penguin Group.

268) johndillingerhistoricalmuseum.4t.com, John Dillinger, http://www.johndillinger-historicalmuseum.4t.com/index.html

269) Fido, M.(2004). The Chronicle of Crime. London: Carlton Books.

270) Trutv.com, Crime Library, John Dillinger

271) wikipedia.org, John Dillinger http://en.wikipedia.org/wiki/John_Dillinger

272) FBI, John Dillinger, http://www.fbi.gov/libref/historic/famcases/dillinger/dillinger.htm

273) wikipedia.org, John Dillinger http://en.wikipedia.org/wiki/John_Dillinger

274) pbs.org, John Dillinger, http://www.pbs.org/wgbh/amex/dillinger/peopleevents/p_dillinger.html

275) Bryan Burrough, 2004, Public Enemies, New York: Penguin Group.

276) nndb.com, John Dillinger, http://www.nndb.com/people/939/000095654/

277) FBI, John Dillinger, http://www.fbi.gov/libref/historic/famcases/dillinger/dillinger.htm

278) Trutv.com, Crime Library, John Dillinger

279) wikipedia.org, John Dillinger http://en.wikipedia.org/wiki/John_Dillinger

280) Trutv.com, Crime Library, John Dillinger

281) johndillingerhistoricalmuseum.4t.com, John Dillinger, http://www.johndillinger-historicalmuseum.4t.com/index.html

282) FBI, John Dillinger, http://www.fbi.gov/libref/historic/famcases/dillinger/dillinger. htm

283) Trutv.com, Crime Library, John Dillinger

284) Bryan Burrough, 2004, Public Enemies, New York: Penguin Group.

285) Trutv.com, Crime Library, John Dillinger

286) pbs.org, John Dillinger, http://www.pbs.org/wgbh/amex/dillinger/peopleevents/p_ dillinger.html

287) prairieghosts.com, John Wayne Gacy, Jr. http://www.prairieghosts.com/gacy.html

288) Trutv.com, Crime Library, John wayne Gacy, Jr.

289) Trutv.com, Crime Library, John wayne Gacy, Jr.

290) wikipedia.org, John Wayne Gacy, Jr., http://en.wikipedia.org/wiki/John_Wayne_ Gacy

291) crimemagazine.com, John wayne Gacy, Jr., http://crimemagazine.com/boykillergacy. htm

292) wikipedia.org, John Wayne Gacy, Jr., http://en.wikipedia.org/wiki/John_Wayne_ Gacy

293) wikipedia.org, John Wayne Gacy, Jr., http://en.wikipedia.org/wiki/John_Wayne_ Gacy

294) wikipedia.org, John Wayne Gacy, Jr., http://en.wikipedia.org/wiki/John_Wayne_ Gacy

295) Trutv.com, Crime Library, John wayne Gacy, Jr.

296) prairieghosts.com, John Wayne Gacy, Jr. http://www.prairieghosts.com/gacy.html

297) Trutv.com, Crime Library, John wayne Gacy, Jr.

298) wikipedia.org, John Wayne Gacy, Jr., http://en.wikipedia.org/wiki/John_Wayne_ Gacy

299) wikipedia.org, John Wayne Gacy, Jr., http://en.wikipedia.org/wiki/John_Wayne_ Gacy

300) Trutv.com, Crime Library, John wayne Gacy, Jr.

301) wikipedia.org, John Wayne Gacy, Jr., http://en.wikipedia.org/wiki/John_Wayne_ Gacy

302) serialkillercalendar.com, John wayne gacy, jr., http://serialkillercalendar.com/john-waynegacy.html

303) crime.about.com, John wayne gacy, Jr., http://crime.about.com/od/serial/p/gacy.htm

304) serialkillercalendar.com, John wayne Gacy, jr., http://serialkillercalendar.com/johnwaynegacy.html

305) serialkillercalendar.com, John wayne Gacy, jr., http://serialkillercalendar.com/john-waynegacy.html

306) carpenoctem.tv, John wayne Gacy, Jr., http://www.carpenoctem.tv/killers/gacy.html

307) Trutv.com, Crime Library, John wayne Gacy, Jr.

308) wikipedia.org, John Wayne Gacy, Jr., http://en.wikipedia.org/wiki/John_Wayne_Gacy

309) wikipedia.org, John Wayne Gacy, Jr., http://en.wikipedia.org/wiki/John_Wayne_Gacy

310) prairieghosts.com, John Wayne Gacy, Jr. http://www.prairieghosts.com/gacy.html

311) Trutv.com, Crime Library, John wayne Gacy, Jr.

312) wikipedia.org, John Wayne Gacy, Jr., http://en.wikipedia.org/wiki/John_Wayne_Gacy

313) wikipedia.org, John Wayne Gacy, Jr., http://en.wikipedia.org/wiki/John_Wayne_Gacy

314) Trutv.com, Crime Library, John wayne Gacy, Jr.

315) prairieghosts.com, John Wayne Gacy, Jr. http://www.prairieghosts.com/gacy.html

316) wikipedia.org, John Wayne Gacy, Jr., http://en.wikipedia.org/wiki/John_Wayne_Gacy

317) Trutv.com, Crime Library, John wayne Gacy, Jr.

318) prairieghosts.com, John Wayne Gacy, Jr. http://www.prairieghosts.com/gacy.html

319) wikipedia.org, John Wayne Gacy, Jr., http://en.wikipedia.org/wiki/John_Wayne_Gacy

320) Trutv.com, Crime Library, John wayne Gacy, Jr.

321) prairieghosts.com, John Wayne Gacy, Jr. http://www.prairieghosts.com/gacy.html

322) crimemagazine.com, John wayne Gacy, Jr., http://crimemagazine.com/boykillergacy.htm

323) wikipedia.org, John Wayne Gacy, Jr., http://en.wikipedia.org/wiki/John_Wayne_Gacy

324) wikipedia.org, John Wayne Gacy, Jr., http://en.wikipedia.org/wiki/John_Wayne_Gacy

325) wikipedia.org, John Wayne Gacy, Jr., http://en.wikipedia.org/wiki/John_Wayne_Gacy

326) prairieghosts.com, John Wayne Gacy, Jr. http://www.prairieghosts.com/gacy.html

327) wikipedia.org, John Wayne Gacy, Jr., http://en.wikipedia.org/wiki/John_Wayne_Gacy

328) serialkillercalendar.com, John wayne gacy, jr., http://serialkillercalendar.com/johnwaynegacy.html

329) prairieghosts.com, John Wayne Gacy, Jr. http://www.prairieghosts.com/gacy.html

330) wikipedia.org, Richard Ramirez, http://en.wikipedia.org/wiki/Richard_Ramirez

331) crime.about.com, Richard Ramirez, http://crime.about.com/od/serial/p/nightstaker.htm

332) crime.about.com, Richard Ramirez, http://crime.about.com/od/serial/p/nightstaker.htm

333) crime.about.com, Richard Ramirez, http://crime.about.com/od/serial/p/nightstaker.htm

334) trutv.com, Crime Library, Richard Ramirez

335) trutv.com, Crime Library, Richard Ramirez

336) trutv.com, Crime Library, Richard Ramirez

337) wikipedia.org, Richard Ramirez, http://en.wikipedia.org/wiki/Richard_Ramirez

338) wikipedia.org, Richard Ramirez, http://en.wikipedia.org/wiki/Richard_Ramirez

339) judey.dasmirn.net. Richard Ramirez, http://judey.dasmirnov.net/richard_ramirez.htm

340) wikipedia.org, Richard Ramirez, http://en.wikipedia.org/wiki/Richard_Ramirez

341) wikipedia.org, Richard Ramirez, http://en.wikipedia.org/wiki/Richard_Ramirez

342) trutv.com, Crime Library, Richard Ramirez

343) wikipedia.org, Richard Ramirez, http://en.wikipedia.org/wiki/Richard_Ramirez

344) monstropedia.org, Richard Ramirez, http://www.monstropedia.org/index.php?title=Richard_Ramirez

345) judey.dasmirn.net. Richard Ramirez, http://judey.dasmirnov.net/richard_ramirez.htm

346) trutv.com, Crime Library, Richard Ramirez

347) wikipedia.org, Richard Ramirez, http://en.wikipedia.org/wiki/Richard_Ramirez

348) trutv.com, Crime Library, Richard Ramirez

349) wikipedia.org, Richard Ramirez, http://en.wikipedia.org/wiki/Richard_Ramirez

350) wikipedia.org, Richard Ramirez, http://en.wikipedia.org/wiki/Richard_Ramirez

351) wikipedia.org, Richard Ramirez, http://en.wikipedia.org/wiki/Richard_Ramirez

352) judey.dasmirn.net. Richard Ramirez, http://judey.dasmirnov.net/richard_ramirez. htm

353) trutv.com, Crime Library, Richard Ramirez

354) wikipedia.org, Richard Ramirez, http://en.wikipedia.org/wiki/Richard_Ramirez

355) wikipedia.org, Richard Ramirez, http://en.wikipedia.org/wiki/Richard_Ramirez

356) judey.dasmirn.net. Richard Ramirez, http://judey.dasmirnov.net/richard_ramirez. htm

357) trutv.com, Crime Library, Richard Ramirez

358) trutv.com, Crime Library, Richard Ramirez

359) wikipedia.org, Richard Ramirez, http://en.wikipedia.org/wiki/Richard_Ramirez

360) judey.dasmirn.net. Richard Ramirez, http://judey.dasmirnov.net/richard_ramirez. htm

361) monstropedia.org, Richard Ramirez, http://www.monstropedia.org/index.php?title= Richard_Ramirez

362) trutv.com, Crime Library, Richard Ramirez

363) trutv.com, Crime Library, Richard Ramirez

364) wikipedia.org, Richard Ramirez, http://en.wikipedia.org/wiki/Richard_Ramirez

365) crime.about.com, Richard Ramirez, http://crime.about.com/od/serial/p/nightstaker. htm

366) wikipedia.org, Richard Ramirez, http://en.wikipedia.org/wiki/Richard_Ramirez

367) trutv.com, Crime Library, Richard Ramirez

368) wikipedia.org, Richard Ramirez, http://en.wikipedia.org/wiki/Richard_Ramirez

369) judey.dasmirn.net. Richard Ramirez, http://judey.dasmirnov.net/richard_ramirez. htm

370) prairieghosts.com, Ed Gein, http://www.prairieghosts.com/ed_gein.html

371) houseofhorrors.com, Ed Gein, http://www.houseofhorrors.com/gein.htm

372) crime.about.com, Ed Gein, http://crime.about.com/od/murder/p/gein.htm

373) houseofhorrors.com, Ed Gein, http://www.houseofhorrors.com/gein.htm

374) trutv.com, Crime Library, Ed Gein

375) trutv.com, Crime Library, Ed Gein

376) trutv.com, Crime Library, Ed Gein

377) trutv.com, Crime Library, Ed Gein

378) wikipedia.org, Ed Gein, http://en.wikipedia.org/wiki/Ed_Gein

379) crime.about.com, Ed Gein, http://crime.about.com/od/murder/p/gein.htm

380) wikipedia.org, Ed Gein, http://en.wikipedia.org/wiki/Ed_Gein

381) wikipedia.org, Ed Gein, http://en.wikipedia.org/wiki/Ed_Gein

382) trutv.com, Crime Library, Ed Gein

383) wikipedia.org, Ed Gein, http://en.wikipedia.org/wiki/Ed_Gein

384) wikipedia.org, Ed Gein, http://en.wikipedia.org/wiki/Ed_Gein

385) wikipedia.org, Ed Gein, http://en.wikipedia.org/wiki/Ed_Gein

386) wikipedia.org, Ed Gein, http://en.wikipedia.org/wiki/Ed_Gein

387) trutv.com, Crime Library, Ed Gein

388) wikipedia.org, Ed Gein, http://en.wikipedia.org/wiki/Ed_Gein

389) prairieghosts.com, Ed Gein, http://www.prairieghosts.com/ed_gein.html

390) houseofhorrors.com, Ed Gein, http://www.houseofhorrors.com/gein.htm

391) wikipedia.org, Ed Gein, http://en.wikipedia.org/wiki/Ed_Gein

전돈수

약력
현재 미국 Keiser University 형사사법학과 교수
미국범죄학회, 미국형사사법학회 회원
한국범죄학회, 한국자치경찰학회 이사
미국 플로리다주립대학교 범죄학 박사

저서
• Medical Care and National Homicide Rates,
  LFB Scholarly Publisher, LLC, New York
• 범죄학개론, 파주, 도서출판 21세기사
• 경찰학개론 (공저), 서울, 법문사
• 비교경찰제도론(공저), 서울, 법문사

범죄이야기

1판 1쇄 발행 2010년 02월 20일
1판 2쇄 발행 2023년 05월 25일
저   자 전돈수
발 행 인 이범만
발 행 처 **21세기사** (제406-2004-00015호)
        경기도 파주시 산남로 72-16(10882)
        Tel. 031-942-7861   Fax. 031-942-7864
        E-mail : 21cbook@hanafos.com
        Home-page : www.21cbook.co.kr
        ISBN 978-89-8468-345-7

정가 13,000원